평북 철산 지역어의 접미파생법 연구

- 中国国家社会科学基金青年项目(13CYY074)阶段性研究成果(中国国家社会科学基金青年项目 (13CYY074) 중간 연구 성과).
- 扬州大学出版基金项目资助(扬州大学出版基金项目의 지원에 의해 이루어졌음).
- 扬州大学"新世纪人才工程"优秀青年骨干教师资助(扬州大学"新世纪人才工程"优秀青年骨干教师 의 지원에 의해 이루어졌음).

평북 철산 지역어의 접미파생법 연구

정 의 향(鄭義香)

역락

저자가 한국어의 방언에 대해서 관심을 가지게 된 것은 대학교에 합격하고 나서부터였다. 어릴 적부터 평안도 말을 줄곧 써오던 저자가 중국 연변에서 대학교를 다니게 되면서 평안도 말이 연변 말과 많이 다르다는 것을 느끼게 되었고, 어휘나 억양에 있어서도 많은 차이가 난다는 것을 알게 되었다. 고 전학석 선생님의 '방언학' 수업을 들으면서 방언의 음운 현상에 대하여 관심을 가지게 되었고 송철의 선생님의 '형태론' 수업을 들으면서 방언에서도 파생어형성을 체계적으로 연구할 필요가 있다고 느끼게 되었다.

지금까지 중부방언을 비롯한 한국어 일반에 걸친 파생법에 관한 연구는 활발히 이루어져 왔으나 어느 특정 방언의 파생법을 본격적인 연구대상으로 삼은 업적은 보기 드물다. 한국어의 전체적인 언어양상을 밝히기 위해서는 각 방언의 언어양상을 연구할 필요가 있듯이 파생법의 경우에도 그것을 제대로 밝히기 위해서는 각 방언의 파생법을 폭넓게 연구할 필요가 있다. 방언마다 파생접사의 목록 및 파생어 형성 규칙 등에 차이가 있을 수 있기 때문이다. 이 글은 바로 이러한 인식을 가지고 아직 연구가 많이 이루어지지 않은 평북 철산 지역어의 접미사에 의한 파생법을 논의한 것이다.

이 책은 2010년 2월에 서울대학교 대학원에 제출하였던 저자의 박사 학위 논문 「평북 철산 지역어의 접미파생법 연구」를 약간 수정하고 정리한 것이다. 단어형성법 연구의 최종 목적은 새로운 단어를 생성하는 화자의 언어능력의 탐구이다. 점점 사라져가고 있는 방언의 자연발화자료를 주된 대상으로 삼아 접미사에 의한 파생 양상을 밝히려고 애를 썼지만 능력의 모자람으로 인해 아직도 부족한 부분이 많다. 파생 양상에 대한 기술을 철저히 하지 못한 부분이 있으며 정밀화되지 않은 부분도 있어 앞으로 보충조사를 거쳐 좀 더 체계적인 기술을 하고자 한다.

비록 부족한 부분이 많은 글이지만 이렇게 책으로 내기까지 참으로 많은 분들의 은혜를 입었다. 먼저 언어에 대한 기초적인 학문을 가르쳐 주신 연변대학교 조선언어문학 학부의 스승님들께 깊은 감사를 드린다. 특히 저자의 석사 지도교수이신 고 전학석 선생님께 진심으로 감사를 드린다. 전학석 선생님의 '방언학' 수업을 들으면서 점점 방언학 연구에 즐거움을 느끼게 되었고, 선생님은 나를 방언학의 길로 인도해 주셨다. 선생님께서는 항상 학문은 엄격하고 세밀해야 함을 가르쳐 주셨고 마음은 너그러워야 함을 일깨워 주셨다. 그리고 늘 배려해 주시고 격려를 해주신 유은종 선생님, 항상 사랑으로 보듬어 주신 김광수 선생님, 추운 겨울에 같이 방언 조사를 가주시고 도와주신 장성일 선생님께도 감사를 드린다.

그리고 학문의 세계를 넓히고 학문의 즐거움을 느끼게 하고 학자로서의 자세를 일깨워 주신 서울대학교 국어국문학과의 여러 스승님들께 감사를 드린다. 특히 저자를 지도학생으로 받아주신 송철의 선생님께 머리 숙여 감사를 드린다. 선생님께서는 학문함에 있어서는 늘 냉정하고 엄해야 함을 일깨워 주셨고, 일상 속에서는 저자의 생활고까지 세세하게 배려해 주시며 많은 관심과 애정을 기울여 주신 자상하고 따뜻한 분이시다. 뿐만 아니라 선생님께서는 저자를 포함한 유학생들을 위해 늘 스터디를 해주셨고 스터디가 끝난 후에는 맛있는 점심까지 사주시며 유학생활의 즐거움을 더해주었다. 너그럽고 따뜻한 선생님을 만나게 된 것이

참으로 큰 행운이었다. 선생님의 엄격하고 자상한 가르침에도 불구하고 부족한 연구 결과를 내놓게 된 것이 한없이 부끄럽고 죄송스러울 따름이다. 또 학위논문을 위해서 많은 조언을 해주시고 큰 도움을 주셨던 최명옥 선생님, 이현희 선생님, 배주채 선생님, 한성우 선생님께도 진심으로 감사를 드린다. 최명옥 선생님께서는 방언의 중요성을 일깨워 주셨고 방언 연구의 자세와 방법까지 상세하게 가르쳐 주셨다. 이현희 선생님께서는 논문 한 줄 한 줄을 읽으시며 꼼꼼히 지적해 주셨다. 배주채 선생님과 한성우 선생님께서는 부족한 점을 감싸주시고 많은 격려와 지도를 해주시면서 부족한 논문을 보완해 주셨다. 그리고 처음으로 방언조사의 일정에 동행할 수 있는 기회를 주신 곽충구 선생님께도 뒤늦은 감사의 말씀을 드리고 싶다. 선생님 덕분에 직접 눈으로 보고 느끼면서 방언조사 방법을 익히게 되었다. 그리고 귀한 자료들을 아낌없이 보내주시고 부족한 원고를 출판사에 추천해 주신 박진호 선생님께도 진심으로 감사를 드린다. 그리고 학위논문 원고 교정을 도와주신 이현정 선생님에게도 감사를 드린다. 많은 도움을 주셨던 여러 선생님들의 은혜에 깊이 머리 숙여 감사드린다.

그리고 늘 걱정만 시키고 효도도 제대로 하지 못한 딸을 항상 자랑스러워하시고 학문에 정진하라며 격려해 주시고 아껴주시는 부모님께 진심으로 감사를 드리며 이 책을 가장 먼저 아버지, 어머니께 바치고 싶다.

끝으로 이 책의 출판을 기꺼이 맡아주신 도서출판 역락의 이대현 사장님께 깊이 감사를 드리며, 부족한 원고지만 책을 훌륭하게 만들어주신 역락출판사 식구 모두에게도 진심으로 감사를 드린다.

2018년 12월

鄭 義 香 씀

목 차

제4장 동사파생 / 103

제5장 형용사파생 / 153

제1장

파생법의 기존 논의 및 연구 자료

1.1. 연구 목적과 필요성

이 책은 평북1) 철산 지역어의 자연발화를 주된 대상으로 하여 철산 지역어에 나타나는 접미사에 의한 파생 양상을 밝히는 것을 목적으로 한다. 즉 철산 지역어 파생접미사의 목록을 작성하고 각 파생접미사의 형태, 의미, 기능을 밝히고자 하는 것이다.

이 지역어의 접미사에 의한 파생 양상을 살펴려고 하는 것은 조어론에 대한 연구에서 가장 중요한 과제의 하나가 바로 접미사에 대한 연구이기 때문이다. 그리고 접두사에 의한 파생어의 수효가 적은 데 비해 접미사는 종류도 많고, 어기의 뒤에 결합하여 새로운 단어의 형성에 빈번하게 참여하여 무수히 많은 단어를 만들 수 있기 때문이다.

주지하다시피 지금까지 중부방언을 비롯한 한국어 일반에 걸친 접미사에 대한 연구는 활발히 이루어져 왔으나 어느 특정 방언에 대한 접미

---

1) 편의에 따라 도(道) 단위로 붙인 방언권 명칭을 사용한다.

사에 대한 파생을 본격적인 연구대상으로 삼은 업적은 보기 드물다.

이 책에서 방언은 한국어를 구성하고 있는 자연어로서의 일부를 지칭하는 뜻으로 사용된다.[2] 방언을 주요 자료로 선택하게 된 것은, 방언자료에는 문헌자료에 나타나지 않은 많은 언어자료들이 잠재해 있으므로 문헌자료에서 찾을 수 없는 산 언어자료를 찾을 수 있으며 그 어떤 언어의 경우에서든지 언어의 발달사를 과학적으로 해명함에 있어서 문헌자료에 대한 연구와 함께 결정적인 요소가 되기 때문이다. 따라서 표준어가 아닌 자연어로서의 방언 연구가 필요하게 된다. 한국어의 단어형성에서 파생법에 대한 전체적인 언어 양상을 밝히기 위해서는 특정 방언의 접미사 연구 또한 폭넓게 연구할 필요가 있다. 방언마다 파생접사의 목록 및 파생어형성규칙 등에 차이가 있을 수 있기 때문이다.

이러한 의미에서 이 책은 아직 연구가 많이 이루어지지 않은 평북방언의 하위방언인 철산 지역어의 자료를 중심으로 논의하고자 한다. 이 지역어에서 생산력이 높은 접미사의 양상을 관찰함으로써 파생접미사에 의한 단어형성규칙을 밝히고 그 규칙이 드러나면 이 지역어의 파생어도 어느 정도 드러나리라 믿는다. 이렇게 함으로써 한국어 파생어 중에서 평북 철산 지역어가 가진 보편성과 특수성을 알 수 있을 것이다. 이 책에서 다룰 평북 철산 지역어에 대한 종합적이고 본격적인 조어법 연구가 지금까지 없었기 때문에 본 연구는 전(全) 평북방언의 형태론적 연구 나아가 한국어의 역사적 연구에 중요하게 활용될 수 있을 것이다.

---

2) 방언은 한 언어 내부에 나타나는 지역적 변이 양상으로서 언어의 역사를 반영한다. 표준어가 방언 간의 차이를 해소하여 의사소통을 원활하게 하기 위해 만들어진 인위적, 교육용 언어라면, 방언은 입말의 언어로서 인위적 표준화가 시도되지 않은, 있는 그대로의 언어이며 변화의 속도와 방향을 달리하면서 독자적인 변화를 일으킨다(이기갑 2003:20).

1.2. 연구 방법

이 책에서는 평북 철산 지역어의 접미사의 변이형들을 제시하고, 그 형태적 관계를 기술하되, 필요하면 중세어나 근대어의 형태를 참조하여 역사적 과정도 살피도록 하겠다.3) 방언에 대한 문법적 연구는 공시적인 연구와 통시적인 연구가 모두 가능하다. 따라서 한 지역어의 특성과 그 변화 과정을 밝혀내기 위해서는 그 지역어에 대한 공시적 연구 방법과 통시적 연구 방법이 모두 필요하다. 공시적으로 존재하는 단어가 통시적 정보를 가지는 경우가 흔히 있으며 공시적으로 분석된 접미사를 올바로 이해하기 위해서는 접미사의 통시적 변화도 무시될 수 없다(조남호 1988:5). 통시적인 한국어자료는 이 지역어의 공시적 현상의 설명에 좋은 방증(傍證)이 되어 줄 것이다.

조어론 연구는 단어의 분석을 중시하는 관점과 단어의 형성을 중시하는 관점의 연구가 조화롭게 이루어져야 하며 형성을 중시하는 관점의 연구를 통해 화자가 단어를 어떻게 형성하는가를 알기 위해서는 먼저 기존의 단어를 분석하고 이를 형성의 관점에서 해석할 수밖에 없다(고영근·구본관 2008:200). 따라서 이 책에서는 생성(형성)적인 방법의 입장에서 논의하되 분석적인 방법을 병용하기로 한다.

파생어형성을 다루는 방법론에는 구조주의적인 방법, 생성형태론적인 방법, 인지언어학적인 유추 중심의 방법 등이 있다. 이 책에서는 조사나

---

3) 여기서 중세어 자료나 근대어 자료는 거의 대부분이 중앙어 자료이기 때문에 철산 지역어의 연구에 중앙어의 역사적 자료를 끌어들이는 것이 바람직한 일은 아닐 것이다. 그러나 철산 지역어의 역사적 자료가 전무한 상태이기 때문에 이 지역어의 통시적 사실을 논의할 때에 중아어의 역사적 자료를 참조하는 것은 어쩔 수 없는 일이 아닌가 한다. 이는 거의 대부분의 지역어 연구의 경우도 마찬가지일 것이다.

어미가 단어의 형성에 참여하는 경우는 서술 대상에서 제외하고 생성형
태론의 입장에 의하여 파생도 다른 언어현상과 마찬가지로 규칙의 지배
를 받는다고 가정하고 파생어형성 규칙과 제약을 중심으로 단어의 분석
보다는 단어의 형성에 대해 더 큰 관심을 두고 논의를 진행해 나갈 것
이다. 그렇다고 파생어에 대한 분석 작업을 무시한다는 것은 아니다. 그
것은 파생어에 대한 분석 작업이 선행되지 않고서는 파생어의 생성을
논의하기 어렵기 때문이다(송철의 1992:10).

　이 책에서는 우선 이 지역어에서 나타나는 비교적 생산적인 접미사
형태소들을 자연발화에서 찾아내어 목록을 작성한다. 중부방언에 대응
하는 이 지역어의 접미사 형태소들을 찾아내어 그 의미 기능을 확인한
다. 그리고 자연발화에서 얻어진 접미사들을 개별 특성에 따라 분석 작
업을 하고 분류한다. 이 책에서는 접미사에 의한 파생을 명사파생, 동사
파생, 형용사파생, 부사파생으로 나누고 그 접미사들의 어기와의 결합
양상을 관찰한다. 그 결합 양상을 통해 접미사들의 형태, 의미론적 특성
을 기술하고 나아가 결합 규칙 및 제약을 밝힌다.

1.3. 연구 대상 및 연구 자료

1.3.1. 연구 대상

　이 책의 연구 대상은 원 평북 철산 지역어의 접미사에 의한 파생어형
성이다.
　이 책에서는 모든 접미사를 다 다루지는 못하고 이 지역어에서 대표

적이라고 할 수 있고 또한 높은 생산성을 보이면서 파생어형성에 참여하는 접미사들을 중심으로 논의를 진행할 것이다. 단, 이전에는 생산적이었으나 현재에는 생산적이지 않은 접미사는 원칙적으로 배제해야 할 것이나 통시적 변화 양상을 살핀다는 측면에서 논의에 포함시킨다. 한자어계의 접미사는 단어형성의 측면에서 고유어계 접미사와 다른 차원에 속하므로 이 책의 논의에서 제외하기로 하며 논의의 한계 상 영파생 등과 관련된 예도 제외한다.

여기서 원 평북 철산 지역어란, 평북 철산으로부터 중국으로 이주한 사람들과 그 후손들이 사용하는 언어를 뜻한다. 평북 철산 지역어의 언어를 연구하기 위해서는 북한에 가서 직접 조사하는 것이 가장 이상적이지만 현재의 여건으로는 북한 지역을 자유롭게 왕래하기 어려우므로 중국으로 이주한 평북 철산 지역 출신자들과 그 후손들이 집단적으로 모여 사는 중국 요녕성(遼寧省) 무순시(撫順市) 전전조선족진(前甸朝鮮鎭)[4]에 가서 조사를 하게 된 것이다.

평안북도는 한반도 북서부에 있는 도로서 동부는 자강도, 남부는 평안남도, 서부는 서해에 면해 있으며 북부는 압록강을 사이에 두고 중국 동북지방과 접해 있다.

서림면(西林面)[5]은 광복 전 평안북도 철산군의 6개 면 중의 하나이다. 조선시대 말엽에 철산군 서림(西林)방을 개편하여 철산군에 신설했던 면으로서 서림성이 있으므로 서림면이라 하였다. '서림'은 철산군 소재지였던 차련관의 서쪽에 있는 무성한 숲지대라는 뜻에서 지은 이름인데 그 동쪽에 있는 수림지대는 동림(東林)이라 하였다. 서림과 동림은 천연

---

4) '진(鎭)'은 한국의 행정구역으로는 '면(面)'에 해당된다.
5) 이 책의 제보자인 김정자 할머니의 고향이다.

요새지로서 견고한 돌성이 있어 옛날부터 서림성, 동림성이라 불러왔다. 서림면은 원옥동(元玉洞), 인송동(仁松洞), 내산동(內山洞), 일신동(日新洞), 서림동(西林洞) 등 16개 동을 관할하였다.6)

1.3.2. 연구 자료

이 책에서는 현재 중국 무순 지역(撫順)의 조선족 마을에 거주하는 조선족이 사용하는 평북 철산 지역 방언을 주된 자료로 삼는다. 그리고 보조 자료로 김병제(1980)의 『방언사전』, 김이협(1981)의 『평북방언사전』, 宣德五・趙習・金淳培(1990)의 『朝鮮語方言調査報告』 및 기타 논문에 나타나는 평북방언 자료들을 활용할 것이다. 그리고 전자 자료로는 '2007 한민족 언어 정보화 통합 검색 프로그램'과 '2008 디지털 언어 지도 시스템', '통합 사전 검색기' 등을 참고할 것이다.

이 책의 자료 수집이 이루어진 지역과 조사 시점 및 제보자의 인적사항은 다음 표와 같다.

[표 1]

조사 지역	중국 요녕성 무순시 전전 조선족진 (中國 遼寧省 撫順市 前甸朝鮮族鎭)
조사 기간	2007. 8. 17-9. 1
제보자 이름	김정자(金貞子)
제보자 성별	여
제보자 출생연도	1927년
제보자 출생지	평안북도 철산군 서림면 원옥동

---

6) 평안북도의 행정구역에 대한 자료는 '북한지역정보넷'(http://www.cybernk.net)을 참고하였다.

제보자 現거주지	중국 요녕성 무순시 전전조선족 마을
제보자 학력	무학

이 책의 조사 지점은 중국 요녕성 무순시 전전 조선족진이다. 이 마을에 거주하고 있는 조선족은 19세기 중기부터 20세기 전기까지 평안북도의 철산 지역으로부터 이주해 온 사람들과 그 자손들이다. 이 지역에 사는 마을 주민들은 대체로 이주 이전의 모국어 방언을 견고하게 유지해 오고 있다.

2000년 11월에 시행된 중국의 제5차 전국 인구 조사 자료에 따르면, 중국의 조선족 인구는 1,923,842명이며 이들의 주요 분포 지역은 중국의 동북(東北) 3성(省)으로 중국 조선족 인구의 97.1%를 차지한다. 그 중에서 길림성(吉林省)에 115만여 명, 흑룡강성(黑龍江省)에 39만여 명, 요녕성(遼寧省)에 24만여 명이 거주하고 있다.[7] 그 외에 내몽고(內蒙古)를 포함한 기타 28개 성(시)에 14만여 명이 거주하고 있다.

요녕성에 소속된 지역 가운데 조선족이 비교적 많이 분포하는 곳은 심양(沈陽), 무순(撫順), 철령(鐵嶺), 영구(營口), 단동(丹東)이며, 그 중 심양과 무순에 가장 많은 조선족이 살고 있다. 무순시에 속하는 마을 중에서도 이석채(李石寨)와 전전(前甸)에 조선족의 대부분이 거주하고 있다. 이 책의 조사 지점인 무순시 전전진은 이 지역 일대에서도 조선족의 비율이 가장 높은 곳이다. 또, 주민의 대부분이 평안북도 출신이라는 점도 주목할 만하다.

전전진은 무순시 순성구(順城區)의 중부에 위치해 있으며 관할구역 면

---

7) 길림성의 연변, 장백 등 지역에는 주로 함경도 방언이 분포되어 있고 흑룡강성의 수화, 눈강 등 지역에는 주로 경상도 방언이 분포되어 있으며 요녕성의 심양, 무순, 단동 등 지역에는 주로 평안도 방언이 분포되어 있다(전학석 2005:255).

적은 모두 4.48km²로서 경지(耕地)면적이 2024무(畝), 산림면적이 769무(畝), 촌락면적이 193무(畝)이며 주로 농사일을 위주로 하여 수입을 얻는다.[8] 현재 이곳에는 677호 2075명의 주민이 거주하고 있는데 그 중 조선족주민이 70%를 차지하고 있으며 이들은 평안북도 출신과 그 후손들이 대부분이다. 하지만 요즘은 젊은이들이 모두 중국 남방이나 한국으로 나가 돈벌이를 하기에 이 마을에는 대부분 나이 많은 사람들만 남은 상태이다. 이 지역에 경상도나 전라도 방언권 화자는 보기 드물어 다른 방언의 간섭을 거의 받지 않았다고 볼 수 있다. 또, 인근 지역에 한족들이 살고 있지만 나이 많은 조선족 주민들은 대부분 중국어를 사용하지 못하며 이들은 한족과의 교류 및 접촉을 많이 하지 않아 중국어를 한다고 해도 극히 간단한 중국어만 구사할 수 있는 정도이다. 따라서 중국어가 미치는 영향은 극히 적다고 할 수 있다.

제보자 김정자(金貞子) 할머니는 조사 당시 81세였으며, 평안북도 철산군 서림면 원옥동 출신이다. 제보자는 야학을 한 달 동안 다녔고 12세에 부모와 함께 중국으로 이주해 왔다. 18세 때 다시 원옥동으로 들어가서 10개월 정도 있다가 중국으로 건너가서 점차 전전조선족 마을에 정착하였다. 제보자는 귀가 밝고 발음이 똑똑하며 말하기를 즐겨 구수한 이야기들을 많이 해 주셔서 자료 수집을 하는 데 많은 도움이 되었다. 이 책에 인용한 자료는 주로 자연발화 속에서 선택한 것이다.

평북 철산 지역과 조사 지점인 무순시 전전조선족진의 지리적 위치는 다음과 같다.

---

8) 중국에서는 면적의 단위로 '무(畝)'라는 단위도 사용하고 있는데 1무는 666.667㎡에 해당한다.

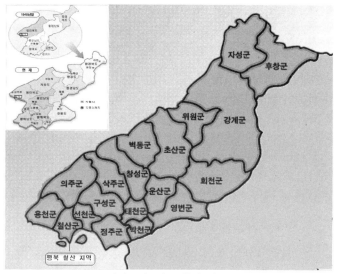

〈지도 1〉 평북 철산 지역

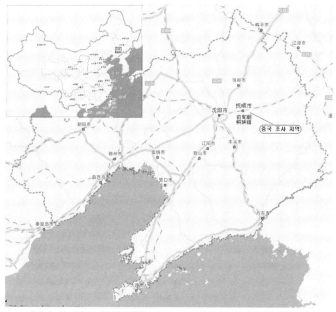

〈지도 2〉 자료 조사 지역: 중국 요녕성 무순시 전전조선족진

1.4. 음운론적 특징과 표기방법

평북 철산 지역어의 파생어형성을 논의하기 전에 이 지역어의 음운체계 및 음운현상에 대하여 간단히 살펴볼 필요가 있다. 파생어형성을 논의하는 과정에서 어기나 접미사의 형태적 변이를 기술하기 위해서는 이 지역어의 음운체계 및 음운현상에 대한 정보가 필요하기 때문이다.[9]

그런데 이 책에서 이 지역어의 음운체계와 음운현상을 별도로 탐구할 수 있는 상황은 아니므로 편의상 여기에서는 평북방언의 일반적인 음운체계와 음운현상을 개략적으로 기술하기로 하겠다. 음운현상은 이 책의 논의와 관련되는 것만을 언급하기로 한다.

이 방언은 19개의 자음과 2개의 활음(j, w), 그리고 8개의 단모음과 10개의 이중 모음을 가진다. 음운 면에서 이 방언이 가지고 있는 특징은 자음 중 중부방언의 '치경음'과 '경구개음'에 속하는 'ㄷ, ㄸ, ㅌ' 등과 'ㅈ, ㅉ, ㅊ'이 이 방언에서 각각 '치음'과 '치조음'으로 발음된다는 것이다. 모음 중 중부방언에서 단모음으로 분류되는 '외'는 이 방언에서 이중모음 [wɛ]로 발음되며 '위'는 이중모음 [wi]로 발음되지만 단어에 따라 'ㄷ, ㅅ' 뒤에서 [ü]로 발음되기도 한다(예: 쥐(鼠)). 그리고 이 방언에서 '오'는 중부방언에 비해 낮은 위치에서 조음되므로 중부방언만큼 '어'와 '오'의 구별이 분명하지는 않다. 다음은 이 방언의 자음체계 및 모음체계이다.

---

9) 평북방언의 음운체계 및 음운현상에 대한 자세한 논의는 최명옥(1986), 정인호(2004), 한성우(2006)를 참고할 수 있다.

[표 2-1] 〈자음체계〉

	양순음	치음	치경음	경구개음	연구개음	성문음
폐쇄음	ㅂ, ㅃ, ㅍ	ㄷ, ㄸ, ㅌ			ㄱ, ㄲ, ㅋ	
마찰음		ㅅ, ㅆ				ㅎ
파찰음			ㅈ, ㅉ, ㅊ			
설측음		ㄹ				
비음	ㅁ	ㄴ			ㅇ	

[표 2-2] 〈활음체계〉

활음	w	j

[표 2-3] 〈모음체계〉

구 분	전 설	후 설	
	비원순	비원순	원순
고모음	이/i/	으/ɨ/	우/u/
중모음	에/e/	어/ə/	오/o/
저모음	애/ɛ/	아/a/	

[표 2-4] 〈이중모음체계〉

이중모음	j계 상향이중모음	예/je/, 여/jə/, 유/ju/, 요/jo/, 야/ja/
	w계 상향이중모음	위/wi/, 웨/we/, 왜/wɛ/, 워/wə/, 와/wa/

이 방언의 파생어와 관련된 주요 음운현상은 다음과 같다.

① 경구개음이 아닌 'ㄷ, ㅌ', 'ㄱ, ㅋ', 'ㅎ' 등이 모음 'i'나 반모음 'j' 앞에서 'ㅈ, ㅊ, ㅅ'으로 바뀌는 구개음화 현상을 겪지 않았다. 이 지역 어에서는 'ㅈ, ㅊ'이 구개음이 아닌 치경음으로 실현되기 때문이다.

예: [해도디](해돋이), [고슴도티](고슴돋이)

하지만 단어에 따라서 구개음화를 겪지 않은 형태와 구개음화된 형태를 함께 사용하는 경우도 있다.10)

예: 깨티다(깨뜨리다)~깨치다, 쩨디다~쩨지다

② 말음이 'ㅇ'인 어기가 명사파생접미사 '-이'와 결합할 때, 'ㅇ'은 모음 사이에서 약화되어 앞 위치에 있는 모음을 비모음화(鼻母音化)시켜 'Ṽ이' 형태로 실현된다. 비모음화는 비모음화를 일으키고 탈락하는 비자음의 종류에 따라 'ㄴ'에 의한 비모음화(어무~이)와 'ㅇ[ŋ]'에 의한 비모음화(디레~이)로 나눌 수 있는데 이 지역어에서는 'ㄴ'에 의한 비모음화는 찾기 어렵고 'ㅇ'에 의한 비모음화는 아주 생산적이다. '비모음화'는 기저음으로 비모음이 있어야 음운규칙으로 설정할 수 있다. 비모음이 기저음으로 인정되기 위해서는 그들 비모음이 [-비모음]과 변별적 기능을 가지고 있어야 할 것이다. 그러나 변별적 기능을 가지고 있다고 할 수 있는 대립짝이 이 방언에서는 발견되지 않는다. 그리고 /ㅇ(ŋ)/를 사이한 모음(/V_V/)의 위치에 한하여 분포한다. 이렇게 특정한 환경에만 분포하는 비모음을 기저음으로 인정하는 것은 자연스럽지 못하다(최명옥 2006c:211). 따라서 이 방언에서는 비모음화를 음성규칙으로 설명하는 것이 타당한 듯하다.11)

---

10) 구개음화된 형태가 보이는 것은 자체적인 변화를 겪은 것보다는 유입된 것으로 보는 것이 합당한 듯하다.
11) 배주채(1989:6)에서는 도출 과정에서의 층위문제에 대하여 음운기술에 적어도 세 표시층위 즉 음성층위, 음소층위(표면음소층위), 형태음소층위(기저음소층위 또는 기저층위)가 필요하다고 하였다. 이진호(2001)에서는 비모음화의 층위 문제에 대하

예: 깡내~이(깡낭+-이, 옥수수), 부허~이(부헝+-이, 부엉이)

③ 이 방언에서는 파생어에서 움라우트현상이 활발하게 일어났다.[12) 개재자음이 비설정적 [-coronal]인 경우, 특히 'ㄱ'인 경우에 많이 나타난다.

예: 멕이다(먹이다), 쥑이다(죽이다), 앵기다(안기다)

④ 평음으로 끝나는 형태소와 'ㅎ'으로 시작하는 형태소가 통합하여 파생어를 형성하는 경우에 'ㅎ'은 평음과 통합하여 격음화하지 않고 탈락한다. 그런데 사·피동접미사와 통합할 때에는 격음화가 일어난다.

예: 착하다[차가다]. 멕히다[메키다](먹히다), 잽히다[재피다](잡히다)

여 발화 과정과 인식 과정의 음운론적 층위가 서로 다르다는 관점을 제시하고 발화 과정에는 음소 층위를 설정하지 않고 형태음소 층위와 음성 층위의 두 층위로 이루 어졌다고 보고, 인식 과정에는 음성 층위를 설정하지 않음으로써 비모음화 기술에 서 음성적 과정(비자음에 의한 인접 모음의 비음화)이 음운론적 과정(비자음의 탈 락)에 선행하는 것으로 문제를 해결하였다. 이진호(2001)에 대해 최명옥(2006c)에서 는 '발화과정'이 기저형을 올바른 표면형으로 바꾸는 과정이라면 표면형으로 실현 되기 전까지는 형태음소나 음소 층위만 인정될 수 있을 뿐 음성층위가 인정될 수 없다고 하면서 음운론에서 'ㄱ, ㅂ'의 미파화는 발화과정에서 일어나는 음성적 과정 이라는 것을 예로 들면서 발화과정에서 음성적 과정이 음운론적 과정에 선행할 수 있는 명확한 증거가 제시되지 않는 한 음성적 과정이 음운론적 과정에 선행할 수 있다는 주장은 받아들이기 어렵다고 하였다. 그리고 /ㄴ/와 /ㅇ/탈락에 대한 합리적 인 해결방안으로 '/Vni/→/V~i~/, /VŋV/→/V~V~/'와 같은 음성규칙을 제안하였다.
12) 움라우트는 어휘부 음운규칙이며 순환적 영역과 비순환적 영역을 모두 그 적용영역 으로 가지며 순환적 영역의 경우, 사동·피동형 어휘파생이나 '-이'나 '-기'에 의해 파생되는 명사형 어휘에도 그 적용이 가능하지만 부사화된 어휘에는 적용되지 않으 므로(*깁히(급히), *쇡히(속히) 모든 파생환경에 다 적용되는 것은 아니다(안상철 1989:166). 이 지역어에서는 움라우트가 적용된 형태인 '잽이'로 나타나는 경우가 많지만 '잽이'가 자립적으로 쓰이거나 실사로 쓰이지는 않고 있다.

다음으로 방언형의 표기 방법에 대해서 언급하고자 한다. 방언형 전사는 한글을 사용하여 전사한다.13) 표준어와 방언형이 다른 경우에 표준어를 제시하며 자연발화의 경우에는 표준어 대역을 제시한다. 그리고 장음은 이 방언에서 뚜렷하게 나타나지 않는 것 같은데 장음이 뚜렷하게 나타나는 단어에만 장음 표시를 한다. 장음 부호로는 ":"을 사용한다. 그리고 비모음화 현상에 의한 비모음 표시는 'X~'와 같이 표기한다. 표기의 예를 들면 다음과 같다.

    가. 멕이(먹이), 괘~이(고양이), 괏:디(떠들다)
    나. 댠 데거 와 이케 코레 많은디 몰라(쟤는, 저 아이는 왜 이렇게 코가
       많은지 몰라)

그리고 일부 단어, 가령 '부스레기, 꺼스레미'나 '모가지' 같은 예들은 한글 맞춤법에 따라 어기의 원형을 밝혀 적지 않는다. 또한 어간의 본뜻과 멀어진 것도 원형을 밝혀 적지 않고 소리 나는 대로 적는다[노리(놀이)].

1.5. 선행 논의의 검토

평북 철산 지역어에 대한 선행 논의 검토에 앞서 먼저 한국어 형태론, 특히 조어법에서 파생법에 대한 논의가 어떤 과정을 거쳐서 진행되

---

13) 음성 형태의 해석은 필자의 청취에 의거한 것이며, 필요한 경우 녹음 자료를 통해 재확인하였다. 평북 방언에서 자주 나타나는 주격 형태인 '래/레'는 논자에 따라서 '래' 또는 '레'로 표기하는 경우가 있는데 이 책의 연구를 위한 제보자의 발화에서는 '레'에 가깝게 들렸으므로 '레'로 통일하여 표기했음을 밝혀 둔다.

어 왔고 파생법의 체계는 어떻게 분류될 수 있는가에 대해서 알아 볼 필요가 있다. 방언에 대한 조어법 연구는 한국어 조어법의 일부분으로서 우선 조어법 일반에 대한 기존 연구를 언급할 필요가 있기 때문이다.

한국어의 조어법에 대한 연구는 1900년대로부터 1950년대 초반까지의 전통 문법적 연구,[14] 1950년대 중반 이후부터 1970년대 초반까지의 구조 문법적 연구,[15] 1970년대 중반 이후부터 현재까지의 생성 문법적 연구로 나누어 볼 수 있다.[16] 전통 문법적 시기는 품사 분류에만 치중하여 조어법을 독립된 분야로 분리시키지 못한 시기로서 품사론 속에서 파생 문제를 다루었으며 파생과 굴절에 대한 명확한 구분이 없었다.

미국 기술언어학과 구조주의 문법[17]의 영향으로 조어법과 굴절법이 구별되었고 조어법은 다시 파생법과 합성법으로 나누어 조어법이 어느 정도의 독자성을 띠게 되었다. 이희승(1955)는 품사론에서 다루어졌던 파생법을 어휘론의 영역으로 가져와 단어를 단일어와 합성어(complex)로

---

14) 전통문법의 대표적인 업적으로는 주시경(1910)과 최현배(1937)이 있다. 주시경(1910)의 형태론은 그 문법의 구성에서 볼 수 있듯이 단어 중심의 형태론에 통사론과의 긴밀성을 유지하면서 단어형성 규칙과 그 규칙의 적용 순서에 관심이 있었음을 알 수 있고, 최현배(1937)의 형태론은 품사론 중심의 한국어자료를 집대성하면서 굴절과 파생의 자료를 체계화하는 데 관심이 있었음을 알 수 있다(성광수 2001:141).

15) 구조주의에 의한 한국어 형태론의 시도는 허웅(1975)을 꼽을 수 있다. 허웅(1975)는 15세기 한국어 자료를 바탕으로 하여 이론과 자료의 체계적 조화를 이룬 업적이다.

16) 전통문법적 연구로부터 생성문법적 연구까지의 각 시기별 연구 성과들에 대해서는 고영근(1989), 하치근(1989), 이경우(1990), 구본관(2002b), 송철의(2008), 김창섭(2008) 등을 참고하였다.

17) 미국 구조주의자들은 그 이전에 문장구조와 함께 문법에서 다루어져 왔던 단어구조 즉 형태론을 언어학의 독립된 하위분야로 소개하였는데 그 대표적 업적으로 Nida (1949)를 꼽을 수 있다. Nida의 *Morphology*는 구조주의자들의 이론과 실제를 요약한 것으로서 형태론의 목적은 '형태소와 단어 형성에서의 형태소 배열에 관한 연구'라고 하였다. "구조주의 문법 이론의 핵심은 언어요소를 상보적 분포나 계열관계와 통합관계를 축으로 하는 구조적 양상에 의해 이해하는 분포주의의 방법론"(김창섭 2008:22)이며 그 분석 방법은 분석된 요소가 공시적인 단위로 쓰일 때만 분석하는 것을 원칙으로 한다.

나누고 합성어는 다시 복합어(compound)와 파생어(derivative)로 나누었다. 그 후, 이숭녕(1955, 1956ab, 1957ab, 1961ab), 이기문(1958) 등 조어법에 대한 일련의 연구 업적들이 계기가 되어 조어법 연구가 본격화되었다. 이숭녕(1957b)은 방언을 대상으로 한 최초의 형태론적 연구로서 제주도의 방언을 자료로 삼아 우선 이 방언의 음운론적 개관을 기술하고 다음 제주도방언의 조어론의 일부로 어간형성에 대해서 기술하였다. 이기문(1958)은 조어법을 포함한 16세기 한국어의 종합적인 연구 업적이다. 1960년대를 전후해서는 주로 중세한국어에 대한 조어법 연구가 본격적으로 시작되었으며(안병희 1959/1982, 허웅 1964, 1966),[18] 1965년을 지나면서부터는 현대한국어의 파생법에 대한 업적들(안병희 1965, 고영근 1967/1972ab, 이강로 1967, 김계곤 1969ab, 김석득 1971)이 계속적으로 발표됨으로써 조어법은 어느 정도 그 윤곽이 드러나게 되었다. 안병희(1965)는 파생법의 종류를 구체적으로 분류하였는데 한국어에 접요사 파생은 존재하지 않음을 지적하였고 내적 파생과 영변화 파생을 따로 분류하였다. 이 파생법 체계가 지금까지 한국어의 파생을 분류하는 보편적인 방식으로 받아들여지고 있다.

1970년대에 생성문법[19]의 도입으로 한국어의 파생법 연구는 생성형

18) 허웅(1966)은 구조주의의 원리를 받아들여 형태론과 통사론을 분명하게 나누고 계열 관계(paradigmatic relation)나 통합 관계(syntagmatic relation)의 원칙뿐 아니라 '가상적 형태소'('좌시-'의 '좌-'를 분석하기 위한 것)이나 '구조적 동형성'('놋갑-, 술갑-'에서 '-갑-'이라는 공통성에 의하여 '놋-, 술-'을 분석하기 위한 것)의 개념을 도입하여 복합형에 대한 분석을 제시하였다(구본관 2002b:8).

19) 1960년대까지의 생성 문법은 주로 통사론에 관심을 두고 의미론, 통사론, 음운론의 세 문법범주만을 인정하고 형태론이나 조어법에는 관심이 거의 없었지만 1970년대에 들어 점차 어휘부에 대하여 관심을 가지게 되었으며 단어형성을 위한 독자적인 부분으로 어휘부를 설정하고 나아가 단어형성법을 규칙과 제약으로 기술하기 시작하였다. 생성형태론은 단어형성의 기반(base)을 무엇으로 보느냐에 따라 3단계의 변화를 거쳤는데 형태소 기반 형태론(Halle 1973), 단어 기반 형태론(Aronoff 1976),

태론적 연구로 발전하게 되었다. 생성형태론에 입각한 초기의 업적으로는 파생접미사의 어기선택에 대한 제약을 다룬 송철의(1977)을 꼽을 수 있다. 송철의(1977)은 Aronoff(1976)의 '규칙과 제약을 중심으로 하는 단어형성이론20)에 근거하여 파생범주를 대상으로 형태론적 현상과 음운론적 현상을 고찰하였다. 그 뒤로 이경우(1981), 김창섭(1984, 1985), 김성규(1987), 조남호(1988), 하치근(1989), 구본관(1990), 송철의(1992), 시정곤(1993/1998, 1999), 채현식(1999, 2000), 최형용(2003), 송원용(2005) 등 논의가 이어졌다. 이경우(1981)은 접사파생어 형성에서 동사와 형용사 파생규칙을 어기와 접사의 의미변화를 어휘론적 관점으로 기술한 것이고, 김창섭(1984)는 '-답-, -스럽-, -롭-, -하' 등 형용사 파생접미사를 비교하면서 파생접미사로만 다루어져 왔던 '-답-'을 구를 어기로 하여 형용사구를 형성하는 통사론적 기능의 '-답$_1$-'과, '-롭-'의 이형태로서 단어 이하의 단위를 어기로 하여 형용사를 파생시키는 기능을 가지는 '-답$_2$-'로 나누어 설명하였으며 김창섭(1995)은 시각형용사에 나타나는 파생접사의 분포와 의미를 언급하고 있다. 그리고 생성형태론의 주요 개념들과 한국어 파생어 형성의 전반적인 문제를 다루고 있는 업적으로는 하치근(1989)과 송철의(1992)를 들 수 있다. 하치근(1989)은 파생접미사의 특성을 기술하고 파생접미사들을 인칭·사물·행위·상태 접미사로 유형별로 분류하고 그 하위분류로 의미별 유형, 기능별 유형, 형태별 유형으

유추 기반 형태론(Bybee 1985)이 그것이다(최명옥 2008:10). 생성 문법의 파생법에 대한 자세한 논의는 Chomsky(1970), Halle(1973), Aronoff(1976), Siegel(1974), Roeper and Siegel(1978) 등을 참고할 수 있다.

20) Aronoff(1976)은 기존의 Halle(1973), Siegel(1974)에서 제안되었던 주장들을 종합하여 어휘론적가설(cf. 단어어기가설)에 입각한 형태론의 이론을 제안하였으며, 형태규칙을 세련되게 하는 재미있는 방법을 시사하며(어형성규칙), 단어형성규칙의 힘을 억제하기 위한 몇 가지 제약을 공식화하였으며 나아가 단어형성규칙의 출력부를 재조정하는 일련의 규칙(재조정규칙)을 제안하였다(전상범 1987:47).

로 나누고 접미사의 파생 조건과 통합 양상을 밝힌 것이며, 송철의(1992)는 파생어형성의 기술을 위한 파생어형성의 유형, 생산성, 어휘화 등 기본문제들을 먼저 검토하고 파생어 형성과 음운론, 의미론적 문제를 다루어 각 접미사가 결합되는 어기에 대한 음운론적·형태론적·통사론적·의미론적 제약을 밝힘으로써 한국어의 파생어형성규칙들을 정밀화하였다.

전통문법이나 구조문법에서는 복합어나 파생어의 내적구조를 분석하는 것이 주된 관심사였다면 생성형태론에서는 단어형성의 규칙 설정에 집중적인 관심을 두었다고 할 수 있다. 또한 구조문법적 연구는 파생접사의 설정 기준을 확립하고 그에 따른 파생접사의 목록 작성에 주된 관심을 두었다면 생성문법적 연구는 파생접사들이 어기에 결합하여 파생어를 만들어 낼 때 가해지는 여러 가지 제약들과 파생접사의 의미를 밝히려는 데에 주된 관심을 두었다고 정리할 수 있다. 이로써 알 수 있는 바 구조문법적 연구방법은 기존 파생어들을 형태소로 분석해 나가는 데에 중점을 둔 연구방법이라면 생성문법적 연구방법은 형태소들을 결합하여 단어를 만들어내는 데에 중점을 둔 연구방법이라는 중요한 차이가 있다(김창섭 2008:434). 그 밖에 통사적 파생과 같은 논의가 새롭게 제기되었는데 김창섭(1996)에서 종합적으로 다룬 바가 있다.

평북방언에 대한 연구는 小倉進平(1929)의 음운사 연구로부터 시작되어 해방 후 한영순(1956)이 음운론적 특성을 논의함으로써 본격적인 연구에 이르렀다. 그 후로 김영배(1977, 1979, 1985, 1987, 1997), 최학근(1980), 김이협(1981), 최명옥(1985), 한성우(2003), 정인호(2004) 등의 연구가 있는데 그 연구는 대부분 평북방언의 음운체계를 세우고 그 음운론적 현상을 고찰하는 데 중점을 두었으므로 평북방언에 대한 형태론적 연구는 많지 않은 편이다. 형태론적 논의가 있다고 해도 개별적인 어휘나 경어법 및 문체법을 표시하는 종결어미에 대한 논의가 있었으며[21] 조어법에 관한 본격적인 연구는 찾아보기 어렵다. 김영배(1979)는 평안방언에 대한 형태론적 기술을 하면서 단어형성에 대해서 간략하게 언급하였다. 단어형성 부분에서 명사파생접미사와 부사파생접미사에 대해서만 논의하였는데 구체적인 형태소 분석이 없이 예들만 나열되어 있다. 사정이 이러하기 때문에 평북방언의 하위방언인 철산 지역어의 파생법에 대한 본격적인 연구는 찾아보기 어려운 것이 현재의 실정이 아닌가 한다.

1.6. 논의의 구성

본 연구는 모두 7개의 장으로 구성된다.

제1장에서는 연구 목적과 필요성, 연구 방법, 연구 대상 및 연구 자료, 음운론적 특징과 표기방법, 선행 논의의 검토에 대해 언급한다.

제2장에서는 파생법 논의를 위한 기본 전제에 대하여 논의한다. 2.1.에서는 한국어의 단어형성론에 대해 살펴보는데 최근에 쟁점으로 되고 있는 단어형성의 규칙과 유추의 문제, 단어형성의 공시성과 통시성의 문제를 논의한다. 2.2.에서는 주로 단어형성의 유형에 대해서 논의한다. 이어 2.3.에서는 용어 문제에 대하여 간단히 논의한다.

---

21) 최학근(1980)에서는 평안도 방언의 음운, 어휘, 어법(語法)에 대하여 논의하였고, 김영배(1985)에서는 *Corean Primer*(1877)에 나타난 한자어 어휘를 중심으로 논의하였으며, 최명옥(1985)에서는 19세기 후기 평북 의주지역어의 선어말어미와 종결어미에 대한 구조주의 형태론적 기술을 통하여 의주지역어의 문서술어의 구조를 밝혔으며, 김영배(1987)에서는 평안방언의 개별 어휘에 대하여 논의하였다.

제3장에서는 명사파생에 대하여 논의하는데 '-이'에 의한 파생, '-음'에 의한 파생, '-기'에 의한 파생, '-개'에 의한 파생, '-쟁이'와 '-뱅이', '-퉁이'에 의한 파생, '-질'과 '-노리/노릇'에 의한 파생, '-앙/엉', '-앙이/엉이', '-악/억'에 의한 파생, 기타 접미사에 의한 파생 등으로 나누어 고찰한다.

제4장에서는 동사파생에 대해서 논의하는데 사·피동접미사에 의한 파생, '-거리-'와 '-대-'에 의한 파생, '-이-'에 의한 파생, '-티-'에 의한 파생, '-하-'에 의한 파생, 기타 접미사에 의한 파생 등으로 나누어 고찰한다.

제5장에서는 형용사파생에 대해서 논의하는데 '-스럽-'에 의한 파생, '-롭-'에 의한 파생, '-답-'에 의한 파생, '-하-'에 의한 파생, '-차-'에 의한 파생, '-앟/엏-'에 의한 파생, '-압/업-'에 의한 파생, 기타 접미사에 의한 파생 등으로 나누어 고찰한다.

제6장에서는 부사파생에 대해서 논의하는데 '-이/히'에 의한 파생, '-시리'에 의한 파생, '-우/추'에 의한 파생, 기타 접미사에 의한 파생 등으로 나누어 고찰한다.

제7장에서는 각 장에서 논의된 내용을 요약하고 앞으로의 과제에 대하여 간략히 제시한다.

제 2 장

파생법 논의를 위한 기본 전제

2.1. 한국어의 단어형성론

평북 철산 지역어의 접미파생법 논의에 앞서 파생법 논의를 위한 기본 전제에 대해 언급할 필요가 있다.

단어의 형성 즉 조어는 합성법과 파생법에 의해 이루어지거나, 새로운 단어의 창조에 의해 이루어질 수 있다. 단어의 형성은 그 관점에 따라 통시론적으로 구체적인 단어형성의 결과로 볼 수도 있고 공시론적으로 단어형성 규칙에 의한 산출이라고 볼 수도 있다. 생성형태론의 영향을 받은 한국어 형태론 단어형성을 통사적 현상이나 음운현상과 마찬가지로 규칙의 지배를 받는 현상이라고 가정하고 단어형성을 규칙으로 정밀하게 기술하려는 경향을 보였다. 한편 단어형성이 규칙에 의해서만 이루어지는 것이 아니라 비생산적인 단어형성은 유추에 의해서 이루어지기도 한다는 주장이 제시되기도 하였다. 그런데 최근에는 일반적인 단어의 형성이 규칙에 의하여 이루어지는 것이 아니라 어휘부 안에 배열된 관련 어휘들에 유추되어 이루어진다는 주장이 제기되었다. 그리하여 단어형성이 규칙에 의하여 이루어진다는 규칙론과 유추에 의하여 이루어진다는 유추론이 서로 맞서고 있는 상황이 되었다.

2.1.1. 단어형성의 규칙과 유추

구조주의 문법에서는 단어의 분석에 많은 관심을 가졌기 때문에 단어의 생성 과정에 대해서 거의 관심을 가지지 못했었는데 생성형태론의 영향을 받은 한국어 형태론 연구는 단어의 내부 구조를 분석하는 것에 만족하지 않고 단어의 생성에 관심을 가지게 되었으며 이러한 단어형성은 통사론에서 문장을 생성하는 규칙과 마찬가지로 형태론에서 단어의 형성을 규칙을 통해 설명하기 시작하였다. 단어형성규칙은 화자가 모든 단어를 기억해서 사용하지 않아도 되며, 새로운 단어가 만들어지는 과정을 간결하고 원리적으로 설명할 수 있다는 중요한 장점을 가지고 있다. 그런데 단어형성규칙은 무한한 수의 새로운 단어를 형성한다는 과잉생성의 문제가 있다. 이런 단어형성규칙의 과잉생성을 막기 위해 제안된 방법은 단어형성규칙에 제약을 설정하여[1] 입력을 통제하든가 어휘부 내에 여과장치를 설정하여(연재훈 1986)[2] 출력을 통제하는 것이다.

---

1) 송철의(1992, 2006)에서는 음운규칙에 대하여 음운론적 제약과 비음운론적 제약이 있는 것과 마찬가지로 단어형성규칙에도 여러 가지 제약이 있으리라는 것을 전제로 단어형성규칙에 접사가 결합할 수 있는 어기에 대한 통사론적, 의미론적, 음운론적, 형태론적 제약을 언급하였고 출력에 대한 제약으로서 저지현상에 대해서도 설명을 하였다.
2) 연재훈(1986)에서는 단어형성을 담당하는 조어부에 하위 부분들로 '형태소목록→단어형성규칙들→여과장치(filter)→단어사전'으로 이루어지는 것으로 가정하고 있다. 이에 따르면 한국어의 동사성명사는 단어형성과정에서 만들어진 중간단계의 어형으로, 규칙의 적용을 받아 새로운 합성어들을 만들어 내지만 그 자체는 자립성이 없으

한편 새로운 문장은 문장형성규칙에 의해 그때그때 만들어지는 반복적 규칙이지만 새로운 단어는 단어형성규칙에 의해 매번 만들어지는 것이 아니라 일단 만들어지면 어휘부에 저장되어 있다가 필요에 따라 꺼내 쓰는 일회적 규칙으로서, 통사규칙과 단어형성규칙은 다르다는 것을 인식하게 되었다. 그리고 단어형성은 규칙에 의해서만 이루어지는 것이 아니라 때로는 유추에 의해서 이루어지기도 한다는 것이다. 김창섭(1996)은 Derwing & Skousen(1989)의 논의를 참고하여3) 유추를 제한적인 불규칙한 단어형성 과정을 설명하기 위한 기제로 논의하였다. 이 논의에서 일반적인 단어형성은 기본적으로 규칙에 의해 설명하고 있으나 다른 한편으로 극히 비생산적인 단어형성 즉 생산성이 낮아 소수의 형성 예만을 보이는 단어형성은 유추에 의한 것으로 볼 수 있다고 하였다. 그예로 명사구로서의 '아가 방'을 들고 있는데 '아가 방'이 단어로 재분석되고 이어 이를 모형으로 하는 유추적 형성의 결과로 '아씨방, 놀이방, 노래방' 등 일련의 'X+방'형의 합성명사들이 생기고, 결국 '방'이 '단어형성 전용 요소'로 재분석된 것으로 보았다. 또 '-뜨리다/-지다'의 짝을 이루는 단어들도 유추에 의해 형성된 것으로 보았는데 이러한 경우들은

므로 여과장치에서 제거되어 단어사전에는 실리지 못하는 것으로 본다. 가령 '해돋이'의 '돋이'를 파생 명사로 보고 이를 기반으로 규칙에 의해 '해돋이'가 형성된다는 규칙에 의한 단어형성을 주장하고 실재하지 않는 독립된 단어로 사용되지 않는 '돋이'는 여과장치에서 제거된다는 것이다. 여과장치에서 작용하는 조정규칙으로 절단규칙(trun-cation) 및 이형태(allomorphy)규칙 등을 들고 있다.

3) Derwing & Skousen(1989)에서는 '규칙'의 보충으로서의 '유추'가 아니라, 규칙에 바탕을 둔 이론의 대안으로서 유추에 바탕을 둔 이론을 제안하고 고전적 생성음운론의 독립적 음운규칙들에 의한 접근법과 유추적 접근법을 비교했는데 그 일부분을 보면 '규칙 접근법'은 첫째, 어휘부에 적은 수의 추상적인 기저형들이 어휘항목으로 주어지는 데 비해 복잡한 규칙 집합이 있고 둘째, 규칙은 귀납적 습득이 어렵고, 장기간 기억되어야 하는 데 반해 '유추 접근법'은 첫째, 어휘부에 체계적으로 연결된 전체 단어들의 거대한 목록이 있어야 하고 둘째, 기존 단어를 참조하는 순간에 새 '규칙'들이 만들어지고는 잊혀진다는 것이다(김창섭 1996:14 주석 8).

유추가 규칙으로 발달할 수도 있다고 하였다.

그런데 최근에는 단어형성부와 단어형성규칙을 인정하지 않고 단어형성기제를 유추[4]로 보려는 논의들이 있었다(채현식 1999, 2000, 2003; 송원용 2005). 이 논의들은 단어형성규칙이 단어형성 과정을 기술하기에 적합하지 않음을 지적하면서 유추에 의한 단어형성을 상정하고 있는데, 이들이 상정하고 있는 단어형성의 기제는 화자의 인지 구조 안에 존재하는 규칙으로서 심리적으로 실재하는 규칙이며 연산과정으로서의 규칙이라는 것이다. 그 대표적인 논의로 송원용(2005)을 보면 어휘부와 유추를 중심으로 단어형성을 설명하고 단어형성체계를 수립하였으며 그 틀을 기준으로 한국어의 단어형성을 통시적 단어형성과 공시적 단어형성으로 나누어 논의하였다. 그리고 화자의 단어형성 능력을 표시하는 방법으로서 '어휘부-유추' 모형 즉 어휘적 관련성 개념과 그에 기반한 유추라는 추론과정을 제안하고 파생어는 접사가 한 성분으로 고정된 채 진행되는 유추과정을 통해 형성된다고 지적하였다. 가령 '문자질'은 '전화-질, 편지-질, 연애-질…'과 같은 단어군의 공통된 후행 성분인 접사 '-질'을 주축으로 삼고, 선행성분을 단어형성의 동기와 직접 관련된 명사 '문자'로 대치함으로써 형성된다는 것이다. 또한 부차적 단어 형성과정으로 '의사 파생(擬似派生)'을 제시하였는데 여기서 '의사 파생'이란 합성, 파생 등으로 형성된 단어의 일부분이 의미의 특수화를 겪거나 재분석되어 단어형성 과정의 중추적 직접성분으로 참여하는 유추과정이라고 규정하였

---

4) 유추라는 개념은 여러 가지 의미로 논의되었는데 배주채(1991)에서 유추는 언어변화의 한 유형으로 유추적 평준화, 유추적 확대, 잘못된 분석에 의한 유추 등에 대한 의미이고, 김창섭(1996)에서 유추란 형태, 통사, 의미상으로 유관된 형식들을 음성구조나 형태 구조적으로 서로 비슷하게 만드는 과정이라고 하였으며, 채현식(2000)에서 유추는 유사성에 기반한 추론 작용을 총칭하는 개념으로 어휘부에 저장된 어휘항목 간의 유사성에 근거하여 새로운 단어를 만들어내는 창조적 사고 작용으로 논의되었다.

다. 그 대표적 예로 '장구-잡이, 북-잡이'의 '-잡이', '연필꽂이'의 '-꽂이'를 들고 파생어를 재분석하여 얻어낸 성분이 유추과정의 주축으로 기능하여 새로운 단어를 형성함으로써 의사접사화한다고 하였다.

이 지역어에서 나타나는 다음의 예를 보자.

> 1. 최초로 떠올림: 손잽이(손잡이)
> 2. 유추의 기반이 되는 관련 단어들: 낭잽이(양잡이), 왼손잽이(왼손잡이),
>   앞잽이(앞잡이), 고기잽이(고기잡이)
> 3. 유추의 틀: [N-[잽이]]
> 4. 새로운 단어: 문잽이(문잡이)

유추론자들의 주장에 의하면 '낭잽이, 왼손잽이'와 같은 단어들이 유추의 기반이 되고, 이를 통해 [N-[잽이]]와 같은 유추의 틀이 만들어진다는 것이다.[5] 여기서의 문제는 유추의 틀로 [N-[잽이]]는 가능하고 [[N-잽]-이]와 같은 틀은 왜 배제되어야 하는가에 대한 설명이 없다는 점이다(시정곤 1999:272).

'손잽이(손잡이)'는 다음의 두 가지 가운데 하나로 분석될 것이다.

> (1) 가. [[[손][잽-]]-이]]
>   나. [[손][잽이]]]

---

5) 채현식(1999:34)에서 사서부의 단어들이 음운, 형태, 의미 등의 다양한 층위에서 복잡하게 얽히면서 연관을 맺고 있는데 이 중 어떤 단어가 활성화되면 나머지 연관된 단어들도 함께 활성화되어 하나의 집단을 형성하며, 이들 단어들이 활성화될 때마다 그 단어 집단이 공통적으로 가진 속성이나 유사성이 하나의 틀 즉 유추의 틀을 일시적으로 형성한다고 하였다.

(1가)의 경우는 파생명사로 본 것인데 이렇게 분석하면 파생접미사 '-이'가 통사적 구성을 어기로 취하는 셈이 되며 형태적 구성 안에 통사적 구성이 들어 있다는 문제가 있다. 다시 말하면 '손잡-'이라는 합성동사가 존재하지 않는다는 문제가 있다. (1나)와 같은 구조분석은 이를 파생어가 아니라 합성어로 파악하는 방법인데, 이러한 입장에 선다면 '잽이'가 명사로서의 자격을 갖추고 있다고 보기 어렵다는 문제가 있다. (1가)와 같은 구조 분석은 생성과정에 대한 설명에 근거한 것이고 (1나)와 같은 구조 분석은 공시적 구조 분석에 근거한 것이라고 할 수 있다.[6] 두 가지 분석이 모두 가능한데 왜 [N-[잡이]]의 틀만을 고수하는가 하는 것이 유추의 틀의 문제점이다. 한편 '잡이'류를 준접미사로 보는 견해도 있다.[7]

그러나 송철의(1992:130)에서는 'N-잡이'류의 단어에서 '잡이'가 동일한 형식을 가지고 있지만 이들의 의미가 서로 다르므로, '잡이'를 하나의 단위로 보는 것보다는 [[N-잡]-이]의 구조로 보아야 한다고 지적한 바 있다. 이 지역어에서 나타나는 '손잽이'는 '(손으로) 잡는 물건의 어떤 부분'을 의미하고, '고기잽이'는 '고기를 잡는 행위'를 의미한다. 이

---

6) 김창섭(1996)에서는 '젖먹이'를 예로 들어 '젖먹-'가 독립적으로는 나타나지 못하나 더 큰 복합어의 내부에는 나타난다는 사실로써 이들을 '잠재어'라 하고 이 '잠재어'는 단어형성 규칙에 의하여 적격한 단어로 만들어졌으나 심층구조에 어휘삽입되지 못하기 때문에 통사부의 단어로 존재하지 못한다고 하였다. 한편 이호승(2004:91)에서는 단어형성법의 분류기준에 대하여 단어형성의 '합성, 파생, 의사파생'과 단어구조 분석의 '합성, 파생'을 구분해야 한다고 하면서 '새-언니, 새-누나, 이-것, 그-것'과 같은 예를 보면, 단어형성의 관점에서는 '통사적 구성의 단어화'의 예이지만 단어분석의 관점에서는 합성어의 예라고 하였다.

7) 채현식(2002)에서는 '잡이'가 '벌이, 구이'처럼 명사로 굳어지는 쪽으로 진행되기도 하고, '안경-잡이'의 '잡이'처럼 접사로 굳어지는 쪽으로 진행되기도 하므로 범주적으로 중간적 성격을 가지는 '준접미사'로 보고 있으며, 송원용(2002)에서는 '잡이'를 접사도 아니고 단어도 아니면서 단어형성 과정에 직접성분으로 참여하는 요소로 보고 '단어형성전용요소'라는 범주에 소속시켰다.

렇게 의미가 다른 현상은 [[N-잡]-이]의 구조를 가정할 때 오히려 설명이 가능하다. 명사 '손'은 '잽이' 전체와 관련되기보다 '잡-'과만 관련되는 것이 화자의 직관에 부합되는 것으로 보이기 때문이다. 즉 명사 '손'이 동사 '잡-'과 통사적으로 결합하여 한 구성성분을 이루고 그에 접미사가 결합한 구조라고 보아야 적절하다.

요컨대 단어형성에 대한 규칙 중심의 기술은 기술의 편이성이라는 측면에서 주로 선호되고 있지만 실제로 존재하지 않는 단어를 과잉 생성하게 되는 단점이 있고, 유추 중심의 기술은 인간의 두뇌 속에 실재하는 언어활동을 규명하려는 입장을 가지는 연구자들에게 선호되고 있지만 화자의 어휘부를 설명해야 한다는 부담이 있으므로 규칙 중심과 유추 중심은 각각 장단점이 있다.[8]

이 책에서는 단어형성이 언어의 다른 현상과 마찬가지로 규칙에 의해 지배된다는 생성형태론의 어휘론자 가설을 바탕으로 하여 기본적으로는 규칙에 의한 단어형성을 지지하는 입장을 취하기로 한다.[9] 주지하다시피 단어형성법 연구의 최종 목적은 새로운 단어를 생성하는 화자의 언어능력의 탐구이다. 이러한 목적을 달성하기 위해서는 형태론에서도 통사론이나 음운론에서의 '규칙'의 개념을 받아들이는 것이 좋을 듯하다. 생산성이 낮은 일부 단어들은 규칙보다는 유추를 통해 형성된다고 볼 수 있지만 항상 유추를 기제로 하여 단어를 형성하지는 않으므로 일단

---

8) 단어형성을 유추에 의해 설명하면 규칙에 있는 과잉 생성의 문제를 해결할 수 있으며 저지라는 개념도 필요가 없게 된다. 유추의 틀은 새로운 단어의 필요성이 있을 때에만 기존의 단어를 기반으로 하여 임시적으로 형성되는 것이기 때문이다. 하지만 유추의 틀은 어휘부에 존재하는 것이 아니기 때문에 단어형성의 절차가 복잡하다는 단점을 가지고 있다(송철의 2006:127).

9) 물론 순수 공시적 단어형성 규칙에 의해 설명하기 어려운 합성어들도 있다. 가령 '무녀리, 씨받이' 등이 있다.

일반적으로 단어는 규칙에 의해 형성된다고 할 수 있겠다.

단어 연결망이나 유추적 절차가 아직 규칙만큼 체계화되지 않은 상태에서 규칙의 대안으로 화자의 단어형성능력을 설명하는 기제가 유추라고 평가하기에는 이른 감이 있지 않은가 한다.10) 단어형성 기제가 규칙이냐 유추냐의 문제는 앞으로 좀 더 많은 논의를 거쳐야 될 것으로 생각된다.

2.1.2. 단어형성의 공시성과 통시성

형태론적 관점에서 단어형성과 관련한 공시성과 통시성의 문제를 본격적으로 제기하게 된 것은 생성형태론의 등장으로 단어형성규칙을 논의하면서부터라고 할 수 있다. 단어형성규칙의 공시성 여부를 판별하는 기준으로 일반적으로 생산성을 들 수 있는데 여기서 '생산성'이라는 것은 새로운 단어를 만들어 내는 생산적인 규칙을 말하는 것이다. 물론 생산적인 규칙에 의해 만들어진 단어라 하더라도 공시적인 관점에서 예측할 수 없는 정보를 가지게 된 것은 어휘화한 것으로 보아야 할 것이다(송철의 2006:130). 이런 입장에서 보면 공시적인 단어형성규칙을 설정하고 있지만 단어형성과정이 가질 수 있는 통시성의 문제를 전혀 고려하지 않은 것은 아니다.11)

---

10) 송철의(2006:128)에서는 "새로운 방법론의 도입은 과거의 방법론이 발견하지 못했던 새로운 사실을 발견할 수 있고 과거의 방법론이 설명하지 못했던 현상을 설득력 있게 설명할 수 있을 때에만 의미를 가지는 것이다."라고 하면서 제약 문제를 예로 삼아 유추에 의한 단어형성은 한국어의 단어형성과 관련하여 새롭게 밝혀진 사실이 무엇인가 하는 회의를 가지게 된다고 하였다.

11) 단어형성규칙이 통시적으로 어떻게 변천해 왔는지와 언어단위의 음운, 형태, 의미의 통시적 변화가 단어형성과 어떻게 관련을 맺고 있는지에 대한 문제가 바로 그것이

하지만 최근에는 단어형성과정이 본질적으로 통시적이라는 주장이 제기되었다(구본관 1993, 1999; 박진호 1994, 1999; 송원용 1998, 2000, 2002, 2005).[12] 박진호(1994:10, 1999:322)의 주장에 따르면 "기존에 존재하지 않던 통사원자가 새로이 형성되어 어휘부에 등재된다면 이는 어휘부의 확장을 가져오며 이는 다시 문법의 변화를 의미한다. 따라서 통사원자의 형성이란 통시적 현상이지 공시적 문법의 일부가 아니다"라는 것이다. 즉 어느 한 시점에서 음소들의 목록을 확정하여 음소체계를 확립하는 것이 공시음운론에 속하고, 새로운 음소가 생겨서 음소체계에 변화가 일어나는 것을 탐구하는 것이 통시음운론에 속하듯이, 새로운 단어가 만들어져서 어휘체계에 변화가 일어나는 것을 탐구하는 것은 통시언어학에 속한다는 것이다.

그러나 이호승(2001, 2004)은 이와 다른 견해를 보인다. 어휘부의 등재

다(이호승 2001:113).

12) 구본관(1999)에서 단어의 형성은 본질적으로 통시적인 현상으로 보았다. 이에 따르면 공시적인 단어형성은 이미 이루어진 단어를 분석하는 것이 아니라 임시어나 신조어와 같은 새로운 단어를 만들어 낼 수 있는 화자의 능력을 기술하는 것이고 복합어가 이미 이루어진 단어라는 점에서 보면 통시적인 연구로 볼 수 있고 그 단어가 형성된 과정을 형성 시기의 공시적인 입장에서 기술하는 측면에서 보면 공시적인 연구로 볼 수도 있다고 언급하였다. 송원용(2005)에서는 화자가 새로운 단어를 만드는 과정이 이미 시간의 흐름을 전제하고 있을 뿐 아니라, 단어형성과정을 통해서 화자의 심리적 어휘부에 새로운 어휘항목이 추가된다는 것을 이유로 삼아 단어형성과정을 통시적 과정으로 설명하였다. 즉 창조적 화자에 의해 만들어진 새 단어가 단어로서의 자격을 부여받기 위해서는 사회적 승인을 받아야 하는데 이러한 과정이 통시적이라는 것이다. 여기서 사회적 승인을 받는다는 것은 화자의 심리적 어휘부에 등재되는 것을 의미하는데 이 과정은 단어형성과 동시에 이루어질 수 없다고 하였다. 한편 최명옥(2008:15-16)에서는 강세표시 형태소의 이형태 '휘-'와 '휩-'(휘감-, 휩싸-)를 예로 들면서 어간에 접두사나 접미사가 통합하여 새로운 어간을 형성하는 것은 '파생'이라고 정의를 내리고, 이 파생은 과거에 이루어진 것이지 현재에 이루어지는 것이 아니므로 어간의 내부구조를 분석하는 것은 공시적인 연구 대상이 아니라 통시적인 또는 역사적인 연구의 대상이라고 하였다.

과정은 분명히 통시적 성격을 가지지만 단어형성 자체는 공시적이므로 그 둘을 구분하고자 하는 것이다.13) 이에 따르면 '어휘체계의 변화'라는 것은 어휘 수의 증감, 어휘의 의미변화, 어휘의 소멸 등이 발생하여 어휘들 간의 관계변화와 같은 현상으로서 어휘체계의 변화 자체는 단어가 형성되어 어휘부에 저장된 이후의 일이기 때문에 어휘론의 영역에 속하는 일이지 단어형성과정의 일부분으로 볼 수 없다는 것이다. 즉 새로운 단어가 어휘부에 변화를 일으키는 현상은 단어형성과정의 공시적 성격을 부정하는 근거가 될 수 없으며 어휘부 등재 여부로 단어형성과정의 공시성을 판단하기는 어렵다고 하였다. 그리고 단어형성과정의 본질은 새로운 단어가 형성되는 과정 그 자체에 있으며 그 과정은 공시적일 수도 있고 통시적일 수도 있으며, 단어형성과정의 공시성과 통시성은 어휘부에 등재되어 있는 기존 단어들의 내적 구조에 대한 화자의 공시적 직관이 새로운 단어형성의 바탕이 되느냐에 따라 그 성격이 특징지어진다고 하였다.14)

이 책에서는 통사적 단위들의 결합이 그대로 굳어져서 단어가 형성되는 과정은 통시적 성격을 가지고 생산적인 규칙에 의하여 단어가 형성되는 과정, 즉 단어들의 내부 구조에 대한 화자의 공시적 직관이 개입

---

13) 송철의(2006:132-133)에서도 단어형성이 언어 능력과 관련된 것이라면 형성된 단어의 어휘부 등재는 인간의 기억의 한계에 대해서도 고려할 필요가 있다는 점에서 단어의 형성과 등재는 분리하여 논의해야 한다고 하였다. 한번 생성한 단어 중에서 어떤 단어는 한 번만 듣고서도 기억하지만 어떤 단어는 기억하지 못하므로 동일한 단어를 문장을 형성하듯이 늘 새로 형성하여 사용하지는 않겠지만 새로 형성한 단어가 기억에 남게 될 때까지는 반복적으로 형성할 가능성을 배제할 수 없다는 것이다.

14) 김민국(2009:125)에서도 새로이 형성되는 모든 단어는 어떠한 방식으로 형성되었든 형성 당시에는 항상 임시어 단계에 머물러 있으며 단어의 형성 그 자체는 늘 공시적이지만 형성된 단어가 어휘부에 입력되거나 사회적 승인을 얻는 과정은 통시적인 것이며 공시적 단어형성 과정은 어휘부에서 형태론적 원리에 의해 실현된 것이라고 하였다.

되는 단어형성은 공시적 성격을 가진다는 입장에서 논의를 진행시키고자 한다.15) 인간의 언어 능력에는 단어를 분석하고 동시에 새로운 단어를 생성하는 능력도 있음이 분명한데, 단어형성을 완전히 통시적인 것으로 간주해버리면 인간의 언어 능력 중 단어형성 능력을 부정하는 결과가 될 것이기 때문이다.

2.2. 한국어 단어형성의 유형

우선 단어는 그 내적 구조에 따라 몇 가지 종류로 구분될 수 있다. 단어 중에는 그 어간이 하나의 단일한 형태소로 이루어진 것도 있고, 그 어간이 둘 이상의 형태소로 이루어진 것도 있으며, 후자에는 다시 어기에 파생접사가 결합하여 이루어진 것과 두 개 이상의 어기가 결합하여 이루어진 것이 있다.16)

> (2) 가. 딮(짚), 쌀, 떡다(찍다), 덕다(적다)
> 나. 덜구질(절구질), 말리우다(말리다), 가티(같이)
> 다. 털로길(철길), 욕심나다

---

15) "파생어형성규칙은 새로운 단어를 생산해내는 규칙이면서 동시에 이미 존재하는 단어(파생어)를 분석하는 규칙"이기도 하기 때문이다(송철의 1992:89).

16) 최근에는 단어가 문법의 어떤 층위에 사용되는 단위인지에 따라 음운론적 단어를 따로 두기도 하고(시정곤 1994), 통사론적인 단위로 '통사 원자'라는 단위를 도입하는 논의(박진호 1994)도 있다. 그 외에 어휘부의 단위인 어휘소를 설정하거나(김성규 1987), 등재소를 설정하여(구본관 1990, 채현식 1994) 단어의 개념을 대치하기도 하며, 단어의 개념을 극단적으로 확장하여 문장형 고유명까지를 단어에 포함시킨 논의(송원용 2002/2005)도 있다. 단어의 정의에 대한 구체적인 논의는 구본관(2002ab)을 참고할 수 있다.

위의 (2가)의 예들은 그 어간이 하나의 형태소로 이루어진 단어들이고, (2나)의 예들은 '덜구, 말리-, 같-'에 '-질, -우-, -이'라는 접미사가 결합하여 이루어진 단어들이며, (2다)의 예들은 '털로+길, 욕심+나다'처럼 두 단어가 결합하여 이루어진 단어들이다. 이처럼 단어는 일반적으로 크게 세 가지 종류, 즉 (2가)의 예들과 같은 단일어, (2나)의 예들과 같은 파생어, (2다)의 예들과 같은 합성어로 나누어진다. 그리고 파생어와 합성어를 합쳐 복합어라 부른다.[17]

파생어와 합성어는 일반적으로 형태론적 절차에 의하여 만들어지는데, 파생어를 만들어 내는 단어형성 절차를 파생법이라고 하고 합성어를 만들어 내는 단어형성 절차를 합성법이라고 한다.

이상의 내용을 도표로 보이면 다음과 같다.

$$단어 \begin{cases} 단일어 \\ 복합어 \begin{cases} 파생어—파생법 \\ 합성어—합성법 \end{cases} \end{cases} 단어형성법$$

여기서 파생어란 일반적으로 어간의 직접 구성 요소 중 하나가 파생접사인 단어 즉 어기에 파생접사가 더하여져 만들어진 단어를 말한다. 따라서 파생법이란 일반으로 "어기에 파생접사가 결합하여 새로운 단어(한국어의 경우에는 어간)를 생성하는 과정"이라고 할 수 있다.

그런데 파생은 실질적인 파생접사에 의해서만 이루어지는 것은 아니

---

17) 이 책에서는 보편적으로 쓰이고 있는 남기심·고영근(1985/1993:191)의 술어를 따라 단어의 내부 구조를 단일어와 복합어로 구분하고 복합어를 다시 파생어와 합성어로 구분한다. 일찍이 최현배(1937), 이희승(1955), 이숭녕(1961) 등에서는 'compound'의 역어(譯語)로 '복합어'란 용어를 사용하였고, 허웅(1966)이나 안병희(1965) 등에서는 '합성어'란 용어를 사용하였다.

기 때문에 파생은 또 몇 가지 유형으로 분류할 수 있다. 우선 파생에는 접사에 의한 파생과 접사에 의하지 않은 파생이 있는데, 접사에 의한 파생에는 다시 접두사에 의한 파생과 접미사에 의한 파생이 있고,[18] 접사에 의하지 않는 파생에는 내적변화에 의한 파생과 영변화에 의한 파생이 있다. 파생을 이상과 같이 분류한다면, 그것은 파생접사로서 영접사(零接辭)를 인정하지 않는 입장이 된다. 그런데 영접사를 인정하지 않으면 품사가 바뀌게 된 동기에 대해서 설명하기 어렵다는 문제가 있다. 그렇기 때문에 파생접사로서 영접사를 인정하는 입장도 있는데, 파생접사로서 영접사를 인정하게 되면 분류의 내용이 조금 달라지게 된다. 영접사를 인정하면 영변화에 의한 파생이 영접사에 의한 파생이 되는바, 영접사도 접사의 일종이므로 영접사에 의한 파생은 접사에 의한 파생의 일종이 되기 때문이다. 그렇게 되면 접사에 의하지 않은 파생은 내적변화에 의한 파생으로 국한되게 된다. 내적변화에 의한 파생에는 다시 모음변화에 의한 파생과 자음변화에 의한 파생이 있을 수 있다. 그러나 이들이 진정한 의미의 파생의 범주에 들 수 있겠는가에 대해서는 의문의 여지가 없지 않다.

한국어 형태론에서는 영접사를 인정하지 않으려는 것이 일반적인 경향이다. 영접사를 인정하게 되면 어떤 경우에 영접사를 설정해야 할지 판단하기 어려운 경우가 있고 또한 여러 개의 영접사가 필요하게 될 경우 그들 각각을 구별할 방법이 없어 영접사를 남용하게 되는 문제가 있기 때문이다. 따라서 이 책에서는 영접사를 인정하지 않는 일반적인 견

---

18) 접두사는 일반적으로 어기 앞에 두 개까지 올 수 있으나 접미사는 어기 뒤에 최대로 세 개까지 나타날 수 있다. 또한 접두사에 의한 파생어는 대체로 어기의 범주에 의해 전체의 범주가 결정되지만 접미사에 의한 파생어는 접미사가 지배하는 범주에 의해 전체의 범주가 결정된다(기주연 1994:270).

해를 받아들이고 영접사란 용어 대신에 영변화를 사용하여 파생어형성의 유형을 분류할 것이다. 이를 도표로 나타내 보면 다음과 같다.[19]

파생 {
  접사에 의한 파생 {
    접두사에 의한 파생
    접미사에 의한 파생
  }
  접사에 의하지 않은 파생 {
    영변화 파생
    내적변화에 의한 파생
  }
}

이러한 파생의 여러 가지 유형 중 이 책에서는 접미사에 의한 파생만을 다루기로 한다. 나머지의 파생 유형들도 다루는 것이 원칙이겠으나 철산 지역어에 대한 연구가 별로 없는 상황에서 그 모든 것을 다루기는 어려울 것으로 판단되기 때문이다.

그리고 파생접미사의 확립기준, 파생어형성의 생산성, 어휘화, 어휘부 조직 등과 관련된 문제들도 철산 지역어의 파생법을 다루기 위한 기본 전제로서 논의해야 할 문제들이지만 이 책의 주된 목적은 파생법의 이론적 탐구에 있는 것이 아니라 철산 지역어의 파생법을 충실하게 기술하려는 것이기 때문에 그러한 문제들에 대해서는 별도의 언급을 하지 않는다.

2.3. 용어 문제

이 책에서 사용될 어근과 어간 및 어기에 대한 정의는 기존 연구에서

---

19) 파생어 형성 도표는 송철의(1998:718)을 참고한 것이다. 이와 같은 분류 이외에 파생의 유형을 '외적 파생'과 '내적 파생'으로 분류하는 경우도 있고(이희승 1955, 하치근 1989), '어휘적 파생'과 '통사적 파생'(고영근 1989)으로 분류하는 경우도 있다.

여러 가지로 제시되었는데 이 책에서는 이익섭·채완(1999:55-65)을 따르기로 한다.

$$
\text{형태소}
\begin{cases}
\text{어기}
\begin{cases}
\text{자립어기} \\
\text{의존어기}
\begin{cases}
\text{어간} \\
\text{어근}
\end{cases}
\end{cases} \\
\text{접사}
\begin{cases}
\text{접두사} \\
\text{접미사}
\end{cases}
\end{cases}
$$

이익섭·채완(1999)에 따르면 형태소는 어기와 접사로 나누어지며 어기는 다시 자립어기와 의존어기로 나누어진다. 그리고 그 중 의존어기는 또 다시 어간과 어근으로 나누어진다. 여기서 어기란 "단어의 중심부를 형성하는 요소"라 정의할 수 있을 것이고 접사란 "단어의 주변부를 담당하는 요소"라고 정의할 수 있을 것이다. 어기 중 자립어기란 "그 단독으로 단어가 될 수 있는 어기"를 말하며 의존어기란 "단어의 중심부를 담당하기는 하지만 그 단독으로는 단어가 될 수 없는 의존적인 언어형식"을 말한다. 의존어기 중 어간이란 "단어의 중심부를 담당하면서 굴절접사와 직접 결합할 수 있는 어기"를 말하며 어근이란 "단어의 중심부를 담당하기는 하되 어미와 직접 결합할 수 없는 어기"를 말한다.

이들 용어의 정의 및 구분은 학자에 따라 조금씩 달라서 이 용어들의 정의 및 구분을 분명하게 기술하는 일은 결코 간단하지 않다. 이 책은 이들 용어의 정의 및 구분을 명확히 하려는 데에 목적이 있는 것이 아니라 주로 철산 지역어의 접미사들에 의해 형성된 파생어들의 특성을 밝히는 것이 목적이므로 이들 문제에 깊이 들어가지 않고 비교적 간결하고 보편적으로 쓰이는 이익섭·채완(1999)의 정의 및 분류 체계를 따르기로 한다.

제 3 장

명사파생

3.1. 도입

접미파생법은 품사에 따라 대체로 명사파생법, 동사파생법, 형용사파생법, 부사파생법 등으로 나뉘어 논의될 수 있다. 이 장에서 우선 명사파생에 대해서 살펴보기로 한다.

한국어에서 명사가 많은 비중을 차지하고 있는 만큼 명사를 파생시키는 접미사도 다양하게 나타나고 이 접미사들에 의해 형성된 파생어도 매우 많을 것이다. 이 지역어에서도 명사파생접미사가 가장 많이 나타나는데 비교적 생산적인 접미사들로는 '-이', '-음', '-기', '-개', '-쟁이(-장이), -뱅이(-방이), -퉁이', '-질, -노리/노릇', '-앙/엉, -앙이/엉이, -악/억' 등이 있다.1) 이들 명사파생접미사들은 주로 동사, 형용사, 명사, 어

---

1) '-쟁이'와 '-뱅이', '-퉁이'는 '사람의 성품이나 성향' 등 사람과 관련된 파생어를 만든다는 의미에서 함께 취급하였고, '-질'과 '-노리/노릇'은 모두 '직업이나 직책'의 뜻을 나타내므로 함께 다루었으며, '-앙/엉'와 '-앙이/엉이', '-악/억'은 모두 생산성이 낮은 접미사이므로 함께 취급하였다.

근, 의성·의태어 등을 어기로 취하여 명사를 파생시킨다.

3.2. '-이'에 의한 파생

이 지역어에서 '-이'는 파생접미사 중에서 가장 다양하고도 생산적인 파생 기능을 가지고 있다. '-이'는 단일 형태소 동사어간 또는 복합동사 어간에 결합하여 행위명사, 도구명사, 유정명사를 파생시키기도 하고 형용사어간에 결합하여 척도명사를 파생시키기도 하며 명사나 어근 그리고 의성·의태어에 결합하여 사람, 동물, 식물, 사물 등을 지칭하는 명사를 파생시키기도 한다.[2]

① [동사어간+-이]

> (1) 가. 멕이(먹이), 벌이, 놀이cf. 떠깨˜이/병떠까˜이/가매떠까˜이(뚜껑)
>   나. 나딜이(나들이), 미다디([밀-+닫-]+이, 미닫이)

(1가)는 단일형태소 동사어간을 어기로 취하여 '어떤 사실이나 일'을 나타내는 행위명사 및 도구명사를 파생시키는 경우이다. '멕이'는 동사

---

[2] 구본관(2002a:115-116)에서는 파생어 형성과 의미를 논의하면서 어기의 의미 중 일부만이 파생어에 반영된다는 송철의(1985)를 바탕으로 파생어 형성에서 어기만 여러 가지의 의미를 가질 수 있는 것이 아니라 파생접사도 여러 가지 의미를 가질 수 있으며 파생접사의 여러 의미 중 한 가지 의미만 파생어 형성에 참여하는 경우가 있을 수 있다고 주장한 바 있다. 그러면서 '-이'의 기본적인 의미는 '…하는 행위 또는 사건'이지만, 그 기본적인 의미에서 파생된 의미로 '…하는 사람이나 사물', '…하는 물건 또는 도구' 등이 있다고 보았다. 또한 '-기, -음'도 하나 이상의 의미를 갖는 것으로 생각하고 있다.

어간 '먹-'에 '-이'가 결합되어 '먹이'가 된 다음 후행모음 '-이'의 영향으로 움라우트를 겪은 것이다. 이 지역어에서는 피동화음이 '아, 어'인 경우에 움라우트가 매우 활발하게 일어난다. '멕이' 외에도 보재기(보자기), 뎁히다(데우다), 냉기다(남기다)' 등의 예들이 있다.

'벌이'는 '돌아댕기멘 **벌이**두 그케 몬하구 골란히 살디(돌아다니면서 벌이도 그렇게 못하고 곤란하게 살지)'에서처럼 넓은 의미의 행위명사이다. '떠깨~이'는 동사어간 '덮-(蓋)'과 관련이 있는 듯하다.[3]

(1나)의 '나딜이'는 '[나+들-]+-이'로 분석할 수 있고,[4] '미다디'는 '[밀-+닫-]+-이'로 분석 할 수 있다. '나디리'와 '미다디'는 소위 비통사적 복합동사를 어기로 취한 것인데 이런 현상은 중부방언과 마찬가지로 거의 생산력이 없는 것으로 보인다.

이 지역어에서 단일형태소 어간('나딜이', '미다디'는 제외)을 어기로 취하는 '-이'는 주로 '…하는 일 또는 …하는 도구'의 의미를 나타내며 넓은 의미의 행위명사나 도구명사를 만든다. 이 지역어에서 단일형태소 동사어간을 어기로 취하는 파생어의 수는 그다지 많지 않으며 생산성이 낮은 편이다.

---

3) 이병근·정인호(2003:32)에서는 '덮-'의 어간말 'ㅍ'이 'ㅸ'에 소급될 가능성이 아주 큰데 조어될 당시 이미 어기에 변화가 생겨 'ㅸ'이 존재하지 않았을 가능성이 많고 또 다른 한편 '떠깨~이'를 형태로 보면 'ㅸ>ㄲ'의 변화처럼 보이어 'ㄲ'이 'ㅍ'과 대응된다고 볼 수도 있어 어간말 'ㅍ'의 성격이 간단하지는 않다고 하였다.

4) '나딜이'의 '딜-'은 뒤에 오는 '-이'의 영향을 받아 '으'가 '이'로 전설모음화 하여 '딜'로 실현된 것이다. 이 지역어에서 개재자음이 '설정성' 자음인 경우에도 일부 단어는 통시적으로 움라우트를 겪었다. '나딜이' 외에도 '딜이다(들이다), 바니질(바느질)' 등 예가 있는데 이 지역어의 특징적인 변화라고 할 수 있다.

② [[명사+동사어간]+-이]

(2) 가. 봄맞이, 집딜이(집들이), 돈벌이, 밥벌이, 논갈이, 밭갈이, 가을갈이
    나. 목걸이, 입성걸이(옷걸이), 재털이(재떨이), 못뽑이
    다. 젖멕이(젖먹이)

(2가)에서 '-이'는 '명사+동사어간'을 어기로 취하여 주로 행위명사를 파생시키는 경우이다. 이것은 단일형태소 동사어간을 어기로 취하면 주로 넓은 의미의 행위명사를 파생시키는 경우와 일정한 차이가 있다. 따라서 여기에서의 '-이'의 의미는 주로 '…을 하는 행위'를 나타낸다.

(2나)에서 '-이'는 '명사+동사어간'을 어기로 취하여 도구명사 또는 사물명사를 파생시키는 경우이며 주로 그 행동이 미치는 대상물을 가리킨다. 파생접미사 '-이'는 '…하는 도구나 물건'의 의미를 나타낸다.

(2다)에서 '-이'는 '명사+동사'를 어기로 취하여 유정명사를 파생시키는 경우이다. '젖멕이'5)의 의미는 '젖을 먹는 어린아이'라는 뜻이며 이 때 접미사 '-이'는 '…을 하는 사람'을 나타낸다.

(3) 젖을 안 뗀 아이. 그저 젖 먹는 야:는 이름이 잇디머. 이름 잇어. **젖멕이** 젖먹이라 그는 사람두 잇구.
    (젖을 안 뗀 아이. 그저 젖 먹는 아이는 이름이 있지머. 이름 있어. 젖먹이 젖먹이라 그러는 사람도 있고.)

---

5) 김창섭(1992:19)에서는 '젖먹-'류는 독립적으로 나타나지 못하나 더 큰 복합어의 내부에는 나타난다는 사실로 이들을 '잠재어'로 처리하고 있다. 또한 성광수(2001:155)에서는 축약으로 인한 단어화(통사구조의 어휘화:젖먹-)의 가능성과 어휘부의 어근 '젖'과 '먹-'의 복합어 구성의 가능성 즉 두 가지 가능성을 다 내포하고 있다고 하였다.

다음 (4)의 예들은 '-이'에 의한 파생으로 보는 견해도 있고 '-잡이', '-살이'에 의한 파생으로 보는 견해도 있어 논란이 많은 파생어들이다.6)

(4) 가. 낭잽이(양손잡이), 손잽이(손잡이), 문잽이(문잡이)
　　cf. 낭줴지, 손줴지, 문줴지
　　고기잽이(고기잡이)
　　왼손잽이(왼손잡이), 앞잽이(앞잡이)

나. 오막살이, 시집살이, 세간살이, 또꾸방살이(소꿉질), 살림살이,
　　감악살이(감옥살이), 들사우살이(처가살이), 일꾼살이, 머슴살이

(4가)에 열거된 예들은 형태적으로 보아 모두 '잽이' 형태를 가진다.7) 이 지역어에서 '잽이'의 의미는 다양하다. '낭잽이, 손잽이, 문잽이'8)의 '잽이'는 '그릇이나 문, 기구나 도구에 달려 있는 손으로 잡아서 들거나 열 수 있도록 덧붙여 놓은 부분'을 의미한다. 그 중에 '문잽이'는 중부 방언의 '문고리'에 해당한다. 그 예문을 보면 다음과 같다.

(5) 밑에 친 문열쇠, **문잽이**, 문걸쇠라 그래두 될 거라 문잡이, 문잽이라

---

6) 중부방언에서 '안경을 쓴 사람을 낮잡아 이르는 말'을 '안경잡이'라고 하는데 이 경우의 '잡이'는 '잡다'의 의미가 전혀 반영되지 않으므로 접미사로 볼 수밖에 없다. 하지만 이 지역어에서는 이런 의미의 '잡이'는 나타나지 않으므로 '잡'가 접미사로 될 가능성은 중부방언보다 적다. 이 지역어에서 '안경잡이'에 해당하는 단어로 '안경 재~이'를 사용하고 있다.

7) '잽이'는 '잡-'의 모음 '아'가 후행모음 '-이'의 영향을 받아 움라우트를 겪은 결과이다.

8) 최형용(2003:289)에서는 '손잡이'형에 대해 두 가지 직접 성분 분석의 가능성을 인정하고 있다. 즉 '[[손잡-]-이]'와 '[손[잡이]]'형이 그것이다. 전자는 이들 단어의 형성 과정에서의 가능성을 인정한 것이고 후자는 이들과 관계가 있는 또 다른 단어의 형성 과정을 위한 분석 가능성을 인정한 것이다. 그러면서 '손잡-'은 통사부의 실현 원리에 의해 생성된 것이 아니고 어휘부 내에서 생성될 수 있는 것이라고 하였다.

그래야 맞아.
(밑에 것은 문열쇠 문잡이 문고리라 그래도 될 거라. 문잡이 문잽이라
그래야 맞아.)

'고기잽이'의 '잽이'는 '…을 잡는 행위'를 의미하며, '왠손잽이'와 '앞
잽이'는 모두 '…을 하는 사람'을 의미하는데 '왠손잽이'는 '한 손으로
일을 할 때, 주로 왼손을 쓰는 사람. 또는 오른손보다 왼손을 더 잘 쓰
는 사람'을 의미하고 '앞잽이'는 '남의 시킴을 받고 끄나풀 노릇을 하는
사람'을 의미한다. 따라서 같은 형태의 '잽이'를 모두 같은 의미로 보기
어렵다. 이 지역어에서는 '낭잽이'가 '낭줴지', '손잽이'가 '손줴지', '문
잽이'가 '문줴지'로 쓰이기도 한다.

(4나)에서 '살이'도 '잽이'와 마찬가지로 의미가 다양하다. '오막살이,
또꾸방살이(소꿉질)'의 '살-'는 '어떤 곳에서 사는 살림살이'를 의미하고,
'감악살이, 들사우살이'의 '살-'는 '어디에 기거하여 사는 생활'을 의미
하며, '일꾼살이, 머슴살이'의 '살-'는 '어떤 일에 종사하다'를 의미한다.
따라서 '잽이, 살이'가 약간 특수한 의미를 갖는 경우가 있다고 하여
'잽이, 살이'류를 접미사로 보기는 어려우며 이런 특수한 의미들은 대체
로 단어형성과정에서 특수하게 주어지는 의미이거나 단어형성이 이루어
진 이후에 의미의 특수화가 이루어진 결과일 가능성이 있으며 또한 이
런 특수한 세부적인 의미까지를 '-이'의 의미기능으로 간주하기는 어려
울 것 같다(송철의 1992:130).9)

---

9) 한편 황화상(2001:16)에서는 의미 중심의 필요성을 기술하면서 '-이'가 세부적 의미
   까지 갖는다고 보기는 어렵지만 송철의(1992:130)에서 언급했던 '-이'가 갖는 구체적
   인 의미가 단어 형성 과정에서 특수하게 주어지거나, 혹은 단어 형성이 이루어진 이
   후에 의미의 특수화가 이루어진 결과라고 보기도 어렵다고 하였다. 그 이유로 "단어
   형성의 관점에서 보면 형태와 의미의 결합체로서의 단어는 새로운 형태를 먼저 만들

③ [형용사어간+-이]

(6) 깊이, 높이, 길이

(6)은 형용사어간에 '-이'가 결합하여 척도명사가 파생된 경우이다. 주지하다시피 중세한국어시기에 척도명사는 형용사어간에 파생접미사 '-이/의'가 결합하여 만들어졌었는데 근대한국어로 오면서 'ᄋ'의 소멸과 이중모음 '의'의 단모음화로 인해 지금의 동사어간으로부터 행위명사를 파생시키는 파생접사 '-이'와 그 형태와 기능이 동일하게 된 것이다. 이 지역어에서도 중부방언에서처럼 의미론적 제약10)으로 보이는 '*짧이, *낮이, *얕이'와 같은 척도명사 파생어가 나타나지 않으며 정도성이 큰 형용사 즉 긍정적 가치 계열의 형용사들로부터만 명사가 파생된다. 또한 '길이, 높이'는 있지만 '*길기, *높기'가 없는 것은 의미상으로 유사한 다른 단어의 존재 때문에 실제로 사용하지 못하는 저지현상에 의하여 생긴 것이다(송철의 1977:20).

이 지역어에서는 형용사어간에 명사파생접사 '-이'가 결합되는 경우가 그렇게 생산적이지 못하다.

④ [명사/어근+-이]

(7) 가. 쩔뚝발이/찔룩발이(절뚝발이), 눅손이(육손이), 더펄이(덜렁이)
　　　cf. 멍텅구리11), 머저리, 마디(맏(頭)+-이, 뭍(昆))

고 여기에 개념(혹은 의미)을 부여함으로써 만들어지는 것이 아니라, 새로운 개념이 먼저 만들어지고 이를 표현할 단어 형태가 나중에 만들어진다고 보는 것이 자연스럽기 때문이다"라고 설명하였다.
10) 어기의 의미상의 특질에 따라 파생어의 형성이 허용되거나 제약되는 것을 의미론적 제약이라 한다(고영근·구본관 2008:209).

나. 떠까리(뚜껑, 떡깔+-이), 딱까리(상처딱지, 딱깔+-이),
　　도랭이(도랑+-이), 장지기/장재기(장작+-이), 파이(파+-이, 蔥),
　　보라이(보라+-이, 보라색), 더데기(더덕+-이), 꼴짜기/골채기(골짝
　　+-이), 누데기(누덕+-이, 누더기)
　　cf. 말쿠지(말ㅎ+곳-+-이, 말뚝), 피꺼기(피격+-이, 딸꾹질)

　(7)의 '-이'는 명사나 어근을 어기로 취하여 '…와 같은 성질이나 특징을 갖는 사람, 동물, 식물'의 의미를 나타내는 명사를 만듦으로써 '유정명사화소'(송철의 1992:134)라고 명명할 수 있다. 명사로부터 파생된 파생명사들은 동일 품사 내의 파생으로서 그 성격이 비교적 단순하다(김창섭 1996:113).

　(7가)는 명사나 어근을 어기로 취하여 사람을 나타내는 유정명사를 파생시키는 경우이다. '쩔뚝발이/찔룩발이'는 '쩔뚝/찔룩+발+-이'로 분석할 수 있는데 '쩔뚝/찔룩'은 '쩔뚝거리다, 찔룩거리다'의 어근을 어기로 한 것이다. '쩔뚝발/찔룩발(절뚝발)'과 '눅손(육손)'은 신체부위를 나타내는 명사이며 이 명사어간에 '-이'가 결합되면 '그러한 신체특징을 가지고 있는 사람'을 의미하며 일반적으로 '외모에 결함이 있는 사람'을 뜻한다. '더펄이'는 '더펄더펄' 또는 '더펄거리다'의 어근 '더펄'에 '-이'가 결합된 경우인데 그 의미는 '성미가 침착하지 못하고 덜렁대는 사람'을 말한다.

　(7나)는 명사나 어근을 어기로 취하여 사물이나 식물을 나타내는 명사를 파생시키는 경우이다.

　'말쿠지'는 '말ㅎ(橛:말뚝)+곳-+-이'으로 분석할 수 있는데 '곳-'의 두

---

11) '멍텅구리'는 '멍텅+-구리'로 분석할 수 있으며 '멍텅'은 '멍텅하-'(정신이 빠진 것처럼 멍청하다)의 어근으로 볼 수 있다.

음 'ㄱ'가 앞음절 말음 'ㅎ'의 영향으로 격음 'ㅋ'로 되고 모음상승 '오>우'에 의하여 '말쿠지'로 될 수 있다(김영배 1987:5). 따라서 '말쿠지'는 공시적 구조로 보기 어렵고 통시적 구조로 볼 수 있겠다. '말쿠지'의 의미는 평북방언에서 '①옷 따위를 걸기 위하여 벽에 박은 못 ② 말뚝' 두 가지 의미로 쓰이는데 이 지역어에서는 두 번째 의미로 쓰이고 있다. 그 예문은 다음과 같다.

(8) 소두 말이야. 승이 세서 기면 저 내다 맨 그 풀 띁어먹으라구 내다 맨
    그 **말쿠지에두** 배때기레 째진다 이러멘 내레 과:띠머.
    (소도 말이야. 성이 세서 그러면 저기 내다 맨 그 풀 뜯어먹으라고 내
    다 맨 그 말뚝에도 배가 째진다. 이러면서 내가 소리 질렀지.)

그리고 '피꺽이'는 중부방언의 '딸꾹질'에 해당되는데 동사 '피꺽하다, 피꺽피꺽'의 어근 '피꺽'에 '-이'가 결합되어 '…하는 행위'를 나타낸다.

(9) **피꺽이** 하문 딛기 싫다. 피꺽이 한다 그래. 피꺽 피꺽 그리디 피꺽이
    라 그래. 와 자꾸 나오노 사람을 탁 놀래나게 해주문 떨어대 거.
    (피꺽이 하면 듣기 싫다. 피꺽이 한다 그래. 피꺽 피꺽 그러지. 피꺽이
    라 그래. 왜 자꾸 나오니? 사람을 탁 놀라게 해주면 떨어져 그거.)

다음 (10)의 예들은 주로 명사를 어기로 취하여 동물을 파생시키는 경우이다. 이 경우에는 주로 동물 이름에 붙는 경우가 많다.

(10) 고슴도티(고슴+돝+-이, 고슴도치), 곰팡이(곰팡+-이), 베루디(베룬+-이,
     벼룩), 거부기(거북+-이) cf. 게루기/기루기(그력+-이, 기러기)

(10)의 '고슴도티'는 중부방언의 '고슴도치'에 해당되는데 이 지역은 'ㄷ'구개음화가 나타나지 않기 때문에 '고슴도티'로 실현된다. '고슴도티'는 '고슴+돝(豚)+-이'로 구성된 것으로 볼 수 있다. 이 지역어에서 나타나는 예문을 보면 다음과 같다.

> (11) 주데~일 제 배때기다 쏙 타막구 쪼꼬매핸거 똥글해디머 몸떼~이레
> 크다 글야디 고슴도티 가시레 깊어
> (주둥이를 제 배에다 쏙 틀어막고 조그마한 거 동그래지지며. 몸둥
> 이가 크다 그래야지. 고슴도치 가시가 깊어.)

15세기 문헌에서도 '고솜돝'이라는 어형을 찾아볼 수 있다. 여기서 '돝'은 '돼지'라는 뜻이지만 '고슴<고솜'은 '가시'를 뜻하는 의미인 것 같은데 정확히 그 어원이 무엇인지는 알 수가 없다. 18세기의 문헌자료에는 '고솜돗치'로 나타나고 있다.

> (12) ㄱ. 머리 터럭과 **고솜도티** 가츨 ᄀᆞ게 눈호아 <1466 구급66a>
> ㄴ. 刺蝟 고솜돗치 <1778 방언유, 해부방언, 16a>

'베루디'는 명사 '베룬'에 '-이'가 결합된 것인데 중부방언의 '벼룩'에 해당한다. 그 예를 보면 다음과 같다.

> (13) 베루디야 것두 개에두 많구 혹시 입성에두 올라서 후두둑 뛰는거 잇
> 어 좀 시꺼멓게 베루디라 그래 베루디레 많아 개에서 올리우디머 사
> 람에게.
> (벼룩이야 그것도 개에도 많고 혹시 옷에도 올라서 후두둑 뛰는 것
> 이 있어. 좀시꺼멓게. 벼룩이라 그래. 벼룩이 많아 개에서 옮지며. 사
> 람에게.)

⑤ [의성·의태어+-이]

> (14) 맹꽁이, 뻐꾸기(<벅국이), 쌕쌔기(쌕쌕+-이), 귀뚜라미), 매미(*미암/
> 미얌+-이)

(14)는 의성·의태어를 어기로 취하여 사람이나 동물을 나타내는 유
정명사를 파생시키는 경우이다. '맹꽁이'는 의성어 '맹꽁'에 '-이'가 결
합되어 구성된 것인데 그 의미는 '맹꽁잇과의 양서류 동물'을 뜻하거나
'야무지지 못하고 말이나 하는 짓이 답답한 사람을 놀림조로 이르는 말'
등 두 가지 의미가 있는데 이 지역어에서는 전자의 의미보다는 후자의
의미로 쓰이는 경우가 많다.

⑥ [동사어간+-음/엄/엉+-이]

> (15) 헐미(헐-+-음+-이, 헌데/부스럼), 대리미(대리-+-음+-이, 다리미),
> 꺼스레미(그을음, 꺼슬-+엄+-이), 허리거부레˜이/꺼부레˜이(꺼부르-+-
> 엉+-이, 꾸부렁이)

(15)의 예들은 파생접미사 '-이'에 의해 형성되는 파생명사 중에서
좀 특이한 구조를 가지는 것이라고 할 수 있다.

'헐미'는 형태로 보아 동사어간 '헐-'의 파생명사 '헒'에 다시 '-이'가
결합되어 구성된 것으로 여겨진다. 유창돈(1978:230)에서는 '허믈'에 대한
설명에서 '험'을 '헐-'의 명사형으로 볼 수 있으니 '허믈'은 전성명사에
다시 접미사 '을'이 붙어 명사를 파생한 것이라고 하였다. '헐미'도 이와
동궤의 현상으로 분석할 수 있을 듯하다. '헐미'의 의미는 '다치거나 부
스럼이 나거나 하여 살이 헐고 상한 자리 또는 그러한 병'을 나타낸다.

문헌자료 및 이 지역어에서 사용하는 '허믈', '헐미'에 대한 예를 보면 다음과 같다.

(16) ㄱ. 쏘 湯火애 傷ᄒᆞᆫ널 고티며 **허믈** 업게 호디(無瘢痕)<1466 구급방언해 하11b>

ㄴ. 사룜의 육신이라도 텬쥬 덕능의 도으심이 잇스면 인력법을 조곰이라도 **헒이** 업시 우흐로 올나갈 만ᄒᆞ고<1908 경향보감3:145>

(17) 목아지 **헐미** 나구 헐어서 달련받는 사람 안 잇네. 그케 **헐어**개지구선 뼁원에 가서 석 달반을 잇엇대. 너머 과히 아푸다 **헐미**레 되는 수두 잇어. **헐미**레는 거이 헐어서 오래오래 안 낫는 것두 익구 그렇디며 헐미라 그래 칵 헐미레 나서 모구레 물어 떼서 헐미레 되는 거. (목에 부스럼이 나고, 헐어서 단련 받는 사람이 있잖아. 그렇게 헐어서 병원에 가서 석 달 반을 있었다. 너무 과히 아프면 부스럼이 될 수도 있어. '헐미'라고 하는 것이 헐어서 오래오래 안 낫는 것도 있고 그렇지. '헐미'라 그래. 콱 부스럼이 나서 모구가 물어 떼서 '헐미'가 되는 것.)

'대리미'와 '꺼스레미'는 각각 중부방언의 '다리미', '그을음'에 해당하는데 이들은 각각 '대리-+-음+-이', '꺼슬-+-엄+-이'로 분석할 수 있다. 이들은 동사어간에 '-음'이 결합되고 다시 거기에 명사파생 접미사 '-이'가 결합된 것들이다. '대리-'[12)]는 '옷이나 천 따위의 주름이나 구김을 펴고 줄을 세우기 위하여 다리미나 인두로 문지르다'를 의미하고, '꺼슬-'는 '불에 쬐어 거죽만 조금 타서 검게 하다'를 의미한다. '허리거부레ᵑ이/꺼부레ᵑ이'는 동사어간 '꺼부리-'에 '-엉'이 결합되고 다시

---

12) '대리-'는 움라우트 즉 '다리-'에서 앞음절의 후설모음 'ㅏ'가 뒤에 오는 전설모음 'ㅣ'의 영향으로 전설모음 'ㅐ'로 바뀌어 '대리-'로 된 것이다.

거기에 명사파생 접미사 '-이'가 결합된 것이다. '꺼부리-'는 '한쪽으로 구붓하게 굽히다'를 의미하며 '꺼부레~이'는 '허리가 꼬부라진 사람'으로 중부방언의 '꾸부렁이'에 해당된다.

그 외에 이 지역어에서도 중부방언과 마찬가지로 인명 뒤에 붙은 '-이'가 있는데 가령 '연이, 철이'와 같은 경우이다. 하지만 '-이'가 인명에 붙을 때는 파생접미사로 보기 힘들다. 최현배(1937/1980:659-660)에서는 "씨가지를 그 하는 구실(職責)을 따라 뜻 더하는 것(加意的의 것)과 말 만드는 것(造語的의 것), 그리고 소리 고루는 것(調音的)"의 세 가지로 나눈다고 설명하면서 '쇠돌이, 갑득이'에서의 '-이'를 '소리 고루는 씨가지'로 분류하였으며 이때의 '-이'는 "뜻과 감목(품사)에는 아무 상관없이 다만 말의 소리를 고루어 그 소리냄을 편하게 할 따름의 씨가지"로 규정하였다. 허웅(1975:39)에서도 최현배(1937/1980)의 견해를 그대로 수용하여 인명에 붙는 접사 '-이'는 문법적으로나 어휘적으로 아무런 뜻이 없고, 오직 소리를 고르기 위해서 들어간 것 즉 닿소리로 끝난 이름씨를 홀소리로 끝나도록 하는 구실밖에 가지지 않는다고 하면서 '복동이'를 '복동'의 이형태로 보는 것이 가장 합리적인 방법이라고 하였다. 따라서 이 책에서도 인명 뒤에 붙는 '-이'를 조음적 요소로 받아들이기로 한다.[13]

마지막으로 '-이'는 음운론적 제약이 있는데 '-이'는 어기가 자음으

---

13) 송철의(1977:17)에서도 인명들은 그 자체가 이미 [+human]이라는 의미자질을 갖추어 가지고 있기에 '-이'가 인명에 붙을 때는 그것의 의미자질이 잉여적인 것으로 된다고 지적하였다. 이는 '개똥이, 쇠똥이'의 경우 보통명사가 '-이'와 결합하여 인명명사가 되었다는 논의에 근거한 것이다. 하지만 송철의(1992:137)에서는 이광호(1985:68)의 견해에 따라 '-이'에 의해 형성되는 파생명사가 반드시 인명으로만 쓰이는 것이 아니기 때문에 [+human]이라는 의미자질은 수정·보완되어야 한다고 하면서 인명에 붙는 '-이'도 본질적으로는 동물명 뒤에 붙는 '바둑이'의 '-이'와 다르지 않으므로 인명도 넓게 보면 유정명사의 범주에 들 수 있기에 그 '-이'들도 유정명사를 파생시키는 접미사로 볼 수 있다고 하였다.

로 끝날 때만 결합하고 모음으로 끝날 때는 결합하지 않는 제약을 가지고 있으며 '르'로 끝나는 경우에는 '-이'를 선호하는 경향이 있다. '-이'가 이러한 음운론적인 제약을 가지게 된 것은 통시적으로 보면 이형태를 이루던 '-이'와 '-기' 중에서 '-이'만이 파생접미사로 발달했기 때문이다(구본관 2002:121).

그리고 '-이'와 관련해서 한 가지 주목해야 할 것이 있는데 주지하다시피 파생접사는 한 가지 품사와만 결합하는 것이 일반적이다. 하지만 '-이'는 동사, 형용사, 명사 등 여러 품사와 결합될 수 있는 것으로 보아 그 '-이'가 각각 다른 파생접미사일 가능성도 있다. 형용사어간에 결합된 '-이'는 중세한국어에서 '-익/의'로서 '기릐, 노픠' 등으로 나타나다가 음운 변화의 결과로 '-이'로 바뀐 것이다. 명사나 어근에 결합된 '-이'도 동사어간에 결합된 '-이'와 비교할 때 어기의 품사가 다를 뿐 아니라 파생접사의 의미도 다르다. 명사어간이나 어근에 결합된 '-이'는 '어떤 속성을 가진 사람이나 동물, 사물' 정도의 의미를 가지고 동사어간 뒤에 결합된 '-이'는 '어떤 행위나 상태'의 의미를 지니어 역시 이들을 다른 접미사로 볼 가능성이 있다. 하치근(1999:365)에서는 파생접미사 '-이'를 어휘적 자질을 가지며, 단일어기를 취하는 접미사로 보면서 명사를 어간으로 취하는 '-이'는 근대한국어 후기에 새로이 나타난 것으로서 동사에 붙는 '-이'와는 차원이 다른 것이고, 형용사를 어간으로 취하는 '-이'는 중세한국어의 파생접사 '-익/의'가 변한 것으로서 서로 다른 성격의 '-이'들을 동일한 것으로 묶어 처리해서는 안 된다고 하였다. 따라서 파생접미사 '-이'는 동일한 형태를 가지고 있지만 그 기원과 기능면에서 볼 때 달리 처리되어야 함으로써 파생접미사 '-이'는 '-음'과 동질적인 접미사로 보아야 할 것이라고 지적하였다.

다음 (18)의 예들은 주로 명사어간에 '-이'가 결합되어 다시 명사를 파생시킨 예들인데 음성적으로 모두 비모음으로 실현된다는 공통점이 있다. 이 지역어에서는 'ㄴ'의 비모음화는 발견할 수 없고, 'ㅇ'의 비모음화는 훨씬 많이 나타나고 있다. 또한 이 지역어에서는 동물 이름에 접미사 '-이'가 붙어 명사를 파생하는 경우가 특별히 많다. 중세한국어 시기에는 접미사 '-이'를 갖지 않은 형태로 쓰이던 것들이 근대한국어 시기에 들어서서 접미사 '-이'를 갖는 형태로 쓰인 것이 있다.(예: 두터비, 고솜도치).

> (18) 가. 검데~이/껌데~이(검덩+-이), 연분호~이/진분호~이/분호~이(분홍+
>   -이), 떨콰~이(떨광+-이(떨광 나무), 아가위/山査子),
>   막내~이(막낭+-이(막낭 아들), 막내),
>   깡내~이(깡낭+-이(깡낭 알), 옥수수),
>   도구레~이/도구라~이(도구랑+-이(도구랑 죽), 새알심),
>   모캐~이/집모카~이/텅깐모카~이(모캥(隅)+-이, 모퉁이),
>   게드레~이(게드랑+-이, 겨드랑이<겨ᄃ랑+-이))14)
>   나. 부허~이(부헝+-이, 부엉이), 승네~이(승냥이), 디레~이(지렁이),
>   우레~이(우렁이), 올채~이(올챙이), 살개~이(살쾡이), 구레~이(구렁이),
>   곰태~이(곰탱+-이, 골마지)

(18가)는 명사어간을 어기로 취하여 다시 명사를 파생시키는 경우이다. '검데~이/껌데~이'는 '검덩+-이'로 분석할 수 있다. 기주연(1994:179)

---

14) 곽충구(1998c:633)에서는 육진방언의 인체 어휘를 기술하면서 '겨드랑이'는 '*kyʌtʰ +ʌraŋ>kyədiraŋ'과 같은 변화를 겪은 것이라고 하였다. 그러면서 '*kyʌtʰ'의 종성 /tʰ/이 모음으로 시작하는 접사와 결합되면서 /t/로 실현되는 음운 현상–유기음이 평음으로 실현되는 현상은 중세한국어에서 '맡[場]+앙>마당', '겇[皮]+옥>가족>가죽' 따위에서도 볼 수 있다고 하였다. 한편 기주연(1994:168)에서는 '겨드랑이'의 접미사를 '-(으)랑이'로 보고 있다.

에서는 '검정'을 형용사어간 '검-'에 정도가 더 심함을 의미하는 강조의 뜻을 나타내는 접미사 '-듸양/의영'이 결합된 것 즉 '검-+-듸영'으로 분석하였으며 '검정'이 '검듸영'으로부터 발달했다고 본다면 '검듸영> 검덩>검정>검정'의 음운변화 과정을 거쳤을 것이라고 추측하였다. 이에 비추어 본다면 이 지역어에서는 '검듸영>검덩>검덩'의 과정을 거쳤다고 할 수 있다. '검데~이'는 '검덩이'가 통시적으로 움라우트를 겪어 '검뎅이'로 되고 거기에 비모음화가 일어나서 '검데~이'로 된 것이라고 할 수 있다.15)

(18나)는 동물 이름에 다시 '-이'가 결합되어 명사를 파생시키는 경우인데 이 파생어들은 음성적으로 비모음화로 실현되는 경우가 대부분이다. 이 예들은 분석은 가능하지만 공시적인 파생관계가 성립되기 어려운 경우이다. 이들은 기원적으로 '-이'가 없이도 명사로 기능하던 것이 나중에 다시 '-이'가 결합된 것으로 볼 수 있겠다. '부허~이'는 이 지역어에서 '부헝이'로도 나타나고 있는데 중부방언의 '부엉이'에 해당한다. '부허~이'는 '부헝+-이'로 분석은 가능하지만 이 지역어에서 '부헝'이라는 어기는 보이지 않고 다만 '부허~이' 또는 '부헝이'라는 파생어만 남아 있어 공시적인 파생관계가 성립되기 어렵다고 할 수 있다.

3.3. '-음'에 의한 파생

'-음'은 '-이'와 함께 중세한국어에서부터 현대한국어에 이르기까지 매우 생산적으로 쓰이는 파생접미사이다.16) 이 지역어에서는 주로 동사

---

15) '검덩'은 함북의 '온성, 종성, 회령'에서 확인할 수 있다.

나 형용사를 어기로 취하여 명사를 만드는 접미사로 쓰이는데 이 '-음'에 의한 파생어는 '어떤 행위나 상태 및 사물'의 의미를 나타낸다. 주지하다시피 '-음'은 동사와 결합하여 파생명사를 형성하는 경우와 동사구에 결합하어 명사절을 형성하는 경우로 나눌 수 있는데[17] 여기서는 주로 파생명사를 형성하는 경우를 살펴본다.

하치근(1996)에서는 접미사 '-음'이 공시적인 생산성을 가지고 어휘고도제약을 지키며 '자질스며들기'의 범위가 동사어간에 국한된다고 하였고 이익섭·채완(1999:101)에서는 '-음'이 그 어기의 품사를 바꾸어 주는 기능을 할 뿐 다른 어휘적 의미를 더하지는 않는 것으로 보인다고 하였다.

① [동사어간+-음]

> (19) 가. 신수노름(운수), 길금(엿기름), 걸금/걸굼(걺-, 거름), 거스름, 싸움/쌈, 울음, 졸음(<ᄌ오롬), 웃음/웃임, 만냄(만남), 혬(셈, 計算), 뜸(<뜸, 灸), 귀쌈(귀싸대기), 심부림/시굼부리/시굼부림(심부름)
> 나. 지짐, 주름, 얼음, 여름(열매, 果), 짐(負), 고름, 눈생김(눈매)
> 다. 꿈, 잠(<좀), 춤, 걸음

(19)는 단일형태소 동사어간을 어기로 취하는 경우인데 주로 행위명

---

16) 이미 잘 알려져 있다시피 파생접미사 '-음'은 중세한국어시기에 명사형 어미 '-옴/움'과 구별되어 명사화 접미사의 기능을 수행하였으나 근대한국어에 와서는 이 구별이 없어져 '-음' 하나만으로 명사형 어미의 기능과 명사화 접미사의 기능을 담당하게 되었다.

17) 시정곤(1993/1998)에서는 이와 달리 중세한국어에서 파생접미사 '-음'보다 명사형 어미 '-옴/움'과 결합한 단어가 더 생산적이었다는 것을 근거로 하여 명사형 어미가 결합되어 형성된 명사형이 경우에 따라서 명사로 굳어진 경우가 있으므로 파생접미사 '-음'을 따로 설정하지 않아도 된다고 하면서 '-음'을 파생접미사와 명사형 어미로 구분하지 않고 '-음'이 두 형태소라는 것을 인정하지 않고 있다.

사, 사물명사, 동족목적어 명사를 만든다.

(19가)는 행위명사가 된 예들인데 그 중 '노름'은 중부방언과 마찬가지로 동사어간 '놀-'에서 의미가 멀어져 단일어로 인식되어 의미론적으로 어휘화가 된 '도박'의 의미로 쓰이고 있다. 그리고 '도적이 들 수 잇디머. 거 **신수노름**이디머'(도둑이 들 수 있지머. 그거 운수에 달렸지머.)에서 사용한 '노름'도 '놀-'의 기본의미에서 많이 멀어져서 '노름할 때 우연히 잘 맞아 나는 운수'의 의미로 사용되고 있다.

'길금'은 중부방언의 '엿기름'에 해당하는데 '밀, 보리 등에 물을 주어서 싹을 틔워 기른 것 또는 그것을 말린 것'을 의미하며 주로 식혜나 엿을 만드는데 쓰인다. 15세기에 중부방언에서는 '길-'의 파생어가 '기ᄅᆞ-(자음 앞)~길ㅇ-(모음 앞)'로 나타났는데 이 지역어에서 모음으로 시작되는 접미사 '-음'에 결합되는 경우에는 '긿-'가 선택되어 '긿-+-음'으로 분석할 수 있다.[18]

> (20) 엿 할 쪽에 길금을 길러 개지구. 보리 길금 그저 거 보구 **길금**이라 그래. 보리 길금 길럿나. 이 집이선 길럿구나. 보리레 잇으야 사탕이 돼.
> (엿 할 적에 엿기름을 길러 가지고. 보리 엿기름 그저 그것 보고 '길금'이라 그래.
> 보리 엿기름 길렀나. 이 집에서는 길렀구나. 보리가 있어야 사탕이 돼.)

'걸금/걸굼'은 중부방언의 '거름'에 해당하는데 '걹-+-음'으로 분석할 수 있다. 이런 형태는 강원도, 경상도, 함경도 등 기타 지역에서도 사용하고 있다.

---

18) 이병근·정인호(2003:32)에서 '길금'은 유성마찰음 /ɣ/이 /ㄱ/으로 변화한 것으로 보이는데 /ɣ/로 재구할 수 있을지는 아직 문제로 남는다고 하였다. 이 지역어에서 '길금' 외에 '멀구(머루), 실경(시렁)' 등 단어들도 /ㄱ/으로 실현되고 있다.

중부방언의 '심부름'은 이 지역어에서 '심부림, 시굼부리, 시굼부림' 등 형태로 나타나는데 '시굼부림'은 '시기(使)-+-음+부리(使)-+-음'으로 구성된 것이라고 볼 수 있다.

(21) 간장 사오라구 시기더라 사과 사오라. 걸 보구 시긴다 그래 아버지두 용이를 시기구 우린 시긴다 그래. **시굼부리** 시기든가 걸 시긴다 그래. (간장 사오라고 시키더라. 사과 사오라. 그것을 보고 시킨다 그래. 아버지도 용이를 시키고 우린 시킨다 그래. 시굼부리 시키든가 그것을 시킨다 그래.)

(19나)는 사물명사가 된 예들인데 그 중 '여름'은 '오두레 뽕나무 **여름**이디머 근데 달디머 요고 좁쌀거티 달린 거 뽕나무 여름 열어(오디가 뽕나무 열매지. 근데 달지. 요고 좁쌀같이 달린 것은 뽕나무 열매 열어)'에서처럼 '열매'의 뜻으로 사용하고 있어 고형을 그대로 유지하고 있다.

(19다)는 동족목적어의 부류에 속한 예들인데 이 경우는 중부방언과 비슷하다. 이들의 어기는 보통 목적어를 필요로 하기 때문에 타동사가 대부분이며 일반적으로 이들 타동사들은 구체명사가 아닌 것과 결합하여 동족목적어를 만든다.

② [형용사어간+-음]

(22) 기쁨, 설음, 슬픔, 믿음, 미끄럼, cf. 펜안함(편안함).

(22)의 '-음'은 주로 정감을 나타내는 형용사를 어기로 취한 경우인데 주로 추상명사를 파생시키며 상태성의 정도를 나타낸다.

'-음'은 매우 생산적인 접미사이기는 하지만 모든 동사, 형용사에 결합되지는 않는다. 동사의 하위분류가 체계적으로 이루어지지 않았기에 논의하기 어렵지만 사동사 및 피동사, '-하-'에 의해 형성되는 파생동사 등 일반적으로 접미사에 의해 형성되는 파생동사들은 '-음' 명사파생의 어기가 되지 못하는 경향이 있으며(송철의 1992:145-146) 또한 '길-, 굵-, 멀-'류의 공간형용사, '붉-, 달-, 구리-, 시끄럽-'류의 감각형용사 등 형용사어간에도 대체로 '-음' 명사파생이 이루어지지 않는다(이익섭·채완 1999:102). 하지만 '-하-'에 의해 형성되는 형용사는 일부 '음' 명사파생이 이루어지는 것 같기도 하다. 가령 '편안함' 같은 경우이다. 또한 '-이'는 동사나 형용사, 명사, 어근 등을 어기로 취하는데 비해 '-음'은 명사나 어근을 어기로 취하는 경우는 찾아볼 수 없다.

3.4. '-기'에 의한 파생

'-기'는 동사어간이나 형용사어간을 어기로 취하여 행위명사, 도구명사, 척도명사, 유정명사를 만드는 파생접미사이다. '-기'는 주로 '어떤 행위나 사건'의 의미를 나타낸다. '-기'도 '-음'처럼 이 지역어에서 '-기' 파생명사접미사와 명사형 어미로 모두 사용되고 있으며 그 용법은 통사 구조에서 구별될 수 있다.19) 이 책에서는 주로 '-기' 파생명사에 대해서 논의하기로 한다. '-기'는 동사의 기본적인 서술성을 손상시키지 않는

---

19) 이 지역어에서 '-기' 명사형으로 '빨기(빨-洗), 널기(널-), 깎기…' 등 많은 예를 찾아 볼 수 있다. '-기' 명사형과 '-기' 파생명사는 특별히 다른 음운 행위를 보여주는 경우가 없기에 형태상으로 구별하기 어렵지만 문장 내에서의 통사적 기능은 분명히 다르다. 즉 명사형은 주어를 가질 수 있지만 파생명사는 그렇지 못하며 명사형은 부사어의 수식을 받지만 파생명사는 관형어의 수식을 받는다(송철의 1992:156).

다. 화자의 인식양상에 따라 '-기'는 [−실체성], [−결정성]을 부여하여 동사에 접근하여 있으며, 파생명사로서의 안정성이 낮다. 그리고 형용사 어간과 '-기'가 결합한 형태들은 대체로 동명사에 머물고 있는 듯하다 (심재기 1987:313-326).

'-기'는 중세한국어[20]에서는 많이 쓰이지 않다가 근대한국어 이후 활발히 쓰이게 되었는데, 현대한국어에서 계속 그 영역을 넓혀 가고 있다. 특히 운동이나 놀이의 이름은 거의 '-기'를 취하는 것이 주목할 만하다. '-기'는 단일형태소 어간보다는 복합형태소를 어기로 하는 경우가 많다 (이익섭·채완 1999:103).

> (23) 가. 내기, 던디기(던지기), 나누기, 달레기(달리기), 갈기(耕), 건느기(건
> 너기)
> 나. 크기, 세기

(23가)는 단일형태소 동사어간을 어기로 취하는 경우인데 주로 행위 명사를 만든다. 접미사 '-기'는 '…하는 행위나 사건'의 의미를 나타낸다. '던지기/던디기'는 동사어간 '던디-'를 어기로 취하여 '경기의 한 종목 또는 던지는 일'을 의미한다. 이 지역어에서는 '던디-'의 기본 의미가 '손에 든 물건을 다른 곳에 떨어지게 팔과 손목을 움직여 공중으로 내보내다'의 뜻뿐만 아니라 '버리다'의 뜻으로도 쓰여 '쓰레기를 던지라'와 같은 예를 확인할 수 있다.[21]

---

20) "'-기'는 중세한국어에서는 '-이'와 이형태를 이루면서 주로 모음으로 끝나는 어기 뒤에 결합했지만 점차 각각 다른 접미사로 발달했고, 이후 접미사 '-이'는 의미 기능을 보이던 '-기'로 합류되는 경향을 보여 준다(구본관 2002a:130)."

21) 이 지역어에서 '-기'는 '-이'나 '-음'과는 달리 '-하-'에 의해 형성되는 동사어간을 어기로 취하는 경우가 있다. 가령 '가하기, 감하기, 승하기' 등과 같은 예를 들 수 있다.

(23나)는 형용사어간을 어기로 취하는 경우인데 주로 척도명사를 파생시킬 때만 쓰인다는 제약이 있으며 이 지역어에서는 그렇게 생산적이지 않다.22) 이는 형용사를 어기로 취하는 '-이' 파생접미사가 생산적이지 않다는 것과 같은 현상이다.

> (24) 가. 세루티기(세루치기), 팽이티기(팽이치기), 딱지티기(딱지치기), 줄
> 　　　　티기(줄치기), 줄타기, 땅재먹기(땅따먹기), 널뛰기, 모내기, 꽤부
> 　　　　리기(꾀부리기), 베흘티기(벼훑이), 병떼기(병따개), 덮테기(덮치
> 　　　　기)23)
> 　　　cf. 뛰기내기, 죽기내기
> 　　나. 젖떠레기(젖+떨-+-어기, 젖떼기), 야이보기(양치기)
> 　　다. 높이뛰기

(24가)는 '명사+동사어간'을 어기로 취하여 행위명사와 도구명사를 파생시킨 예들이다. '세루티기, 팽이티기' 등은 오락을 나타내며 '병떼기, 덮테기' 등은 도구를 나타낸다. '병떼기'는 '병마개를 떼는 데 쓰는 기구'라는 뜻이고, '덮테기'는 '덮치는 행동'을 의미하는 것이 아니라 '새나 쥐를 잡는데 쓰는 물건'이라는 뜻으로서 이때의 '-기'는 '…하는 도구'의 의미를 가짐으로 중부방언에서 동사어간으로부터 주로 도구명사를 만드는 '-개' 대신에 '-기'도 사용하고 있다.24)

---

22) 고영근·구본관 (2008: 220)에서는 동사나 동사구에 붙어 행위명사를 파생시키는 '-기'와 형용사에 붙어 척도명사를 파생시키는 '-기'는 다른 종류의 '-기'가 결합한 것으로 보아야 한다고 지적하고 있다.
23) <조선말 대사전>에서는 '①덮치는 행동 ②새를 잡는데 쓰는 큰 그물'이라고 해석하고 <표준 국어 대사전>, <우리말 큰사전>, <금성 국어 대사전>에서는 '새를 잡는데 쓰는 큰 그물'이라고 해석하고 있다.
24) 중부방언에서는 '돋보기'와 같은 예가 '어떤 일을 하는 수단이 되는 도구'의 의미를 가지는 것이 있다(고영근·구본관 2008:220)

'뛰기내기'와 '죽기내기'는 동사어간 '죽-'와 '뛰-'에 '-기'가 통합된 명사파생 어기에 다시 '-내기'가 통합된 것이다. 이 지역어에서 '뛰기내기'는 '뜀박질이나 달음질을 겨루는 일'을 의미하고 '죽기내기'는 '죽을 힘, 죽기를 무릅쓰고 있는 힘을 다하여 애쓰는 것'을 의미한다.[25]

(24나)는 '명사+동사'를 어기로 취하여 유정명사를 파생시킨 예들이다. '젖떠레기'는 '명사+동사'어간을 어기로 취한 경우이며 그 의미는 '젖을 뗀 아이'라는 뜻이다.

> (25) **젖떠레기**라 기래 우리 북선말루 더거 젖떠레기 돼서 궁한 거다 머 좀 사 서 주라머 이러군 해 제 동상이 생기든가 허게 되문 고거 젖 을 몯 뭐사 허디머. 안 멕이디머. 저절루 또 안 먹구 **젖떠레기**라 그 래 젖에서 떨어딘 대는 소린다.
> (젖떼기라 그래. 우리 북선말로 저것 젖떼기 되어서 궁한 것 같다. 뭐 좀 사서 줘라. 뭐 이러곤 해. 제 동생이 생기든가 하게 되면 그거 젖을 못 먹지머. 안먹이지머. 저절로 또 안 먹고 젖떼기라 그래. 젖에 서 떨어진다는 소린지.)

'양치기'는 이 지역어에서 '야ᇰ이보기' 또는 '야ᇰ이보개' 두 형태로 모두 나타난다. 그 의미는 모두 '양을 치는 사람'이라는 뜻으로서 이때의 '-기'는 '…하는 사람'이라는 의미를 나타낸다. 이는 연변지역에서 '양치기'가 행위명사로만 쓰이고 있는 것과 차이가 있다(정향란 2004:15). 따라서 이 지역어에서는 '-기'가 주로 '…하는 행위나 사건'을 의미하는

---

25) 최형용(2003:110-114)에서는 '가게내기, 돈보기, 기름튀기'와 같은 예를 들면서 두 가지 가능성, 즉 명사형 어미로서의 분석과 파생 접미사로서의 분석이 모두 필요하다고 하였다. 가령 '기름튀기'는 '채소, 생선, 고기 따위를 썰거나 저민 다음 밀가루 반죽에 묻혀 끓는 기름에 튀겨냄. 또는 그렇게 만든 음식'의 의미를 가짐으로써 두 가지 가능성 모두에 대한 의미 명세를 가지고 있는 것이라고 지적한 바 있다.

행위명사를 파생시킬 뿐만 아니라 그 기능을 확대하여 행위와 관련된 유정명사를 파생시키기도 한다는 것을 알 수 있다.

(24다)는 '부사+동사어간'을 어기로 취하여 행위명사를 파생시킨 예인데 생산적이지는 않다.

요컨대 '-이', '-기', '-음'은 모두 동사어간이나 형용사어간을 어기로 취하여 명사를 만드는 파생접미사이다. 이들은 모두 '어떤 행위나 사건'의 공통적 의미를 가진다.

'-이'는 동사나 형용사의 어간뿐만 아니라 의성·의태어에도 결합될 수 있는 특징이 있다. 그리고 '-이'는 단일형태소보다 주로 복합형태소에 결합되는 경우가 많으며 그 의미는 대상이나 단위를 나타내며 구체적 또는 추상적인 대상, 행동의 과정 자체 등을 나타내는 명사를 파생시킨다.

'-기'는 단일형태소나 복합형태소에 두루 결합되며 그 의미는 행위나 정도를 나타낸다. '-기'는 대상성이 비교적 약하고 동작이나 상태의 의미가 강하게 가지는 명사를 파생시킨다.

'-음'은 단일형태소에 결합되는 경우가 많으며 그 의미는 상태의 변화나 동작의 결과를 나타낸다. '-음'은 주로 구체적인 행동이 아닌 추상적인 행동이나 상태 및 특징을 나타내는 명사를 파생시킨다.

'-이'와 '-기'는 모두 형용사어간을 어기로 취하여 척도명사를 만들지만 그렇게 생산적인 것은 아니다. 한편 '-기'와 '-음'은 명사형과 파생명사를 만들 수 있다는 점에서는 공통점이 있다. 하지만 차이점도 있다. '-기'는 동사의 기본적인 서술성을 손상시키지 않으며 화자의 인식 양상에 따라 [-실체성], [-결정성]을 부여하여 동사에 접근하여 있으며, '-음'은 [+실체성], [+결정성]을 부여하여 명사에 접근하여 있다. '-음'

은 [+실체성]을 얻음으로써 보다 많은 '-음'계 동명사들이 전성명사가되어 드디어 명사로서의 위치를 굳히게 되고 '-기'는 [-실체성]을 갖게되어 전성명사로서의 안정성이 낮다. 형용사어간과 '-음'이 결합한 형태들은 상당수가 전성명사로 되었으며, 형용사어간과 '-기'가 결합한 형태들은 대체로 동명사에 머물고 있는 듯하다(심재기 1982/1987:313-326).26) 한편 김창섭(1996:156)에서는 '-음'과 '-기' 그리고 '-개'와 '-이'의 의미기능의 차이를 다음과 같이 정리하고 있다. 즉 '-음'은 동사(상태동사, 동작동사)의 명사화 기능만 가지고, 독자적인 어휘적 의미는 가지지 않는다는것, '-기'는 동사의 명사화 기능과 '규식성(規式性)'이라는 어휘적 의미를가지는 것, '-개'는 도구명사화의 의미기능을 가지며, '-이'는 동작명사화 외에도 다양한 의미의 명사를 만들" 수 있다는 것이다.

3.5. '-개'에 의한 파생

주로 사물과 관련된 명사를 파생하는 접미사 '-개'는 그 전통이 아주오래 되었으며 이 지역어에서도 여전히 생산적으로 쓰이고 있다.

'-개'는 동사어간 특히 타동사를 어기로 취하여 사물이나 도구·수단을 나타내는 파생접미사이다. '-개'에 의한 파생어들은 주로 일상생활에쓰는 물건 또는 그 동작에 쓰이는 손으로 사용하는 구체적인 형태를 가진 사물의 도구들이다. 따라서 타동사 중에서 추상적인 행위를 의미하

---

26) 또한 심재기(1982:315)에서는 '-음'이 '-기'보다 명사가 지녀야 하는 특성 즉 '명사적 특성'을 더 많이 보유하고 있다고 볼 수 있는데 그 원인으로 1) '-음'계열은 '-기'계열보다 전성명사로 굳은 어휘수가 많다. 2) '-음'계열에는 상태 동사로(형용사)부터 전성되어 굳은 명사, '기쁨, 슬픔' 등이 자연스럽게 사용됨에 반하여 '-기'계열에는 그러한 상태 동사로부터의 전성이 거의 눈에 띠지 않는다고 지적하였다.

는 감동동사, 인지동사, 심리동사류는 '-개'명사파생의 어기가 될 수 없다(송철의 1992:161).

> (26) 가. 베개(비-), 깔개, (발)싸개, 집개, 디우개(지우개), 지개(지게), 뜨
>   개, 날개
>   나. 신깔개, 귀쑤시개(귀이개), 인필깎개(연필깎이), 손톱깎개(손톱깎
>   이)
>   다. 도리개(도리깨), 헐티개(채칼<치칼)/베흘티개 cf. 다리개(다리)
>   라. 코흘리개, 야~이보개(양치기)

(26가)는 단일형태소 타동사어간을 어기로 취하여 도구명사를 만드는 경우이다. '베개'는 형태적으로 보아 동사어간 '베-'에 '-개'가 결합되어 구성된 것으로 보인다. 하지만 이 지역어에서는 '베-' 형태의 동사어간은 쓰이지 않고 '누울 때, 베개 따위를 머리 아래에 받치다'나 '날이 있는 기구로 자르거나 끊다'의 의미로 모두 '비-'형태를 사용하고 있다. 따라서 이 지역에서 파생어는 통시적으로 어휘화를 거쳐 '베게'로 나타난다. 한편 동사어간은 '비-'로 나타나는데 중부방언에서는 '볘->베-'의 과정을 거쳤지만 이 지역어에서는 '베->비-'의 고모음화 과정을 거쳤을 것이라고 할 수 있겠다.

> (27) 북선말은 비구 잔다 베개 **빈다**. 베개를 얹으라 얹으문 베개를 비구
>   자디머.
>   (북선말은 비구 잔다 베개 빈다. 베개를 얹어라 얹으면 베개를 비고
>   자지머.)

한편 충남 홍성 지역어에서 파생어는 '버개' 또는 '벼개'로 나타나지

만 동사어간은 '비-'로 나타나고 있어 음운론적으로 어휘화한 예라고 할 수 있다. 따라서 같은 파생어라도 방언에 따라 어휘화의 양상이나 정도가 다르다는 것을 알 수 있다(송철의 1992:36 주13).

그리고 '뜨개'는 동사어간 '뜨-'에 '-개'가 결합된 것인데 그 의미는 '도구'를 나타내는 것이 아니라 '뜨개질을 하는 일 또는 실로 뜬 천'을 의미한다.

(26나)는 '명사+타동사어간'을 어기로 취하여 대체로 도구명사를 만드는 경우이다.

(26다)는 명사를 어기로 취하여 주로 도구명사를 만든다. '도리개', '흘티개'는 중부방언의 '뿜이개, 털이개, 노리개'와 같이 동사어간 '돌-', '흝-'에 '-이'가 결합되고 다시 '-개'가 결합되어 도구명사를 파생시킨 것이다.

> (28) ㄱ. 소캐 씨 앗는거 도리개라 그나 이거 도리개라 그는 거 겉애. 도리
>   개야 소캐 거 알이 달리디 안앗나.
>   (목화 씨 빼는 거 도리깨라 그러나? 이거 도리깨라 그러는 것 같
>   아. 도리깨야 목화 그거 다래가 달리지 않았나?)
>   ㄴ. 무 싼다 **흘티개**루 흘튼 거 말리워서 흘틴 거 흘트야디 썰어두 돼구.
>   (무 썬다. 흝이로 흝는 것. 말려서 흝는 거. 흝어야지 썰어도 되고)

이런 의미에서 보면 이 지역어에서도 중부방언과 마찬가지로 '-개'가 어떤 경우에도 명사어기에 결합하는 경우(송철의 1992:154)가 없다는 것과 별로 차이가 없다. 한편 '다리개'는 명사어간 '다리(腿)'에 '-개'가 결합되어 '다리'를 조금 낮잡아 이르는 말로 쓰이는 것으로 보아 이때의 '-개'는 도구의 의미가 아니라 부정적인 의미로 쓰이고 있다는 것을 알 수 있다.

(26라)의 '코흘리개, 야~이보개'의 '-개'는 도구와는 상관없이 인성명사를 파생시키는 경우인데 주로 좋지 못한 별명을 만드는 데 쓰이며 예가 많은 편은 아니다. '야~이보개'는 '야~이보기'로도 사용하고 있다.

(29) ㄱ. 댠 데거 와 이케 코레 많은디 몰라. 당 줄줄 코흘리는 거 잇어.
　　　코흘리개 아이다. 야는 와 이케 코레 많은고.
　　　(쟤 왜 이렇게 코가 많은지 몰라. 늘 줄줄 코 흘리는 애가 있어.
　　　코흘리개아이다. 얘는 왜 이렇게 코가 많은고?)
　　ㄴ. 양 기르는 사람보구 **양보개라** 안 기나. 야~이보개야 여기 뒤집
　　　야~이보개야 그렇게 말허는 거 곁애.
　　　(양 기르는 사람보고 양치기라 그러지 않나. 양치기야 여기 뒷집
　　　양치기야. 그렇게 말하는 것 같아.)

다음 (30)의 예들은 동사어간에 '-애/에'가 결합되어 파생명사를 만드는 경우이다.

(30) 마개(막-애), 입마개, 빨래(빨-애), 써레(썰-에), 부채
　　cf. 우레(울-+-게), 벌거지/벌개/벌기(벌(蟲)+-기, 벌레)

기원적으로 '-개'의 이형태들이었을 것이라고 추정되는 '-애/에'는 중부방언에서 모음조화의 약화, 'ㄹ, ㅣ' 다음에서의 'ㄱ'탈락규칙의 소멸로 인하여 찾아보기 힘들며 현대한국어에서는 '-개'로 통일되어가는 경향을 보인다(송철의 1992:163). 이 지역어에서도 비슷한 현상이 나타났다. '우레'는 동사어간 '울-(響)'에 '-게'가 결합되고 'ㄹ'뒤에서 'ㄱ>ㅇ'로 되어 '울게>울에>우레'로 된 것이다(유창돈 1980:42).

한편 '벌개'는 중부방언의 '벌레'에 해당하는데 이때의 '-개'는 동사

어간에 결합되어 도구를 나타내는 '-개'와는 별개의 경우이다. 이 지역어에서는 '벌개' 외에 '벌거지' 또는 '벌기' 등 다양한 형태로도 쓰이고 있다. 그 중에서 '벌개'는 명사어간 '벌(蟲)'에 '-개'가 결합되어 다시 명사를 파생시키는 경우이다. 잘 알려진 바와 같이 15세기 정서법의 규정에 비추어 보면 '벌레'가 연철표기 '버레'로 표기되어야 하는데 '벌에'로 표기되어 있는 것은 'ㄹ'로 하여금 종성의 위치에 머물러 있도록 막고 있는 'ㅇ'이 단순한 'zero'가 아니라 어떤 음가를 가지고 있는 한 자음이었던 것인데 그것이 '*ㄱ'이 [g]>[ɣ]>[ɦ](이기문 1998:143)의 변화를 입은 결과라고 추정된다.27) 이 지역어에서 '벌개' 형태를 사용하고 있는 것은 중부방언과 달리 유음 'ㄹ'뒤에서 'ㄱ'이 소멸되지 않고 계속 유지된 상태로 남아있었다는 것을 알 수 있다.

이 지역어에서 '-개'는 중부방언에서 사용하는 '부침개, 찌개' 등과 같이 '동작의 결과'를 나타내는 의미와 '똥싸개, 오줌싸개' 등과 같이 '특정한 동작을 자주 하는 사람'을 나타내는 의미의 유정명사를 만드는 경우는 찾아보기 힘들다.

3.6. '-쟁이', '-뱅이', '-퉁이'에 의한 파생

3.6.1. '-쟁이'에 의한 파생

'-쟁이'는 주로 명사, 어근, 동사어간을 어기로 취하여 사람의 행위나

---

27) 김형규(1976)에서는 '벌기'의 어간에 나타나는 'ㄱ'은 본래 있었던 것이 아니라 후에 새로 개입된 것으로 보고 있다.

성품 등 사람과 관련되는 파생어를 만든다. 이 지역어의 '-쟁이'는 중부 방언의 '-장이'에 해당한다.[28] '-장이'는 기원이 두 갈래로 갈라지는데 하나는 '어떤 기술을 가진 사람'이라는 의미로 '匠'에서 온 것이고 다른 하나는 '山尺(山장이)', '歌尺(노래자이)', '舞尺(춤자이)'의 '尺'에서 온 것으로서 '尺'은 '땋(짜ㅎ)'이 '땅'으로 되는 것처럼 '쟣→장이'가 된 것으로 보인다(조남호 1988:38). 이렇게 보면 '匠'과 '尺'이 역사적으로 어떤 관계가 있었을 가능성도 있지만 현재 이 지역어에서는 '-장이'에 의한 파생어를 어원적으로 '匠'과 '尺' 두 부류로 나누기가 쉽지 않다. 따라서 이 책에서는 '-장이'를 '匠'과 '尺'으로 나누지 않고 『표준 국어 대사전』에 따라 '-장이'를 '匠'에 '-이'가 결합하여 형성된 접미사로 보겠다. 송철의(1992:169)에서도 '-장이'를 '匠'에 '-이'가 결합한 것으로 보고 '-장이'의 발달과정을 '칠장(漆匠), 조각장(彫刻匠)'에 '-이'가 결합되어 '칠장이, 조각장이'가 되고 이들에서 '-장이'가 접사화하여 하나의 접미사로 인식된 것으로서 '칠+-장이, 조각+-장이'로 분석하고 있다.

이 지역어에서는 '-장이'가 움라우트[29]를 입어 '-쟁이'로 되고 거기에 다시 'ㅇ'에 의한 비모음화가 일어나 '-재~이'인 형태로 나타난다.[30] '-재~이'는 주로 명사나 동사어간을 어기로 취하여 사람이나 동물을 나

---

28) 표준어 규정에서 기술자를 의미할 때는 '-장이', 그 밖의 경우에는 i모음 역행동화를 입은 '-쟁이'를 표준어로 삼고 있다. 그러나 그 기준이 혼란스러워 인위적으로 표기를 둘로 가르는 것이 꼭 좋은 것은 아니다(이익섭·채완 1999:1060).

29) 이 지역어에서는 움라우트 규칙이 매우 활발하게 적용되었는데 이 현상은 충청도, 경상도, 함경도, 전라도 등 방언에서도 많이 나타나며 구어체에서 후설모음을 전설모음으로 바꾸는 매우 생산적인 규칙이다. 움라우트 규칙은 현재 규칙 상실의 단계에 놓여 있는데 파생어들은 화석처럼 과거의 흔적 즉 움라우트를 겪은 형태로 남아 있다.

30) 이 지역어에서는 '-재~이'로 나타나는 경우가 있는가 하면 '-제~이'로 나타나는 경우도 있다. 여기서는 편의상 '-재~이'형태로 통일하여 표기를 하겠다.

타내는 접미사로서 대부분 부정적 의미를 내포하고 있다.

(31) 가. 겁소리재~이/거짓말재~이, 엄살재~이, 심술재~이, 욕심재~이, 겁재
~이(怯), 고집재~이(固執), 꽤재~이(꾀보), 애편재~이(아편쟁이),악
대재~이(惡漢), 바람재~이(바람둥이), 무식재~이(무식쟁이), 난재~
이(난쟁이), 벤덕재~이(변덕쟁이) cf. 개구재~이
나. 요판재~이(동냥하는 사람), 점재~이(점쟁이), 둥무재~이(중매인)
다. 깍재~이(깍쟁이), 귀먹재~이(귀머거리), 귀먹데~이(귀먹-+-데이)
cf. 소금재~이(잠자리), 물딱재~이/닥재~이(물방개)

(31가)는 명사를 어기로 취하는 경우로서 가장 생산력이 높은데 주로
성격적인 특징을 나타내는 유정명사를 만든다. 여기에서 '-재~이'는 일
반적으로 '…이 많은 사람 또는 어기의 자질·속성(성질)을 가진 사람'을
의미한다. '겁소리재~이, 엄살재~이' 등은 '(겁소리, 엄살)이 많은 사람'을
의미하고, '악대재~이, 바람재~이' 등은 '악성(惡性) 및 바람의 자질·속
성을 가진 사람'을 의미한다. '난재~이'는 '난+-쟁이'로 분석할 수 있을
것 같은데 '난'이란 형태는 이 지역어에서 나타나지 않고 또한 의미도
파악하기 어려우므로 형태론적으로 어휘화되었다고 할 수 있겠다.

(31나)는 어근을 어기로 취하여 명사를 만드는 경우인데 '요판재~이'
는 '구걸 또는 동냥하여 살아가는 사람'을 의미한다. '요판'은 중국어
'要飯(요반)'의 차용어이다. 이때의 '-재~이'는 '어기와 관련된 행위를 직
업적으로 하는 사람'을 의미한다.

(31다)는 동사어간을 어기로 취하는 경우인데 중부방언에서 단일어
어간에 결합되는 경우가 없는 것과 차이가 있다. '깍재~이'의 '깍-'가
동사어간일 가능성도 있다고 보고 여기에 포함시킨다. '귀먹재~이'는 '귀먹-

+ -재~이'로 분석할 수 있다. '-재~이'는 '어기와 관련된 행위를 습관적으로 하는 사람'을 의미한다. 요컨대 이 지역어에서 '-재~이'는 '어떤 분야의 기술을 가진 기술자'를 의미하는 예는 찾아보기 힘들고 주로 '습관적으로 이루어지는 성질로서 어기의 속성을 가진 사람 및 어기와 관련된 행위를 하는 사람'을 의미하는 예만 찾아볼 수 있으며 '-재~이'가 결합됨으로써 부정적인 의미가 풍긴다.

그 외 이 지역어에서 '소금재~이(잠자리), 물딱재~이/닥재~이(물방개)' 등에서도 '-재~이'를 추출해 낼 수 있는데 '사람'을 의미하지 않고 '동물'을 의미하며 위와 동일한 '-재~이'인지는 판정하기가 어렵다. 한편 '-장이/쟁이'는 중부방언에서 직업과 관련된 '은쟁이(금, 은, 구리 세공업자), 조각장이' 등 전문인을 나타내는 파생어가 있지만 이 지역어에서는 이런 쓰임은 사라지고 주로 부정적인 의미로 사용하고 있다.

3.6.2. '-뱅이'에 의한 파생

(32) 게으름배~이(게으르-+-음+-뱅이), 느름배~이/느림배~이(느림보)
cf. 앉은마~이/앉은바~이/앉음바~이, 얼구마~이(곰보, 얽-+-으+-마~이(망이))

이 지역어에서 '-뱅이'[31]는 비모음화를 거쳐 '-배~이' 형태로 실현된다. '-배~이'는 부정적인 뜻을 나타내는 동사어간을 어기로 취하여 주로 사람의 성향을 나타내는 유정명사를 파생시킨다. 이때의 '-배~이'는 '어

31) '-뱅이'형태는 19세기 후반부터 나타나기 시작한다. 따라서 '-방이'가 움라우트 적용을 받은 시기는 '-쟁이'와 같이 근대후기라고 할 수 있겠다. 예: 잔뱅이 犢鼻褌 <1895, 국한249>, (이현희 2006:193).

기의 성향을 가진 사람'이라는 의미를 더한다. '게으름배~이', '느림배~이'는 각각 동사어간 '게으르-', '느리-'에 파생접미사 '-음'이 결합되어 파생명사 '게으름, 느림'으로 되고 거기에 다시 접미사 '-배~이'가 결합된 것이다.32) '게으름배~이'나 '느림배~이'의 '-배~이'는 '나쁜 습관을 가진 사람'이라는 의미를 나타낸다.

'앉은마~이/앉은바~이'는 '방'이 명사로 기능하고 있을 때 '앉은 방'이 되고 거기에 접미사 '-이'가 결합하여 '앉은방이'가 형성되었다고 할 수 있다. 이 지역어에서는 비모음화를 거쳐 '앉은바~이'로 나타나고 있다. 따라서 '앉은바~이'는 공시적인 분석이 어렵고 통시적으로 굳어진 단어로서 어휘화했다고 할 수 있다. 이 지역어에서 '앉은마~이/앉은바~이'는 '키나 높이가 작거나 낮은 대상을 비유적으로 이르는 말'의 의미 외에 식물(제비꽃) 또는 동물(잠자리)의 의미도 나타낸다.

(33) ㄱ. 팔두 짧구 다리두 딸군거 잇어. **앉은마~이**들은 팔두 짧구 발두 짧디 고케 작은 거. 사람이 다리개두 앞쪽다리 꺼부덤하게 아낙으루 그따우두 잇어.
(팔도 짧고 다리도 짧은 것 있어. 앉은마~이들은 팔도 짧구 발도 짧디. 그렇게 작은 것 사람이 다리도 앞쪽 다리 꾸부정하게 안으로 그런 것도 있어.)

ㄴ. 봄에 일찌간히 닉히디머. 길 옆수카레 산 넢에 그거 **앉으바~이** 꽃이라 글디. 앉은바~이는 그저 어렛을 쪽에 먹디머. 근데 이거

---

32) 성광수(2001:185-191)에서는 '앉음뱅이저울'을 예로 들어 여기에서의 '음'은 통사구조상에 실현되는 활용어미로서 통사구조가 단어형성에 관여함을 기술하면서 '앉-음'이 어휘부의 어기로 전용 재활용된 것이라고 하였다. 또한 관형사형 어미(는, 은, 을)는 활용 어미의 한 종류로서, 단어형성의 필요에 따라서는 선행어간의 결합형으로 새로운 어기를 구성하여 단어형성에 관여하지만 용언의 모든 활용형이 단어형성에 다 관여하는 것은 아니며 일부 활용형 가령 관형사형과 부사형이 관여한다고 하였다.

딸장구디. 딸장구가? 건 또 앉은바~이 남색 꽃 피는 거.
(봄에 일찌거니 익히지며. 길 옆에 산 옆에 그것 제비꽃이라 그
러지. 제비꽃은 그저 어렸을 적에 먹지며. 근데 이거 질경이지
질경이니? 그건 또 제비꽃. 남색 꽃 피는 거.)

요컨대 이 지역어에서 '-쟁이' 또는 '-뱅이'는 경멸과 야유적인 의미
를 나타내며 그 파생어도 사람의 특징을 다소 부정적으로 나타낸다.

3.6.3. '-퉁이'에 의한 파생

이 지역어에서 '-퉁이'도 'ㅇ'에 의한 비모음화가 일어나 '-투~이'형
태로 실현된다. '-투~이'는 일부 명사어간을 어기로 취하여 '성질이나
외모가 정도에 지나친 사람'을 얕잡아 이르는 의미를 나타낸다. 또한 '-
재~이'와 함께 주로 사람의 행위나 성품 등 사람과 관련되는 파생어를
만든다는 점에서 공통점을 가지고 있다.

> (34) 잔소리투~이(잔소리꾼), 쌈투~이(싸움꾼), 잠투~이(잠보), 고집투~이
> (고집쟁이), 오투~이(외눈이), cf. 멩투~이/밍투~이(여치)

'오퉁이'는 '외눈이'를 얕잡아 이르는 말인데 '외+-퉁이'로 분석할 수
있다. 이 지역어에서는 하향이중모음 '외, 위'가 단모음화를 겪지 않고
그 잔재형으로 남아 있는 예로 '오투~이' 외에 '오양간(외양간), 구이짝(궤
짝), 오이다(외다)' 등이 있다. '멩투~이/밍투~이'는 원래 '여칫과의 곤충'
에 속하는 동물의 이름인데 이 지역어에서는 동물처럼 못났다는 뜻으로
'바보'의 의미로 사용하기도 한다.

3.7. '-질'과 '-노리/노릇'에 의한 파생

3.7.1. '-질'에 의한 파생

'-질'은 어근이나 명사 특히 도구명사나 행위명사를 어기로 취하여 파생명사를 만드는 생산성이 가장 높은 접미사이다(예. 조교질). 그 의미는 일반적으로 '지속적, 반복적인 행위'를 나타냄으로써 사람의 행위나 성품, 직업 등 사람과 관련되는 파생어를 만든다.[33] '-질'은 주로 '도구, 인체, 행위, 직업/신분, 의성·의태어성'을 의미하는 어기와 결합된다.

> (35) 덜구질(절구질), 총질, 칼질, 망질(맷돌질), 톱질, 낚시질, 써우레질(써레질), 쩨까치질(젓가락질), 물레질, 방치질(방망이질, 다듬이질), 키질, 양치질, 바느질/바니질,[34] 강에질(가위질), 호무질(호미질), 꼬꽈ᇰ이질(꼬꽈ᇰ이+-질, 곡괭이질)

(35)는 도구명사를 어기로 취하여 행위명사를 만드는 경우인데 이들은 '그 도구를 가지고 하는 일'을 의미한다. 이경우(1981:218-219)에서는 여기에 쓰는 '도구'를 "다른 물체에 특정한 변화를 일으킬 수 있는 도구"로 보고 있다.

---

33) 이현희(2006:203)에서는 근대한국어에서 '-질'의 의미가 '그것을 가지고 하는 일' 또는 '그것과 관계된 일' 등의 의미에 사용되었다면, 현대한국어에서는 '그 신체 부위를 이용한 어떤 행위'(손가락질), '그런 소리를 내는 행위(딸꾹질)' 등 확장된 여러 의미로 사용된다고 지적하고 있다.

34) '바느질'은 '바늘'이 '-질'과 결합하면서 'ㄹ'이 탈락한 파생어인데 이때의 'ㄹ'탈락은 공시적이지 못하므로 음운론적으로 어휘화된 예이다(조남호 1988:43).

(36) 손질,35) 손꾸락질(손가락질), 주먹질(줌+억), 입질(욕질) cf. 사람질

(36)은 인체의 어떤 부위를 지칭하는 명사를 어기로 취하여 행위명사를 만드는 경우이다. 이들은 '인체의 어떤 부위를 이용하여 반복적으로 하는 어떤 행위'를 의미한다. '입질'은 '입으로 욕하는 행위'의 의미로 '너 누구 보구 이케 입질을 하네?(너 누구 보고 이렇게 욕설을 하니?)'와 같은 예문에서 쓰인다. 조남호(1988:13)에서는 '입질'이 어휘화되었지만 입과 관련된 행위-밥·군음식을 먹는 행위, 떠드는 행위-를 지칭하는 데 여전히 쓰인다고 지적하고 있다. '사람질'은 '사람으로서의 제 구실, 즉 사람다운 몸가짐'을 의미한다.

(37) 가. 도덕질/도적질, 홍질/흉질, 욕질, 쌈질, 구역질,36) 언나질(어리광)
     나. 대장질(隊長), 회장질(會長), 선상질(선생질), 신부질(神父), 간부질(幹部), 으사질(의사질), 식모질37) cf. 조교질

(37가)는 좋지 못한 의미를 나타내는 구체적인 행위명사를 어기로 취하여 행위명사를 만드는 경우이다. 이들은 어기에 이미 부정적인 의미를 갖고 있어 '-질'과 결합하면 그런 행위가 지속적으로 이루어지는 의미를 더하는 것 같다(송철의 1992:165).
(37나)는 '직업이나 신분'을 나타내는 명사를 어기로 취하여 행위명사를 만드는 경우이다. 이때의 '-질'은 선행 어기에 대한 제약이 없으며

---

35) '손질'은 '손을 대어 잘 매만지는 일'의 의미로 '그저 앤 첨에 잘 오레 노문 다시 손질 안 허문 돼.(그저 제일 처음에 잘 오려 놓으면 다시 손질 안 하면 돼.)'와 같이 쓰인다.
36) '구역질'에서의 선행어기는 '구체적인 행위'를 표현한다(조남호 1988:45).
37) '남의 집에 고용되어 주로 부엌일을 맡아 하는 일'

그 어기의 의미가 좋든지 좋지 않든지 상관없이 모두 결합할 수 있는 생산력이 높은 접미사이다. '회장, 선상' 등은 신분지위가 높은데도 '-질'이 결합할 수 있으며 '-질'이 붙었다고 해서 부정적인 의미를 나타내는 것은 아니다. 전남의 일부 지역에서도 '선생질'이 행위를 낮게 평가하는 단어가 아니다. '-질'의 이런 현상은 중부방언에서 '-질'이 선행어기의 직업, 신분을 가진 사람의 행위를 낮게 평가하여 말하고자 할 때 결합하는 것과는 일정한 차이가 있다(조남호 1988:45-46). 송철의(1992:165)에서도 조남호(1988)의 논의를 따라 구체적인 행위를 표현하는 명사나 '직업, 신분' 등을 지칭하는 명사가 '-질'명사파생의 어기가 되는 경우에 그 파생어는 어기와 관련된 행위를 비하하는 의미를 갖는다고 지적하였다. 또한 이때의 어기들도 대부분 좋지 못한 의미를 갖는 것이라고 하면서 '선생질'에 대해서는 사전에서 속어라 표시해 놓은 것으로 보아 '선생'이 '-질'명사파생의 어기로 된 것은 예외적인 존재라고 설명하고 있다. 그러나 이 지역어에서는 어기에 대한 부정적인 제약도 없거니와 '-질' 자체 또한 비하적인 의미가 없기 때문에 '-질'에 의한 명사파생도 부정적인 의미가 없는 것이다. 이는 비하적인 의미를 수반하는 중부방언과는 그 특성이 다르다고 할 수 있다.

(38) 가. 빨래질, 씨름질, 장난질, 우레질, 마당질/콩마당질
　　　나. 도레질(도리질), 피꺽질/떨꺽질(딸꾹질).

(38가)는 행위명사 또는 일반 사물명사를 어기로 취하여 행위명사를 만드는 경우이다. 이때의 '-질'의 파생어들은 비하의 의미를 가지지 않고 반복적으로 하는 행위를 의미한다. '우레질'은 '우레가 반복적으로

치는 일'을 의미하는데 '**우레질**두 하구 바람두 쎄게 불구 비레 오갓는 거다(우레도 울고 바람도 세게 불고 비가 오려는 것이다)'와 같은 예문에서 쓰인다. 존 로스(John Ross)(1877:70)에서도 '번게 하면 반더시 **우레질** 함머니'로 쓰이고 있다.

(38나)는 의성·의태어성 어근을 어기로 취하여 행위명사를 만드는 경우이다. 이때의 '-질'파생어들은 반복적으로 혹은 지속적으로 하는 구체적 행위를 의미한다. '도레질'은 의태어를 어기로, '떨걱질'은 의성어를 어기로 취한 것이다.

> (39) 가. 뜨개질(뜨-+-개+-질), 마름개질(말-+-음+-개+-질), 대림질(대리-+
> -음+-질, 다림질), 숨박꼭질/숨기노릇질(숨-+-기+-노릇+-질, 숨
> 바꼭질)
> 나. 숨기노락질, 공구막질(곤두박질), 숭구막찔(숨바꼭질), 깨꾸막질
> (앙감질)
> 다. 후치질(후치-+-질, 극젱이질), 다듬질(다듬-+-질) cf. 자박질

(39)는 주로 타동사어간에 명사파생접미사가 결합되고 거기에 다시 '-질'이 결합된 경우이다. 이때 '-질'에 의한 파생어들은 일반적으로 능동적인 행위를 의미한다.

(39가)는 타동사어간에 명사파생접미사 '-개, -음, -기, -이'가 결합되고 거기에 다시 '-질'이 결합된 간접 통합의 파생어들인데 중첩으로 파생된 경우가 대부분이다.[38] 따라서 '-질'접미사는 명사를 어기로 취할 때는 직접 통합을 이루지만 동사를 어기로 취할 때는 '-개, -음, -기, -이' 등 다른 접미사가 개입하여 통합되는 경우가 일반적이다.

---

38) 김계곤(1978:11)에서도 '달음박질'을 '닫-(走)'에 '-음, -박, -질' 세 접미사가 붙은 것으로 분석한 바 있다.

(39나)는 동작성 어근을 어기로 취하는 경우인데 어근형성에 참여한 접미사의 정체가 불분명하다.

(39다)는 동사어간을 어기로 취하여 행위명사를 만드는 경우이다. 이 지역어에서 '후치질'은 동사어간 '후치-'에 '-질'이 결합된 경우인데 '주로 밭농사에 쓰는 말로서 골을 탈 때 흙 따위를 한 쪽으로 몰아 부치는 일'을 의미한다.

(40) 인간이 너무 많아서 할 일이 많으문 바쁘디며. 농사꾼이문 매구 **후치구** 머 많디. 당 바쁘다. 김을 깨끗이 매구 이거 **후치질** 해주문 곡석이 둏디.
(인간이 너무 많아서 할 일이 많으면 바쁘지며. 농사꾼이면 매고 고랑을 돋우고 뭐 많지. 늘 바쁘다. 김을 깨끗이 매구 이거 극젱이질 해주면 곡식이 좋지.)

'다듬질'도 '후치질'과 같이 동사어간 '다듬-'에 '-질'이 결합된 것으로 볼 수 있다.[39] '다듬질'은 이 지역어에서 '옷이나 옷감 따위를 방망이로 두드려 반드럽게 하는 일'을 의미한다.

(41) 이건 **다듬질**하는 방치. 우에는 방치 담아두는 거구나. **다듬는** 다듬이 방치구나.
(이건 다듬질하는 방망이. 위에는 방망이 담아 두는 거구나. 다듬는 다듬이 방망이구나.)

---

[39] 송철의(1992:168)에서는 '다듬질'은 원래 '다듬음질'이 되는 것인데 동일한 음절의 반복을 피하기 위해 '-음'의 결합이 제약되었거나 명사파생접미사 '-음'이 결합되었다가 어간말음절의 '-음'이나 후접한 '-음' 중의 어느 하나가 탈락되었을 가능성이 있다고 지적하였다.

따라서 이 지역어에서의 '-질'은 명사어간 외에 동사어간에도 직접 결합할 수 있다는 것을 알 수 있으며 중부방언에서 '꼬느질' 외에 동사어간에 직접 결합하는 예가 없다는 것(송철의 1992:154)과 차이가 있다.[40]

3.7.2. '-노리/노릇'에 의한 파생

'-노리' 또는 '-노릇'은 주로 명사를 어기로 취하여 '직업'이나 '직책'을 나타내는 명사를 만드는 파생접미사이다.

> (42) 으사노리(의사), 회장노리, 호사노리(간호사), 간호원노리, 수네노리
>   (수녀), 간부노리(지도자), 따관노리(고관), 군관노리(軍官, 군인), 교
>   원노리(教員), 부네대장노리(婦女隊長)
>   호사노릇, 수네노릇, 요판제노릇(동냥아치), 콰이지노릇(會計), 당원
>   노릇, 운전수노릇

(42)의 '-노리/노릇'은 동사어간 '놀-'와 파생접미사 '-이'가 결합하여 만들어진 것이다. 이 지역어에서 '-노리'는 '놀다'와 의미상 유연성이 멀어졌으므로 완전하게 접사화하였다고 볼 수 있다(고영근 1974:70). '-노리' 또는 '노릇'은 주로 명사를 어기로 취하여 '직업'이나 '직책'을 나타내는 명사를 만드는 파생접미사이다.

중부방언에서 '-노릇'은 어휘적 자질이 비어적(卑語的)으로서 부정적

---

40) 그 외에 이 지역어에서 '-질'이 들어간 형태로 '자박질'이 있는데 위의 '-질'과는 다른 의미인 것 같다. 그 예는 다음과 같다.
   쬐매핸 거 복신복신한 거 좋구 내가 맹글엇다 기웟다 요고 자박질 개따 부티구 깁는다.
   (조그마한 거, 폭신폭신한 거 좋고. 내가 만들었다. 기웠다. 요거 자투리 가져다 붙이고 깁는다.)

문맥에 쓰이어 그 직업, 직책을 낮잡아 이르는 말로 사용하는데 이 지역어에서는 사회적으로 지위가 높은 직업 및 직책 가령 '으사, 회장' 등의 명사를 어기로 취한다. 접미사 '-노리'도 부정적인 의미가 없기 때문에 '으사노리', '회장노리' 등 파생어도 비어적인 의미가 전혀 없이 두루 쓰인다. 이것은 앞에서 논의한 '선생질'의 '-질'이 부정적인 의미를 가지지 않는 것과 함께 이 지역어의 특성이라고 할 수 있다.

(43) 으사노리 해. 으사질 해 으사노리 해 허는 말이 동울 거 같다.
    (의사노리 해. 의사질 해. 의사노리 해 하는 말이 좋을 것 같다.)

3.8. '-앙/엉', '-앙이/엉이', '-악/억'에 의한 파생

3.8.1. '-앙/엉'에 의한 파생

(44) 가. 빨강(뿕-+-앙<볼フ)/뻘겅(뿕-+-엉)), 파랑(팔+-앙<파라ᄒ-), 퍼렁(펄+-엉<퍼러ᄒ다), 노랑(놀+-앙<노ᄅ-), 누렁(눌+-엉<누르 다)
    나. 개굴/개구랑(개굴+-앙, 개울), 꼬랑데ᄋ이/꼬랑데이(꼬리<ᄭᅩ리, 꽁지)
        cf. 발바당(발바다), 땅바당(땅바다),[41] 실겅[42]

---

[41] '발바당, 땅바당'은 '바당'을 자립적 명사로 분석할 수 있으므로 복합어로 처리할 수도 있다. 그 문헌적 자료를 보면 다음과 같다.
    셜흔두 相온 **밠바당**이 ᄑᅟᅧ샤딕 짜히 놉ᄂᆺ가비 업시 훈가지로다 ᄒ시며 <1459 월석 2:40a>
    왼녁 고히어든 왼녁 **밠바당**애 브티고 올훈 녁 고히어든 올훈 녁 밠바다애 브티고 <1466 구급방상 63a>
    ᄯᅩ 훈 법의 소곰을 아긔 손바당 발바당의 ᄇᄅ고 쏠리 뿌츠며 닭고 <1608 태산집 요24a>
    귀도 ᄎᆞ고 미뎌골도 ᄎᆞ고 발바당이 ᄎᆞ고 귀 뒤희 실ᄀᆺᄐᆫ 믈근 믹이 이실 쩌 <1663 두경7a>

'-앙/엉'은 주로 형용사나 어근을 어기로 취하여 명사를 만드는 파생 접미사이다. '-앙/엉'은 주로 '사물'을 의미하는데 분포가 제한되어 있어 생산력이 낮다.

(44가)는 색채를 나타내는 형용사성 어근을 어기로 취하여 파생명사를 만드는 경우이다. '빨강/뻘겅'은 '밝앙-/뻙엉-'의 어근 '밝/뻙'을 어기로 한 것이며, '파랑/퍼렁'은 '팔하다/펄하다'의 어근 '팔/펄'을 어기로 한 것이다.

(44나)는 명사를 어기로 취하여 사물명사를 파생시키는 경우이다. '꼬랑데~이'는 '꼬리+-앙+-데이'로 분석할 수 있으며 '동물의 꽁무니나 사물의 한쪽 끝에 길게 내민 부분'을 의미한다.

> (45) 퍼떡퍼떡 뛰는 멕자구라 기래 우리 북선말은 또 새끼치는거 올채~이디머 **꼬랑데~이** 크구. 근데 제네 사.람 이 우리 중국에 들어오니 **꼬랑데~이** 남자들 다 잇다머 웃임 나.
> (퍼떡퍼떡 뛰는 개구리라 그래. 우리 북선말은 또 새끼 치는 거 올챙이지머. 꼬랑이 크고. 근데 예전에 사람 이 우리 중국에 들어오니 꼬랑이 남자들 다 있지머. 웃음이 나.)

3.8.2. '-앙이/엉이'에 의한 파생

'-앙이/엉이'는 이 지역어에서 수의적으로 '-앵이/엥이'로 나타나기도 한다. 이들은 비모음화를 거쳐 '아~이/어~이' 또는 '애~이(가래~이)/에~이

---

42) '실겅'은 중부방언의 '시렁'에 해당한다. 이 지역어에서는 'ㄹ' 말음어간과 모음 사이에 'ㄱ'이 남아있는 음운론적 특징이 있어 그 형태는 '실겅'으로 남아있다.
예: 실겅이레는 거 나무 두 개 놓구 거 우에다 척척 올레 놔.
(시렁이라는 것이 나무 두 개 놓고 그것 위에다 척척 올려 놔.)

(꼬래~이)'로 실현되고 있다. '-앙이/엉이'는 명사파생접미사 '-앙/엉'에 '-이'가 결합된 것이다. '-앙/엉'에 '-이'를 첨가한 것은 안정성을 얻기 때문이다(심재기 1982:311). 이 지역어에서 접미사 '-앙이/엉이'는 동사, 명사, 형용사를 어기로 취하여 주로 '작음'의 뜻을 더해주는 파생접미사이다.

① [동사어간+-앙이/엉이]

(46) 디파~이(딮-+-앙이, 지팡이), 쒸생이/쑤생이(쒸시-/쑤시-+-엉이, 쑤시개) 가리개~이/가리게~이/바디가래~이(가릋-+-앙이)

(46)은 동사어간을 어기로 취하는 경우인데 이때 접미사 '-아~이/어~이'는 주로 도구명사를 파생시킨다. '가래~이'는 '가랑이'의 제2음절 모음 '아'가 제3음절 모음 '이'의 영향으로 움라우트를 겪어 '가랭이'로 되고 그 후에 비모음화를 거쳐 구성된 것이다. '가랑이'는 19세기부터 최초로 나타나는데 '가릋+-앙이'로 분석되며 '가릋'는 '갈래'라는 뜻이다. 이 지역어에서 '갈래'라는 의미로 '가다리'라고도 쓰이고 있다. 곽충구(1998c: 630)는 이기문(1972:82)에서 <처용가>의 '脚烏伊'를 '*ᄀᄃ리'로 재구한 것을 참고하여 '가래~이'를 '*가둘'의 후대형으로 기술하였으며 '가래~이'는 '가둘>가롤>가릋'와 같은 음운변화 이후 접사 '-앙이'가 결합되고 다시 몇 차례의 음운변화를 겪은 것이므로, '가다리'는 매우 보수적인 형태라고 언급한 바 있다. 이 지역어에서 쓰이는 '가다리'의 예문을 보면 다음과 같다.

(47) 머리 곱게 매끈하게 빗으라 두 개 자맷디. 곱게 빗꾸 쌍 **가다리** 두개 착해서 요맨칙 사범학교 갓던 거라. 낭짝에 따서 터맷디머. 두개

요 갈랐다구 사진에두 다 잇다.

(머리 곱게 매끈하게 빗어라 두 개 잡아맸지. 곱게 빗고 쌍 가랑이
두 개 착해서 요만치 사범학교 갔던 것이라. 양짝에 따서 잡아맸지.
두 개 요 갈랐다고 사진에도 다 있다.)

'쒸생이/쑤생이'는 동사어간 '쒸시-/쑤시-'에 '-엉이'가 결합된 것으
로 중부방언의 '쑤시개'에 해당한다.

(48) ㄱ. 쑤시는 걸루 쑤세 내는 거 귀 **쑤생이**라 글디 않나 코두 쑤시디며
쑤세 내디 더러운 거 잇으문 다 쑤세 내디 안나.
(쑤시는 것으로 쑤셔내는 거 귀이개라 그러지 않나. 코도 쑤시지
며. 쑤셔 내지 더러운 거 있으면 다 쑤셔내지 않나.)

ㄴ. 많이 **쒸시문** 살을 자꾸 다테 주니 아푸갓다. 귀두 쒸시야 대. 쒸
시야말 잘 들레 귀지레 많이 나오문 말이 더 잘 들레.
(많이 쑤시면 살을 자꾸 다치니 아프겠지. 귀도 쑤셔야 돼. 쑤셔
야 말 잘 들려. 귀지가 많이 나오면 말이 더 잘 들려.)

② **[명사어간+-앙이/엉이]**

(49) 광이(고양이), 암쾅이(암고양이), 수쾅이(수고양이), 새깡이(새끼
+-앙이),
꼬젱이(꼬챙이), 세수소랭이(대야, 세수+소라+-앙이, 세숫대야)
꼬렝이(꼬리+-엉이), 쪼꼬맹이/꼬맹이(꼬마+-앙이)

(49)는 명사를 어기로 취하여 다시 명사를 파생시킨 예들이다.

이 지역어에서 '광이'는 중부방언의 '고양이'에 해당한다. '광이'는
'고이'에 '-앙이'가 결합되어 '고이+앙이→고양이(i모음 탈락)'와 같은 과

정을 거쳐 '고양이'가 되고 '고양이'가 다시 모음충돌을 피하기 위해 형태소 내부에서의 활음화가 이루어져서 '괭:이(이병근 2004:126)'가 되고, 또 비모음화에 의하여 '괘~이'로 실현된다.

(50) 이거 **괘~**이라 그래 우리 북선 말루 옆집이 막 서이개 너이개야 **수 꽈~**이 암꽈~이.
(이거 괘~이(고양이)라 그래. 우리 북한말로 옆집에 막 (고양이가) 세 개 네 개야 수꽈~이 암꽈~이.)

'괘~이'에 대한 가장 이른 기록은 잘 알려진 바와 같이 12세기 송나라 사람 손목(孫穆)의 고려방언 기록인 『계림유사(鷄林類事)』에 실린 '猫曰鬼尼'이며 15세기의 기록이면서도 고려시대의 자료로 보이는 『고려사(高麗史)』에 실린 '猫曰高伊'가 있다(이병근 2004:105).[43] 15 · 16세기의 한글 문헌에 보이기 시작한 '猫'의 표기는 다음과 같은 문헌에서 찾아볼 수 있다.

(51) ㄱ. 사르몰 븓던 젼츠로 사르미게 질드느니 곧 **괴** 가히 둙 돋 類라 <1461, 楞嚴 8:122b>
ㄴ. 貂 돈피 **猫 괴 묘** 駒 무야지 구 犢 숑아지 독 猩 싱싱 <1527, 訓蒙上10a>

17 · 18세기의 자료에서도 모두 '괴'로만 나타나다가 19세기 전기에 '고양이'란 표기가 나타났으며 20세기에 이르러 사전 표제항으로 등재

---

43) 지금까지 '고양이'에 대한 연구는 성조의 변화와 관련시키면서 이중모음의 발달과 '-ㄴ-'의 소실, 그리고 '고양이'가 '고이(>괴)'로부터 파생된 '지소어'임에 관심의 초점을 놓은 것이라고 할 수 있다(이병근 2004:108·109). 河野六郞(1945:124-125)에서 '고양이'는 그 母語로 볼 수 있는 '鬼尼'에 [-aɲi]와 같은 지소접미사가 붙은 어형으로 보고 일부 방언의 '고냉이'를 '고니+앙이'로 분석하였다.

되었다. 즉 문헌상으로만 보면 19세기에 '고양이'가 등장하여 '괴'와 함께 쓰이다가 20세기에 접어들면서 '괴'보다 '고양이'가 더욱 우세하게 쓰이게 되었다고 볼 수 있다(이병근 2004:114-115).

'꼬제~이(꼬챙이)'는 '꼬지+-엉이'로 결합되어 '꼬정이'(i모음 탈락)가 되고 다시 움라우트를 겪어 '꼬젱이'가 되며 마지막에 비모음화를 거쳐 '꼬제~이'로 형성된 것이다.

'세수소래~이'는 '세수+소라+-앙이'로 분석할 수 있다. '소라'는 이 지역어에서 쓰이지 않고 있지만 17세기 자료에서는 그 쓰임을 찾아볼 수 있다.

> (52) ㄱ. 쏘 卓子로뻐 合졸 호나홀 그 南의 노코 쏘 南北의 두 **셰슈 소라**
> 와 구기롤 室 東녁 모회 設ᄒ고 <1632 家禮4:11b>
> ㄴ. 曹大ㅣ 문 앎퓌셔 **소라롤** 쁘리더라 <1677 朴通下43a>
> ㄷ. 快子 져. 銅盆 놋소라. 洗臉盆 **셰슈 소라**. 瓦盆 딜소라. 盂子 대야.
> <1690 譯語下:13a>

③ [형용사어간/형용사성 어근+-앙이/엉이]

> (53) 꺼머~이(껌-+-엉이),
> 빨가~이/뻘거~이(빨+-앙이, 뻙+-엉이), 노라~이(놀+-앙이),
> 누러~이(눌+-엉이), 파라~이/퍼러~이/퍼레~이(팔+-앙이, 펄+-엉이)

(53)은 형용사어간 및 형용사성 어근을 어기로 취하여 색채명사를 파생시키는 경우이다. '꺼머~이'는 형용사어간 '껌-'에 '-엉이'가 결합된 것이다. 그리고 ''빨가~이/뻘거~이', '노라~이/누러~이', '파라~이/퍼러~이'는 각각 '뻙(빨갛)-/뻙(뻘겋)-', '놀하-/눌하-', '팔하-/펄하-'의 어근 '뻙/뻙, 놀/눌, 팔/펄'에 '-앙이/엉이'가 결합된 것이라고 할 수 있다.44)

3.8.3. '-악/억'에 의한 파생

중세한국어에서는 상당히 생산적인 규칙이었으나 현대어에서는 더 이상 지켜지지 않는 소실된 규칙에 불과한 예들이 있다. 이를테면 '빌먹-, 죽살-'와 같은 것은 중세한국어에서는 어휘부에서 동사어간 간의 직접 결합이 가능한 데 반해 현대어의 경우 이러한 어휘적 직접 결합은 불가능하다. 이처럼 과거 중세어에서는 단어형성규칙으로서 활용되던 것이 현대어에서는 그 생산성이 중단되어 규칙의 기능을 유지하지 못하기 때문에, 그러한 소수에 불과한 현대어의 복합어 예는 그 규칙성을 입증하기보다는 오히려 과거 당시 규칙에 의해 구성되어 그대로 고정, 화석화된 예로 처리하는 것이 타당하며 현대어의 파생어 구성으로 처리하기 어렵다. 가령 이 지역어에서 '-악/억'에 의한 접미사가 바로 그렇다.

이미 생산성이 중단되었고 다만 역사적 파생어에 불과한 '기둥(긷+-웅)', '사람(살+암<ᄋᆞᆷ)'은 단일어로 취급되어야 한다. 공시론적 파생법의 대상에서는 제외되어야 한다고 본다(성광수 2001:183).

> (54) 무르팍/물팍(무릎+-악), 아낙(안(內)+-악), 뒤뜨락/앞뜨락/뜨락(뜰
> <뜰ㅎ)

'-악/억'은 주로 명사를 어기로 취하여 작은 것을 나타내며 처소를 지시하는 기능을 한다.[45] '뜨락'은 '뜰+-악'으로 분석할 수 있으며 명사 어간 '뜰'에 '-악'이 결합되어 장소를 더욱 강조하는 의미를 가진다.

---

44) '붉-/붉-, 놀하-/-눌하-, 팔하-/펄하-'에 대해서는 뒤에 나오는 5.7에서 다루고 있다.
45) 기주연(1994:169)에서는 근대한국어의 접미파생어를 논하면서 '-악/억'은 작은 것을 나타내는 일종의 지소사(指小辭)로서, '-아기/어기(예: 쏠아기, 볼짜기)'와 관계가 있으며 '-아지(예: 쇠아지, 버러지)' 등과 더불어 지소사에 속하는 접미사로 처리하고 있다.

3.9. 기타 접미사에 의한 파생

① [-때기/대기]

(55) 가. 배때기, 귀때기, 혜때기(혀), 니망대기(이마), 상판대기,발목재기/
　　　발목대기, 뒤꼭대기(뒤통수), 뽈때기/뽈따구(볼)
나. 포대기/퍼대기(이불/요), 요대기(요), 판대기(판때기), 널판대(널
　　　빤지), 거죽때기, 나무때기, 흘덩지기/덩대기(덩어리)
cf. 깍때기/깍데기(껍데기), 쭉대기/쭉데기(쭉정이<죽정이)46)

이 지역어에서 '-대기/때기'에 의한 파생명사도 볼 수 있다.

(55가)의 '-대기/때기'는 주로 신체의 한 부위(배, 귀, 혜, 니망, 상판, 발목,
볼)를 나타내는 명사어간 뒤에 붙어서 비하의 뜻을 나타내며 낮춤의 의
미를 더해주어 하대명사를 파생시킨다. 하대어는 주로 평대어를 바탕으
로 하고 거기에 주로 접사적인 요소를 결합시켜 만들어진다(곽충구
1998c:635). 중부방언의 '볼'은 이 지역어에서 '뽈따구' 또는 '뽈때기'로
수의적으로 나타나고 있다. 하지만 모든 신체부위의 명사가 다 '-대기'
에 붙을 수 있는 것은 아니다. 중부방언의 '턱'은 이 지역어에서 '턱대
기'가 아니라 '탁수가리'라고 하며 '목'도 '목대기'가 아니라 '모가지(목
+-아지)'라고 한다.

(55나)의 '-대기/때기'는 주로 넓적한 모양의 사물을 나타내는 실체
명사어기에 결합되어 '작음'의 뜻을 나타내며 '어기가 나타내는 대상에
통속적인 맛'을 더해주는 기능을 한다.

---

46) 이 지역어에서는 '쭉데기' 외에 같은 의미로 '쭉두렁베, 쭉데리기, 쭉덩이' 등 여러
　　형태가 쓰이기도 한다.

② [-덩이]

이 지역어에서 파생접미사 '-덩이'는 움라우트와 비모음화를 거쳐 '-데̃이'로 실현된다. 그 예를 보면 다음과 같다.

(56) 어텅이((割屑)엏-+-덩이, 언청이), 엥데̃이, 몸떼̃이, 종떼̃이(방앗공이), 메주데̃이(메줏덩이), 불떼̃이(불덩이)

'어텅이'는 '베어지다'의 의미인 동사어간 '엏-'에 '-덩이'가 결합된 것인데 동사어간 '엏-'은 이 지역어에서 찾아볼 수 없다. 따라서 '어텅이'는 형태론적으로 어휘화된 것이라고 할 수 있다. '엏-'는 15, 17세기 자료에서 그 예문을 찾아볼 수 있다.

(57) ㄱ. 입시우리 아래로 드리디 아니ᄒᆞ며 ᄯᅩ 우흐로 거두쥐디 아니ᄒᆞ며…허디 아니ᄒᆞ며 ᄯᅩ **어티** 아니ᄒᆞ며 ᄯᅩ 기우디 아니ᄒᆞ며 <1459 월석17:52b>
ㄴ. 齩屑子 **엇텅이** <1690 역어유, 상, 29b>

'-대기/때기'와 '-덩이' 외에도 생산성은 높지 않지만 이 지역어의 특징을 보여주는 명사파생접미사로서 다음과 같은 것이 있다.

③ [-어기, -재기, -따구]

(58) 가. '-어기'에 의한 파생
뭉테기(뭉텅이, 뭉티+-어기), 무써레기(썰-+-어기), 쓰레기(쓸-+-어기), 부스레기/뿌스레기/뽀스레기(뿌슬-+-어기), 꿍대기(꿍디+-어기, 꾸러미), 솔까레기(솔+깔-+-어기, 솔가리)

나. '-재기'에 의한 파생

　　꾀재기(꾀+-재기, 꾀보), 버릇재기(버릇+-재기, 버르장이)

다. '-따구'에 의한 파생

　　뽈따구(볼+-따구<볼다기), 뼤따구(뼈+-따구)

(58가)는 '-어기'에 의한 파생인데 주로 명사나 동사를 어기로 취하여 명사를 파생시킨다. (58나)와 (58다)는 각각 '-재기', '-따구'에 의한 파생인데 주로 명사를 어기로 취하여 다시 명사를 파생시킨다.

④ [-웅구, -우, -구]

파생접미사 '-웅구, -우, -구'는 이 지역어에서 생산성을 잃었지만, 이들에 의해 파생된 파생어들은 이 지역어에서 자주 사용되고 있다.

　　(59) 가. 너붕구/너부(넙-+-웅구, 넙-+-우, 너비) 기당구(기당(기장)+-구,
　　　　　　길이)
　　　　나. 자붕구(잡-+-웅구)

(59가)는 이 지역어에서 중부방언의 척도명사 '너비'와 '길이' 대신에 사용되는 '너붕구', '너부', '기당구'의 파생을 보여준다. '너붕구'는 '넙-+-웅구', '너부'는 '넙-+-우', '기당구'는 '기당+-구'로 분석 할 수 있다. '너붕구'는 그 어기가 되는 활용어간이 '넙-'이던 시기에 형성된 것으로서 지금까지 그대로 굳어져 사용되고 있다. 이 지역어에서 '너붕구'의 어기로 되는 형용사어간은 '넙->넓-'의 변화가 일어났지만 그 파생어는 지금도 과거의 흔적을 지니고 남아 있는 것이다. 한편, '기당구'는 통시적으로 '기댱>기당'의 변화를 거친 것으로 보인다. '기댱'은 함북방

언의 명천, 종성, 회령 지역어에서 확인된다. 중부방언에서 '옷의 길이'를 뜻하는 '기장'은 '기댱>기쟝>기장'의 변화를 거쳤다고 할 수 있다.

(59나)의 '자붕구'는 김이협(1981)에서 '자븐거'를 표제어로 올렸으나 '잡은것'과 어원이 같은 것으로 보인다(김영배 1987:7). '자븐거'는 원래 '연장, 쟁기, 그릇' 등을 뜻하는데 이 지역어에서는 '농사를 짓는 데 쓰는 각종 농기구들'을 의미하므로 의미론적으로 어휘화된 것이라고 볼 수 있다. 그 구성은 '잡-+-웅구'로 분석할 수 있다.

(60) ㄱ. 길이는 **기댱구**구 너비는 좀 **널군** 기댱구 **너부 너붕구**.
　　　　(길이는 기장구고 너비는 좀 넓은 기장구 너비 너붕구).
　　ㄴ. **기댱구**레 길어서 좀 짤라서 신깔개두 더러 핸 것두 잇어.
　　　　(길이가 길어서 좀 잘라서 신창도 더러 한 것도 있어.)
　　ㄷ. 농사짓는 **자붕구**레 많으야데. 농사 짓는 건 머 고토 잇으야디 산지두 잇으야디 곽쩨~이두 잇으야디, 머 다 잇으야 돼.
　　　　(농사짓는 농기구가 많아야지. 농사짓는 것은 뭐 괭이 있어야지, 삽도 있어 야지, 갈퀴도 있어야지. 뭐 다 있어야 돼.)

⑤ [-레미]

이 지역어에서는 '울보'의 뜻으로 보통 '울레미'를 사용한다. '울레미'는 '울-+-레미' 분석할 수 있는 듯한데 이 지역어에서 '울레미' 외에 '-레미'접미사가 쓰이는 경우를 더 찾아보기 힘들다. 함경남도 방언에서 '꼴레미'가 쓰이긴 하지만 그 의미는 '꼬락서니'의 뜻이다. 이 지역어에서 '꼬락서니'는 '꼴목재기'로 쓰인다. '울레미'의 의미는 '걸핏하면 잘 우는 아이를 놀리어 이르는 말'이다.

(61) 다티디두 않앗는데 자꾸 울어 **울레미야** 더건 울레미. 때리디두 않구
당 빌빌 우는거 잇어. 아이레 그러기 울보울보허디머 근데 그저 더
건 **울레미야** 당 울어개지구 잇어.
(다치지도 않았는데 자꾸 울어 울보야 저건 울보. 때리지도 않고 늘
빌빌 우는 것 있어. 아이가 그러기에 울보울보 하지. 근데 그저 저건
울보야 늘 울고 있어.)

3.10. 요약

이상으로 명사파생접미사에 대한 내용을 간단히 정리하면 다음 표와
같다.

[표 3]

접미사	접미사 의미	예시	선행어기의 품사 범주
-이	행위/사건, 물건/도구, 사람, 척도, 성질, 동물/사물/식물	멕이, 낭잽이, 살림살 이, 높이, 눅손이, 맹꽁 이, 부허~이, 더펄이	동사, [명사+동사], 형용사, 명사, 어근, 의성·의태어
-음	행위, 상태, 사물	신수놀음, 쌈, 갠즐음, 걸굼	동사, 형용사
-기	행위/사건, 상태	세루티기, 크기	동사, 형용사
-개	사물, 도구	덮개, 베개, 집개	동사, [명사+동사]
-쟁이	…이 많은 사람 또는 어기의 자질·속성 (성질)을 가진 사람	겁소리재~이, 요판재~이, 귀먹재~이	명사, 어근, 동사
-뱅이	어기의 성향을 가진 사람	게으름배~이, 느름배~이	동사
-퉁이	-을 많이 하는 사람	잔소리투~이, 잠투~이	명사

-질	지속/반복적/구체적인 행위, 직업	후치질, 욕질, 구역질, 대장질, 조교질	동사, 명사, 어근, 의성·의태어
-노리/ 노릇	직업	으사노리, 회장노리, 호사노릇	명사
-앙/엉	사물	빨강, 실겅	형용사, 명사, 어근
-앙이/엉이	도구, 작음	가리개~이/가리게~이, 꺼머~이, 디파~이, 새까~이	동사, 형용사, 명사, 어근

제 4 장

동사파생

4.1. 도입

동사와 관련된 접미사는 일반적으로 사·피동접미사, 반복접미사, 강세접미사로 나눌 수 있으며 '-하-'류도 한 부류로 포함할 수 있다.[1] 그 중에서 사·피동접미사에 대한 여러 가지 논의가 있어왔다. 이 지역어에서 동사파생접미사는 주로 동사, 명사, 형용사, 부사, 의성·의태어 등을 어기로 취하여 동사를 파생시킨다.

---

1) 허웅(1995:150)에서는 풀이씨(움직씨, 그림씨)나 임자씨를 더 이상 하위구분하지 않고, '뒷가지로 파생된 풀이씨'를 밑말이 풀이씨인 것과 그 밖의 품사인 것으로 크게 두 가지로 나누고 파생풀이씨를 다음과 같이 분류를 하였다.

보통파생풀이씨	풀이씨에서	하임말(사역어: '이'계, '오/우'계), 입음말(피동어)
		ㅂ-계 뒷가지로 파생된 그림씨(-ㅂ-, -브-: 곯다 → 골프다)
		힘줌말(-티-), 기타(-돋-)
	임자씨에서 (-롭-. -답-)	
	그밖의 품사에서(-어리 : 구물어리다)	
ᄒᆞ다형파생풀이씨	이름씨+ᄒᆞ다	
	어찌씨+ᄒᆞ다	
	불구뿌리+ᄒᆞ다	

4.2. 사·피동접미사에 의한 파생

사동 및 피동접미사는 독립적인 의미를 전혀 갖지 않으므로 전통문법에서는 굴절접사로 처리하는 것이 지배적이었지만 구조문법의 영향을 받으면서부터는 파생접사로 처리하는 것이 관례가 되어 있다(고영근 1999:525-534). 사동접미사나 피동접미사는 동사나 형용사와 결합하여 문장구조를 변경한다는 측면에서 문법적 성격이 강한 것으로 볼 수도 있다. 하지만 주지하다시피 사·피동접미사는 동사나 형용사 등 어기에 밀접히 결합되어 새로운 어간을 형성2)하여 피동 및 사역의 의미를 첨가할 수 있다. 또한 사·피동접미사들은 모든 동사에 규칙적으로 결합되지 못하며 어떠한 선어말어미나 어말어미보다도 어기에 가까운 곳에 있다. 따라서 이 책에서도 일반적인 견해를 받아들여 이들 접미사들을 파생접사로 보고 논의할 것이다.

관점에 따라 사·피동파생을 통시적으로 보는 견해와 공시적으로 보는 견해가 있다. 최명옥(1988:69-71)은 동남방언을 예로 들면서 '-이, -히, -리, -기'에 의한 움라우트형은 공시적인 교체형이 아니라는 것을 증거로 하여 사동·피동접미사 '-기'에 의한 움라우트(가령 타동사 '웽기- :엥기-'나 피동사 '가치(:)-'는 공시적 활용형이 아니라 '통시적 파생'에 의한 것

한편 심재기(1982:353)에서는 동사파생접미사를 선행형태소(先行形態素)의 범위가 얼마나 큰가에 따라 나누고 있다.

2) 송철의(1992:175-176)에서는 형용사어간에 '-이-'가 결합될 때 통사범주가 형용사에서 동사로 바뀌고, '-이-'는 새로운 어간을 형성할 수 있으며, '-이-'는 활용어미만큼 생산성이 높지 못하여 많은 동사들이 그에 대응되는 사동사나 피동사의 빈칸을 보이므로 사·피동 동사형성은 활용의 범주에 드는 것이 아니라 파생의 범주에 든다고 하였다. 또한 '진실을 밝히다/*진실이 밝다' 등의 예에서 알 수 있듯이 많은 사·피동 동사들도 파생어처럼 독자적인 단어의 자격을 가지고 있기에 어기와 관련 없이 의미론적 어휘화를 경험할 수 있으므로 파생어로 간주할 수 있다고 하였다.

으로서 그들 동사는 파생 이전의 동사와 무관한 독립된 어휘 항목으로 어휘부에 등록되어 있는 것임을 지적한 바 있으며, 김성규(1987)에서도 경음화 현상을 예로 들어 사·피동접미사를 어휘소로 인정하지 않고 사·피동사가 어휘화한 것 즉 통시적으로 보았다. 또한 곽충구(2004: 30-31)에서는 사·피동사파생이 공시적인 단어형성 규칙에 의한 것으로 보기 어려우므로 기존의 파생어를 기반으로 한 일종의 유추에 의하여 형성되는 것이라 하였다.

한편 송철의(1992:182)에서는 능동사와 사·피동사 간의 파생관계가 분명하게 인식되는 예들이 아직도 많이 남아 있으며, '끊-:끊기-(cf. 긎-:그치-), 눕-:눕히-(눕-:누뵈->누이->뉘-)' 등 예들을 들면서 이들의 경우 어기가 재구조화되면서 그로부터 새로운 사·피동사가 파생되었음을 볼 수 있다고 하였다. 따라서 사·피동파생이 전혀 공시적인 생산력을 가지지 못한 것은 아니며 파생규칙의 생산력이 아직 유지되고 있다고 보고 있다. 그리고 소신애(2007:9-10)에서는 문헌 자료의 '옮->우으->웂-→웂기-, 앑->아으->앗-→앗기-'와 함북 경흥 지역어의 '쏘이->쏳기-, 쏠기-, 쏠기우-' 등을 예로 들면서 사·피동파생어는 독자적으로 겪은 통시적 음운 변화로 보기 힘들며 이런 현상은 비음운론적 요인에 의한 어간 재구조화와 그로 인한 파생어 재형성이라고 지적하고 있다.

사동을 표시하는 접미사는 대략 '-이-, -우-, -이우-' 세 가지 유형으로 나눌 수 있는데 문법적인 의미가 일치하는 이들의 이형태를 음운론적으로 설명하기 힘들며 이들은 형태론적으로 제약된 이형태라고 할 수 있다(안병희 1959/1982:52). 따라서 이들 접미사들은 전통적으로 하나의 형태소 즉 '-이-'의 이형태로 다루어 왔으나, 어떤 단어형성에는 공시적으로 그 교체 조건을 설명하기 어려운 예외가 많이 존재하기 때문에

이 글에서는 이것들을 개별적으로 나누어 논의하기로 한다.[3]

'-이/히/리/기-'의 의미기능에 대해서는 다각도로 논의되어 왔는데 이 지역어에서는 대체로 중부방언에서의 의미와 비슷하다. 하지만 '-이우-'의 의미기능은 중부방언과 조금 다르게 사용하는 경우가 있다. 여기에서는 사·피동사의 개념과 사·피동문의 유형이나 의미 해석보다는 이 지역어에서 사·피동의 표현양상의 특징과 사·피동사 형성에 관련된 형태에 관심을 두고 살펴본다.

이 지역어의 사동접미사에는 '이'계 '-이-, -히-, -리-, -기/키-'와 '우'계 '-우, -이우-, -구/쿠-, -추-' 등이 있고, 피동접미사에는 '이'계 '-이-, -히-, -리-, -기-'와 '우'계 '-우-, -이우-' 등이 있다. 이 지역의 사·피동 접미사는 특징적인 예들이 매우 많다.

4.2.1. 사동접미사에 의한 파생

사동은 사동주가 피사동주로 하여금 어떠한 행동을 하도록 하는 문법 범주이다. 사동사는 사동 접미사가 개재된 경우와 사동의 의존 동사 '하-'를 사용하는 경우의 두 가지로 나뉘는데, 사동접미사가 포함된 사동사는 피사동주의 서술어와 사동사가 한 낱말을 이루는 특징을 가진다.

이 지역어의 사동접미사에는 '이'계 '-이-, -히-, -리-, -기/키-'와 '우'계 '-우-, -이우-, -구/쿠-, -추-' 등이 있으며 이들은 자동사, 타동

---

3) 중세한국어의 경우 현대한국어보다 교체 조건에서의 예외가 적지만 역시 예외가 발견된다(구본관 1998a:272). '-우/구/추-'의 경우, '-이/히/리/기-'보다도 교체 조건을 말하기가 더 어렵다. '-이/히/리/기-'와 '-우/구/추-'는 교체 조건을 명확하게 기술하기 어려우므로 공시적으로는 이들 각각을 음운론적으로 조건 지어진 이형태 관계로 기술하기가 매우 어렵다. 한편 이상억(1970)에서는 이들을 형태론적인 이형태로 보았다.

사, 형용사를 어기로 취하여 사동사를 파생시킨다.

① [-이-]

사동접미사 '-이-'는 주로 어간자음이 /ㄱ, ㄶ, ㅌ, ㄹ/인 어기에 결합
되며 중부방언에서처럼 'ㄴ, ㅁ, ㅅ' 등으로 끝나는 어기와 결합하는 예
는 발견되지 않는다.

> (1) 가. 멕이-(먹이-), 보이-
>   나. (걸굼/걸금, 속을)썩이-/쎅이-(썩히-), 쏙이-/쏙히-, 녹이-/녹히-,
>   늘이-, 끓이-, 붙이[부티]-(붙-附), (배를)졸이-, (소고기를)쫄이-,
>   쭐이-/줄이-, (물감을)딜이-(들이-), 대리(煎)-(달이-<달히-), (불
>   을, 사람을)죽이-/쥑이-, 숙이-

(1가)는 타동사어간을 어기로 취하는 경우인데 타동사를 사동사로 만
든다.

(1나)는 자동사어간을 어기로 취하는 경우인데 자동사를 사동사로 만
든다. 이 지역어에서 '쎅이-(썩히-)'처럼 중부방언의 '-히-' 대신 '-이-'
를 쓰는 경우가 있는가 하면 '녹히-(녹이-), 쏙히-(속이-)'처럼 '-이-' 대신
'-히-'를 쓰는 경우가 있는데 '-히-'가 결합되는 경우가 더 많다. 특히
이 지역어에서는 어간말음이 'ㄱ'으로 끝나는 동일한 어기에 '-이-'와
'-히-'를 혼동해서 쓰는데 '-히-'를 사용하는 경우가 점점 많아지면서 점
차 '-히-'로 바뀌어가고 있다는 것을 알 수 있다. 송철의(1992:184)에서
중부방언에서는 '-이-'가 '-히-'로 바뀐 예는 있어도 '-히-'가 '-이-'로
바뀐 예는 없다고 하면서 어간말음이 'ㄱ, ㅂ' 등 유기음화할 수 있는

자음인 경우에는 그 취하는 이형태가 '-히-'로 통일되어 가는 경향이 있다고 지적한 바 있다.

(2) ㄱ. 매끌매끌하다뿐이디 **썩에서** 그렇게 해 녹맬 진다 그래.
  (매끌매끌하다뿐이지. 썩혀서 그렇게 해 '녹맬 진다'(녹말가루가 생긴다는 뜻).
 ㄴ. 놈 **쏙이문** 안 되디. 이 사람한테두 쏙이구 저 사람한테두 쏙이구 쏙이더라. 안 좋와, 그런 사람들. 진짜야. 쏙이문 안 돼.
  (남 속이면 안 되지. 이 사람한테도 속이고 저 사람한테도 속이고 속이더라. 안 좋아, 그런 사람들. 진짜야. 속이면 안 돼.)

'숙이-'는 이 지역어에서 자동사와 타동사로 모두 가능하다.

(3) ㄱ. 머리를 극성극성한다. **숙인다.**
  (머리를 끄덕끄덕한다. 숙인다).
 ㄴ. 일찍간히 쌘노랗게 베레 닉어서 고개레 푹푹 **숙이문** 베레 많이 나구 베알두 굴구 쌀두 츨하구 도운데.
  (일직이 샛노랗게 벼가 익어서 고개가 푹푹 숙이면 벼가 많이 나고 벼알도 굵고 쌀도 알차고 좋은데.)

'대리-'는 자동사어간 '닳-'에 사동접미사 '-이-'가 결합되어 '달히-'가 되고 어중의 'ㅎ'이 유성자음 'ㄹ'과 모음 사이에서 탈락하여 '달이-'가 되었으며 다시 '-이-'의 영향을 받아 움라우트를 겪어 '대리-'로 된 것이다.

(4) 높이-

(4)는 형용사어간을 어기로 취하여 타동사화하고 사동의 의미를 나타내는 예인데 그 예가 많지 않아 생산성이 낮다.

② [-히-]

이 지역어에서 '-히-'는 주로 선행어기의 말음이 자음인 경우에 결합되는데 일반적으로 말음이 /ㄷ, ㅂ, ㅈ, ㄱ, ㄼ/인 어기에 결합되며 적용되는 범위도 넓고 기능도 다양하다.

(5) 맞히-, 입히-

(5)는 타동사어간을 어기로 취하여 사동사를 파생시키는 경우이다. '맞히-'와 '입히-'는 각각 타동사어간 '맞-'과 '입-'에 '-히-'가 결합되어 파생된 동사이다. 한편 이 지역어에는 '맞히-'를 사용하는 독특한 사동 표현이 있다. 다음은 그 예다.

(6) 우린 또 해방된데메 도적을 맞헷어. 시월 초나흘인데 그니꺼니 시월 보름에
(우린 또 해방된 다음에 도둑을 맞았어. 시월 초나흘인데 그러니까 시월 보름에)

중부방언에서는 '도둑을 맞히다'라는 표현을 보기 드문 데 비해 이 지역에서는 사동 표현으로 '도적을 맞히다'를 널리 사용하고 있다. 도둑을 맞도록 한 것은 자신의 부주의로 말미암은 것이라고 생각하기 때문에 사동 표현을 쓴 것이다(곽충구 2004:7). 즉 이것은 '도둑을 당하다'의 의미라고 할 수 있다.

(7) 식이-/식히-, 쏙이-/쏙히-, 녹히-(녹이-), 닉히-(익히-), 썩히-/쌕히-,
눕히-, 묻히-(묻-染, [무티다])

(7)은 자동사어간을 어기로 취하여 사동사를 파생시킨 경우이다. 동
사어간 '식-', '쏙-'은 'ㄱ'말음어간으로 끝나 그 고형으로 여전히 '-이-'
를 선택하여 '식이-, 쏙이-'로 사용하는 예가 있지만 '-히-'를 선택하여
'식히-, 쏙히-'를 더 선호하고 있다. '눕히-'는 중세한국어시기에 'ㅸ'을
말음으로 하는 용언어간에 사·피동 접미사 '-이-'와 결합하였는데 'ㅸ'
의 소멸로 인하여 'ㅂ'말음 어간과 결합하던 접미사 '-히-'와 통합된 것
이다(송철의 1977:88).

(8) ㄱ. 물을 **식히디머** 물이 다 식어서 마실 수 잇다.
(물을 식히지머. 물이 다 식어서 마실 수 있다.)
ㄴ. 남을 때레주구 도적질하구 거짓말두 하구 **쏙힌다** 말이야 **쏙헤서**
도적질하구 감옥에 가는 거야 죄인이다.
(남을 때려주고 도적질하고 거짓말도 하고 속인다 말이야. 속여서
도적질하고 감옥에 가는 것은 죄인이지.)

다음은 형용사어간이나 어근에 사동접미사 '-히-'가 결합하여 타동사
화한 것이다.

(9) 가. (돌배를)묽히-, 좁히-, 괴롭히-
나. 합히-

(9가)는 형용사어간을 어기로 취하여 타동사화한 예들이다. '묽히-'는
형용사어간 '묽-'에 '-히-'가 결합되어 사동의 의미를 나타낸다. (9나)

의 '합히-'는 '합티다(합치다)'의 어근 '합'을 어기로 취하여 사동사를 파생시킨 경우이다. 다음은 그 예들이다.

    (10) ㄱ. 돌빼라 그래 것두 잘 닉으문 먹어 거 따다가 집이서 **묽힌다**. 가만
           히섬을 해 개지구 **묽혀서** 먹어.
           (돌배라 그래 그것도 잘 익으면 먹어. 그거 따다가 집에서 묽힌
           다. 가만히 먹서 리를 해가지고 묽혀서 먹어.)
       ㄴ. 지금 북조선허구 하낭 **합힐까** 하구 얼마나 우리보구 기도하라
           (지금 북조선하고 함께 합칠까 하고 얼마나 우리보고 기도하라.)

   한편 '기쁘-, 즐겁-, 슬프-, 동-(좋-)' 등의 감정형용사들은 사동접미사 '-히-'의 어기가 되지 못한다. 송철의(1992:187)에서 지적된 것처럼 이 지역어에서도 감정형용사들은 '기뻐하-, 즐거워하-, 슬퍼하-, 도와하-' 등과 같은 '-아/어 하-'에 의한 타동사화가 일어난다.

③ [-리-]

'-리-'는 선행어기의 어간말음이 /ㄹ/인 어기와 결합되는 음운론적 제약이 있다.[4]

    (11) 가. (사람을)실리-(싣-+-이-), 널리-(너르-), 갈리-(가르-), 굴리-,
          물리-
       나. 흘리-, 돌리-, 떨리-, 놀리-, (애기를)얼리-, 말리-, (둘째를)살리-

---

4) 중세한국어에서는 말음이 'ㄹ'인 사동접미사로 일반적으로 '-이-'를 사용하였으며 근
   대한국어(16세기)에 와서 '-이-'가 '-리-'로 대체되었다(예: 살이다(月印釋譜二 77),
   살리다(小學諺解 六 32, 선조판 1586))(기주연 1994:198).

(11가)는 타동사어간을 어기로 취하는 경우이다. '실리-'는 동사어간 '싣-'에 '-이-'가 결합된 것인데 '글이나 짐을 싣게 하다'의 사동의 의미로 쓰이고 있다.[5]

> (12) 차 올레 놔서 뼝원으루 간다. 올레 논다 사람을 **실레개지구** 간다. 태와 갓다.
> (차에 올려놔서 병원으로 간다. 올려놓는다. 사람을 실려 보낸다. 태워 갔다.)

(11나)는 자동사어간을 어기로 취하는 경우인데 타동사 및 사동사로 만든 경우이다.

④ [-기/키-]

'-기-'는 선행어기의 어간말음이 /ㄴ, ㄷ, ㅌ, ㄹ, ㅁ(ㄻ), ㅅ(<ㅿ), ㅊ, ㅇ/인 어기에, '-키-'는 어간말음이 /ㄹ, ㅁ, ㅇ, ㅅ/인 어기에 결합된다는 음운론적 제약이 있다. 이 지역어에서는 '-기-'와 '-키-' 두 형태로 수의적으로 나타나고 있는데 이는 경남·황해·제주방언 등에서도 '-키-'형태로 나타나는 것과 동일한 현상이라고 볼 수 있다.

> (13) 가. 알기-(알리-<알외-), 몰키-(몰리-), (머리를)감기-, 뺏기-, 빗기-,
>   싱키/신기-, 엉키-(엉기-), 맡기-, 벳기-(벗기-), 씿기-, (달걀을)
>   앵기-
>   나. 살키-(살리-), 숨키-(숨기-), 웃기-(<옷-), 냉기-/남기-, 넘기-,
>   옮기- cf. 덮기-(덮-, 染)

---

5) 이 지역어에서 '실리-' 외에 같은 뜻으로 '실리우-'를 쓰는 경우도 있다.
  예: 실리워야대 다테개지구 실리워 갓다(싣게 해야 돼. 다쳐가지고 실려 갔다).

(13가)는 타동사어간을 어기로 취하는 경우인데 피동화와 사동화가 동일한 형태로 나타나는 경우가 있다(심재기 1987:392). 중부방언에서 '-리-'와 결합하는 형태인 '알리-'는 이 지역어에서 사동접미사 '-기-'가 결합되어 '알기-'형태로 사용하고 있으며 간혹 '알리-'로도 쓰이고 있다. '알기-'에 비추어 중부방언의 '말리-'도 이 지역어에서는 '말기-'로 나타날 것으로 예측할 수가 있지만 이것은 '말리-'로 많이 사용하고 있다. 한편 '앵기-'는 동사어간 '안-'에 '-기'가 결합된 뒤, 움라우트를 거쳐 '앤기-'가 되고 다시 위치동화를 입어 '앵기-'로 된 것이다. 여기에서 동사어간 '안-'은 '새가 알을 까기 위하여 가슴이나 배 부분으로 알을 덮고 있다'는 뜻이다.

(13나)는 자동사어간을 어기로 취하는 경우인데 통사적으로나 의미적으로 사동사를 만든다. '살키-'는 자동사어간 '살-'에 '-키-'가 결합되어 사동사를 파생시킨 것이다. '냉기-'는 동사어간 '남-'에 '-기-'가 결합되어 움라우트를 거치고 다시 자음동화에 의하여 '냉기-'형태로 된 것인데 '눅거리두 숭하 팔아서 난 그저 남 **냉기**는 만치 것두 꼳꼬디 안 사디안네(눅거리도 많이 팔아서 난 그저 남 남기는 만치 그것도 잘 안 사지 않네.)'에서처럼 사용하고 있다.

(14) ㄱ. 제낸 머 아두 돌 그케 안 해줘. 근데 지금은 요고 한살 나문 크게 돌을 디내디 않네. 근체 사람 다 **알기구** 또 잘 해 멕이구 조선 사람들 웃임 나.
(전에는 뭐 아이도 돌 그렇게 안 해줘. 근데 지금은 요고 한 살 되면 크게 돌을 지내잖아. 근처 사람(에게) 다 알리고 또 잘 해 먹이고 조선 사람들 웃음 나.)
ㄴ. 사람이 딕접 가서 대주는거이 대줘두 되구 그래두 **알레** 주는거디 머 **알레라** 노친네레 아이들게 시기문 알레라 어케서레두 대줘라.

(사람이 직접 가서 알리는 것이 알려도 되고. 그래도 알려주는 것
이지머. 알려라 할머니가 아이들에게 시키면 알려라 어떻게 해서
라도 알려라.)

ㄷ. 우리 누나 집이 와서 놀아요 길디머. 우리 아들이 그걸 질긴다 말
이야. 팔백 원을 땄다가 우리레 **말리레** 가느꺼니 다 **잃엇데디머**.
증이 나서.
(우리 누나 집에 와서 놀아요. 그러지머. 우리 아들이 그것을 즐
긴다 말이야. 팔백 원을 땄다가 우리가 말리러 가니까 다 잃었다
지머. 화가 나서.)

ㄹ. 난 막 하나님께 기도해야 되. 이거 사람 죽일래문 죽이구 **살킬래**
문 **살키구** 허는 하나님이 해두 잘 나주구 바람두 맞추 불어주구
비두 맞추 주구 이러야디 이거 곡석이 안 닉어요 난 막 그런다.
(난 막 하나님께 기도해야 돼. 이거 사람 죽이려면 죽이고 살리
려면 살리고 하는 하나님이 해도 잘 나게 하고 바람도 맞춰 불어
주고 비도 맞춰 주고 이러야지. 이거 곡식이 안 익어요. 난 막 그
런다.)

중부방언에서는 형용사어간을 어기로 취하는 경우에 '궂기-', '검기-'
등과 같은 형태가 있지만 이 지역어에서는 찾아보기가 어렵다.

⑤ [-우-]

(15) 비추우-, 비치우-, 메우-(메-擔), 깨우-, 디우-(디-, 쥐이-), 숨우-(숨-),
거두-(걷-, 收), 가두-(갇-, 收), 가리우-(蔽), (고기를)끼우-, (쌈을)
티우-, 튀우-(튀기-) cf. 볶우-(볶-)6)

---

6) '볶우-'는 동사어간 '볶-'에 '-우-'가 결합된 것인데 이 지역어에서는 '볶우-'와 '볶-'
를 같은 의미로 사용하고 있어서 이때의 '볶우-'는 형태는 사동 형태와 비슷하지만
사동의 의미는 아니다.
ㄱ. 물에 당궛다가 쌈을 내서 요맨치 쌈 나문 **볶아** 먹으문 맛잇디.

(15)는 타동사어간을 어기로 취하여 사동사를 만드는 경우이다. '비추-' 는 중부방언에서 단순한 타동사로 쓰이는 것인데 이 지역어에서는 '-우-' 형태가 덧붙여서 '비추우-' 형태로 나타난다. 이러한 형태는 사동접미사 '-우-'가 유추적으로 확대되어 쓰인 결과로 해석된다(이기갑 2003: 616). '가리우-'는 타동사어간 '가리-'에 '-우-'가 결합되어 사동사를 만드는 경우이다. 15세기에는 'ᄀᆞ리오-'와 'ᄀᆞ리ᄫᅵ-'가 동일한 뜻으로 나타나 접미사 '-오-'의 고형이 '-ᄫᅵ-'일 것이라는 것을 알 수 있다(안병희 1982:주 59). '메우-'는 동사어간 '메-'에 '-우-'가 결합되어 구성된 것이며 '말이나 소의 목에 멍에를 얹어서 매다'의 의미를 나타낸다. 이들이 이 지역어에서 쓰인 예를 보면 다음과 같다.

(16) ㄱ. 해빝에 비추문, **비추워서** 논거 어두우문 더짝으루 옹게가문 둏다 안 기네.
  (햇빛에 비추면 비춰서 놓은 거 어두우면 저쪽으로 옮겨가면 좋다 안 그러니.)
  ㄴ. 똑똑히 안 뵈운다 낡앗다 말이야. 오래 돼서 낡은 거는 똑똑히 안 **비치우**디며 똑똑히 안 **비치워**요. 그래두 되구.
  (똑똑히 안 보인다. 낡았다 말이야. 오래 돼서 낡은 거는 똑똑히 안 비치지며. 똑똑히 안 비쳐요. 그래도 되고.)
  ㄷ. 눈을 못 뜨갓다. 너머 햇빛이 비치워서 얼굴을 좀 **가리우**야디.
  (눈을 못 뜨겠다. 너무 햇빛이 비쳐서 얼굴을 좀 가려야지.)
  ㄹ. 소다가 **메우**는 것두 잇구. 지금은 말에다가 메워서 그거 해.
  (소에다 메우는 것도 있고. 지금은 말에다 메워서 그거 해.)

(물에 담갔다가 싹을 내서 요만치 싹이 나면 볶아 먹으면 맛있지.)
  ㄴ. 기름에다 **볶운다** 그래. 고소해서 많이 멕힌다.
  (기름에다 볶는다 그래. 고소해서 많이 먹힌다.)

다음 (17)의 예들은 자동사어간을 어기로 취하는 경우이다.

(17) 디우-(지우-), 세우-(세-+-우-), 내리우-(<ㄴ리오-下), 피우-, 돌우-
(쥐차ᅡ아다가 낟알을)달리우- cf. 홀리우-(홀리-)

(17)의 '디우-'는 자동사어간 '디-(지다)'에 '-우-'가 결합되어 사동사
를 파생시킨 것이다. '세우-'는 동사어간 '세-'에 '-우-'가 결합되어 사
동사를 파생시킨 것이다. 이 지역어에서는 중부방언의 '서-'가 '세-'로
나타나고 있다. 중부방언에서는 '셔->서-'의 과정을 거쳤지만 이 지역
어에서는 '셔->세-'의 변화를 거쳐 '세-'로 재구조화 된 것이라고 할
수 있다.

(18) ㄱ. 남자레 나이 너무 어리구나 글멘서두 한 이티 살았어. 살다가 그
대멘 나문 **디워**내티구 생기문 **디워**내티구
(남자가 나이 너무 어리구나 하면서도 한 이태 살았어. 살다가
그 다음 낳으면 지워 내치고 생기면 지워 내치고.)
ㄴ. 꺼꾸루 세는 거. **세디머 세더라.** 머리 몸떼ᅟ이레 땅으루 꺼꾸루
세는 거디
(거꾸로 서는 거. 서지며. 서더라. 머리 몸덩이가 땅으로 거꾸로
서는 거지.)
ㄷ. 새가 너머 곡석을 들어붙어 좌 먹으문 사람이 디키는 뜻으루 **세**
우디머 허두제비.
(새가 너무 곡식을 들러붙어 쪼아 먹으면 사람이 지키는 뜻으로
세우지며 허수아비).

'홀리우-'는 동사어간 '홀리-'에 '-우-'가 결합된 것인데 중부방언의
'홀리-'에 해당한다. 이 지역어에서도 중부방언과 마찬가지로 '홀리-'가

자동사 및 타동사로 모두 사용되고 있다. 따라서 '홀리우-'도 사동사 및 피동사로 쓰이고 있다. 그 예문을 보면 다음과 같다.

(19) ㄱ. 여우레 데일 깜쯕해 어드케 **홀리우**는디 막 사람을 홀리우디머.
　　　(여우가 제일 깜찍해 어떻게 홀리우는지 막 사람을 홀리우지머.)
　　ㄴ. 하나님 잇갓나 없갓나 많이 생각했던 모낭이라 그래 정신이 **홀리윗디**.
　　　(하나님 있겠나 없겠나 많이 생각했던 모양이라 그래 정신이 홀리웠지.)

아래의 (20)은 형용사어간을 어기로 취하는 경우이다.

(20) (물/정신을/날이)흐리우-(흐리-濁), 비우-(虛)

이 지역어에서 '흐리우-'는 자동사와 타동사로 모두 사용하고 있다. 자동사로 쓰일 때는 '비 올라구 하늘이 **흐리윗다**. 시껌허게 흐리윗는데(비 오려고 하늘이 흐리웠다. 시꺼멓게 흐리웠는데', '오늘 날씨레 흐리윗다(오늘 날씨가 흐렸다)', '좀 **흐리운** 물이 온다(좀 흐린 물이 온다)'에서처럼 '하늘이나 물 따위가 밝거나 깨끗하지 못한 것'을 의미한다. 이때 '흐리우-'는 피동사로 쓰이는 경우이다. 타동사로 쓰일 때는 중부방언의 '흐리게 하다'와 같은 뜻으로 쓰여 '분명하지 아니하고 어렴풋하거나 모호하게 하다'의 의미를 나타낸다. 그 예를 보면 다음과 같다.

(21) 정신을 **흐리윗다**. 정신을 못 채리더라. 정신 **잃어비렛다**.
　　(정신을 흐렸다. 정신을 못 차리더라. 정신 잃어버렸다.)

'흐리우-'는 15세기 『월인석보』(1459)나 『능엄경언해』(1461)에서도 확인된다. 이 지역어의 '흐리우-'가 이전 시기에 사용하던 고형을 아직도 유지하고 있다는 것을 보여 준다.

(22) ㄱ. 큰 道理 一定ᄒ고 네차힌 中國 風俗ᄋᆞᆯ **흐리우디** 아니ᄒ리니 <월인 1459 2:72>

　　ㄴ. 다ᇫ 굴비 보ᄂᆞᆫ 覺이 ᄒᆞᆺᄋᆞᆯ ᄣᅡ 몰ᄀᆞᆫ 거슬 **흐리워** 濁이 ᄃᆞ외니 <능엄 1461 4:82>

다음 (23)의 예들은 중세한국어에서 특수 어간 교체를 보이는 예들이다.

(23) 넘구-(넘가-<너므-~넒-), 장구-(鎖<ᄌᆞᄆᆞ-~ᄌᆞᆱ-), 당구-(沈<ᄃᆞᄆᆞ-~ᄃᆞᆱ-), 길구-(養<기ᄅᆞ-~긺-),7) 싱구-(<시므-~ᄉᆞᆱ-)

(23)은 동사어간을 어기로 취하여 사동사를 파생시키는 경우이다. '넘구-', '장구-', '당구-', '싱구-', '길구-'는 각각 '넘-', '잠-', '담-', '긺-', '심-' 등 동사어간에 '-우-'가 결합된 것이다.8) '넘구-'는 중부방언의 '넘기-'에 해당하는데 이 지역어에서는 다음의 예와 같이 사용하고 있다.

---

7) 기주연(1994:203 주28)에서는 근대 한국어시기에 '길게 하다'의 의미로 '길우-'가 쓰이고 있으며, '기르(養)-'는 형용사어간에 접미사 '-ᄋᆞ/으-'가 결합된 것으로서 근대 한국어시기에는 의미론적으로 단일어로 재구조화된 것이라고 하였다.

8) 김성규(1995:386)에서는 중세한국어에서 '넘-, 줌-, 둠-, 심-' 등에서 만들어진 파생어는 자음 앞에서 'ᆞ/ᅳ'로 실현되고 모음 앞에서 'ㄱ'으로 실현되는 접미사를 가지고 있으므로 접미사를 '*ᆨ/ᅳᆨ'으로 재구하고 각 파생어는 '*너ᇜ-, *ᄌᆞᇜ-, *ᄃᆞᇜ-, *시ᇜ-'으로 재구된다고 하였다. 뒤에 기술될 '사ᄅᆞ다/살아', '니ᄅᆞ다/닐어'의 접미사도 '*ᆨ/ᅳᆨ'으로 재구된다고 하였다.

(24) ㄱ. 이거 기계루 볼쎄 그따 보습이 몇 개 달렛다. 많이 달래서 갈아

너므디 참 기계 잘 나와.

(이거 기계로 벌써 그런 보습이 몇 개 달렸다. 많이 달려서 갈아

넘지. 참 기계 잘 나와.)

ㄴ. 약은 통채루 넘어틴다. 난 머 까구서 물루 와락와락 먹어. 통째루

넘어티라 그러디. 물에 **넘궈라** 그러디머.

(약은 통째로 넘긴다. 난 뭐 까고서 물로 와락와락 먹어. 통째로

넘겨라 그러지. 물에 넘겨라 그러지머.)

'넘구-'는 16, 17세기 자료에서도 찾아볼 수 있다.

(25) ㄱ. 曲禮예 굴오디 禮는 절ᄎᆞ롤 **넘구디** 아니ᄒᆞ며 침노ᄒᆞ며 <1588 小

學3:6b>

ㄴ. 복巾 밧그로 곡뒤 뒤헤 **넘궈** 서ᄅᆞ 미여 드리오라 <1632 家禮

1:46a>

'싱구-'는 형태상으로 보아 '심-'의 사동사인 것처럼 보이지만 '심게

하다'의 의미보다는 '심다'의 의미를 나타낸다. 이 지역어에서는 '심-'

가 자음 앞에서는 '시므-'로, 모음 앞에서는 '싥-'로 실현된다. 그 활용

형을 보면 다음과 같다.

(26) ㄱ. 밀은 밀까루 하는 거니꺼니 젤 일등 량식이더머. 중국에서 많이

시므디.

(밀은 밀가루 만드는 것이니 제일 일등 양식이더머. 중국에서 많

이 심지.)

ㄴ. 갈게 **싱궈**낫다가 그 이듬해 봄에 다 크구 글디 않나. 일찌가니 가

을하구.

(가을에 심어 놓았다가 그 이듬해 봄에 다 크고 그러지 않나. 일

찌거니 가을하고).

ㄷ. 이 집이서 곡석 싱궈서 채소 **싱궈** 먹구.

(이 집에서 곡식 심어서 채소 심어 먹고).

⑥ [-이우-]

(27) 가. 띄우-(띠-), (덮개)씌우-, (오줌을)쌔우-(쌔이-),(글을)씌우-(쓰이-),
태우-, 보이-9)/뵈우-(뵈오>뵈우-) cf. 실리우-(싣-+-이우-)10)

나. 메끼우-(메우(填)-), 채우-(차-(滿)), 재우-(자-), (언나를)앤지우-
(앉-+이우-)

'-이우-'는 15세기 말모음이 '오, 으'인 어간에 결합된 '- ㅣ 오-/- ㅣ
우-'에서 변화한 것으로서 지금은 대체로 모음으로 끝난 어기에 결합된
다는 음운론적 제약이 있다. '-이우-'도 '-우-'와 마찬가지로 동사어간
이나 형용사어간을 어기로 취하여 타동사 또는 사동사를 만든다. 이 지
역뿐만 아니라 제주도방언에서도 '어간-+-이우-'의 형태로 '말리우-
(乾), 채우-(滿)' 등의 예가 있다(이숭녕 1985:124-125).

(27가)는 타동사어간을 어기로 취하는 경우인데 선행어기를 사동사로
만든다. '띄우-'는 동사어간에 '뜨-(<ᄠᅳ-)' '-이우-'가 결합된 사동사로
서 '누룩이나 메주 따위를 발효시키다'의 의미를 나타낸다. 한편 통시적
으로 볼 때 '쌔우-'는 먼저 동사어간 '싸-'에 접미사 '-이-'가 결합되어
'쌔[s'aj-]-'가 되었다. 그 다음에 접미사 '-우-'가 더 결합되어 '쌔우-'[s
'aju-]가 된 후 이중모음의 단모음화를 겪은 것으로 볼 수 있다. '태우-'

---

9) 예문: 학교 댕기멘서 이거 다 **보이디** 우리야 머뚜 몰라.
(학교 다니면서 이거 다 배우지. 우리야 아무것도 몰라.)
10) '실리우-'는 동사어간 '싫-'(載)에 '-리우-'가 결합되어 형성된 것으로 보인다.

도 동일한 과정으로 형성되었다고 할 수 있다.

(27나)는 자동사어간을 어기로 취하는 경우인데 선행어기를 타동사로 만든다.

'메끼우-'는 중부방언 '메-'의 사동사로서 '구멍이나 빈자리 따위를 다른 것으로 채워 넣는 것'을 의미하는데 그 형태로 보아 '몃ㄱ+-이우-'로 구성된 것으로 분석할 수 있다. 15, 16세기 자료에서 '몃구-'형태는 찾아 볼 수 있지만 '몃ㄱ-'은 단독형으로 쓰인 예를 찾을 수가 없어 동사어간 '몃ㄱ-'의 존재는 확인하기가 어렵다.

(28) ㄱ. 근데 내가 또 곷 싱구구파서 **메끼우구** 거기 반반하게 보기 돟게 햇디. 도재기 쪼꼼 파구 거기에다 내레 고걸 쪼꼼 **메끼우구** 말이야. 이 동쪽에선 다 메끼윗어.
(근데 내가 또 꽃 심고 싶어서 메우고 거기 반반하게 보기 좋게 했지. 도랑 쪼금 파고 거기에다 내가 그것을 쪼금 메우고 말이야. 이 동쪽에선 다 메웠어.)

ㄴ. 구넝 잇다구 **메끼우디머** 다 흘그루 메끼우구 안 빠디디머 발부멘 메끼운 다 메끼우라 구넝을 메끼우야 돼.
(구멍 있다고 메우지머. 다 흙으로 메우고 안 빠지지머. 밟으면서 메운다 메워라 구멍을 메워야 돼..)

다음은 15, 16세기 자료에서 나타난 예문이다.

(29) ㄱ. 토배 헐인 굼글 고툐디 니근 뿌그로 **몃구고** 쓰면 <구급방 1466, 하65b>

ㄴ. 塡 **몃굴** 뎐 <신유합 1576, 하, 56a>

아래 (30)은 형용사어간을 어기로 취하는 경우인데 선행어기를 타동사 또는 사동사로 만든다.

    (30) 데우-, 키우-

(30)의 '데우-'는 형용사어간 '덥-'와 접미사 '-이'가 결합하여 파생된 것이다. 중세한국어시기에 '덥-'의 'ㅸ'이 소멸되면서 '더이->데-(데우)'로 된 것이다. '덥-'는 '①기온이 높거나 기타의 이유로 몸에 느끼는 기운이 뜨겁다. ② 사물의 온도가 높다'의 의미가 있는데 이 지역어에서의 '데우-'는 '식었거나 찬 것을 덥게 하다'의 의미로 '덥-'의 두 번째 의미에서 파생된 것이다.11) 이 지역어에서는 '덥-'가 '더운 물, 더운 밥, 물이 덥다, 밥이 덥다' 등으로도 사용되고 있어 고어적 용법을 유지하고 있다. 이는 중부방언에서 '더운 물, 더운 밥'은 쓰이지만 '*밥이 덥다, *물이 덥다'가 안 되는 현상과 일정한 차이가 있다. 그 예를 보면 다음과 같다.

    (31) 구둘이 덥다 물이 **덥다** 차다 **덥디머** 구둘두 덥다 그래 우리 북선 사
       람은.
      (구들이 덥다 물이 덥다. 차다 덥지며. 구들도 덥다 그래 우리 북한
      사람은.)

'-이우-'형태는 사동접미사 '-이-'가 붙은 형태에 또 접미사 '-우-'가 덧붙어서 생긴 형태이다. '-이우-'와 같은 반복적 형태는 함북방언

---

11) '날씨가 덥다'에서 '날씨를 데우다'로 직접 유도할 수 없는 점으로 보아, '덥다'와 '데우다'의 관계는 그 형성기제에는 통사적 요인이 작용하였으나 그들 개별 단어는 통사적 연계를 벗어나서 독자적인 의미의 단어로 굳어버린 것이라고 볼 수도 있다 (심재기 1987:390).

에서도 생산적으로 나타나고 있다. '-이-'에 '-우-'가 덧붙는 현상은 '-이'가 유연성이 부족해 그 뒤에 '-우-'를 첨가하여 안정성(安定性)을 얻기 위한 것이 아닌가 한다. 이것은 '기러기, 마당, 터럭' 등에서 보이는 접미사 '-이, -앙, -억' 등이 의미와는 상관없이 어형의 안정성을 위해 첨가된 것으로 보이는 것과 비슷한 현상이 아닌가 싶다(안병희 1967:235-236).[12] 한편 곽충구(2004:10)는 함북방언의 사·피동사를 다루는 가운데서 '빠디우-, 얼리우-'의 '-우-'는 사·피동사를 파생시키는 적극적인 기능을 담당하지만, 어떤 경우는 '-이-', '-히-', '-기-' 등 'ㅣ'로 끝난 접사 다음에 결합되는데 이때의 '-우-'는 태의 변화에 간여하지 않으므로 잉여적인 것이라고 지적한바 있다(예: 잽히-~잽히우-). 이 지역어에서도 '-이-, -기-, -히-'에 결합된 '-우-'는 동사의 사동성 또는 피동성을 강조하는 기능을 가지고 있는 것으로 보인다.[13]

⑦ [-쿠/구-]

평북방언의 사동접미사 가운데 가장 특징적인 것은 유성음 특히 /ㄹ/

---

12) 또한 중부방언에서 '됨됨이, 씀씀이'에서의 '-이'와도 비슷하다. 즉 이때의 '-이'는 '-음'에 의한 파생어들로 하여금 명사로서의 안정성을 더욱더 갖도록 하기 위해 첨가되는 요소로서 '-이'가 약간은 잉여적인 성격을 띨 수밖에 없다는 것이다. 나아가 '-음'이 '-이'에 선행할 수는 있어도 '-이'가 '-음'에 선행할 수 없는 것은 '-음'은 활용어미(동명사형 어미)로부터 발달한 것이고 '-이'는 형식명사류로부터 발달한 것이기 때문에 '-이'가 '-음'보다 명사성이 좀 더 강한 파생접미사라고 추측해 볼 수 있다(송철의 1992:142-143).

13) 이것은 피동의 접사 가운데 이른바 피동의 조동사 '-지다'를 요구함으로써 이중의 피동을 형성하는 것과 같은 현상이 아닌가 한다(이상억 1970:180). 가령 '먹히다-먹혀지다, 묻히다-묻혀지다'에서처럼 접미사가 유연성을 잃고 어간에 밀착됨으로써 능동사와 변형관계가 성립되기 어려운 것이다. 따라서 피동의 접사만으로써는 피동의 의미가 명백하지 않으므로 그것을 보강하기 위하여 나타난 현상이라고 할 수 있다(고영근 1999:598-599).

로 끝나는 어기에 주로 '-구/쿠-'가 결합되는 현상이다. 이 현상은 동북 방언의 한 특징이기도 하며 중세한국어와 가까운 일면을 보여주는 것이 기도 하다(곽충구 2004:20). 중부방언에서 '-구/쿠-'는 주로 자동사어간 및 동작성 어근과 결합하여 타동사를 만드는데 그 타동사는 {+유정성}을 주어로 하기 때문에 결과적으로는 사동의 의미를 내포하게 된다(심재기 1987:387). 이 지역어에서 '-구/쿠-'는 주로 동사어간이나 형용사어간을 어기로 취하여 타동사를 만들고 사동의 의미를 나타낸다.

이병근·정인호(1999:33)에서도 평북 용천 지역어의 피·사동접미사로 /ㅋ/을 가지는 단어들(얼쿠-:얼리-, 살쿠-:살리-)이 있다고 하면서 피사·동 접사에 /ɣ/를 재구할 수 있다면 이러한 예들은 /ɣ/가 /ㅋ/으로 변화한 모습을 보여준다고 하였다.14) 한편 이상규(2001:95-96)에서는 동남방언의 가장 특징적인 현상으로 피·사동 접사에 '-구-', '-쿠-'가 있다고 설명 하면서 이들은 어기의 음운 환경에 의해 음운론적으로 설명하기 어렵지 만 통시적으로는 음운론적으로 조건 지어진 단계가 있었을 가능성이 있 다고 하면서 '-구/쿠-'는 접사 '-기-'에 '-우-'가 중가된 중가형, 즉 접 사 중복에 의해 생겨난 것이라고 설명하였다. 이런 접사의 중복 과정은 통시적으로 '자-'와 '서-'에 접사 '-이-'가 결합하고 나서 또 '-우-'가 결합하여 생겨난 데서도 확인할 수 있다고 하였다.

철산 지역어에서도 '-구/쿠-'의 두 형태는 수의적으로 쓰이면서 비교

---

14) 이기문(1998:143)에서는 15세기에 사동형의 '-오/우-'는 i나 y뒤에서도 절대로 '-요 /유-'로 되는 법이 없다고 하면서 사동형의 'ㅇ'은 하나의 자음 음소 즉 유성 후두 마찰음 [ɦ]로 추정하여 '-오/우-'가 기원적으로 '-고/구-'이었음을 암시하였다. 최 명옥(2008:19)에서도 이기문(1972/1998)의 '-이-'계 형태 중 {-기-, -히-, -이-}를 고형 /-*ɣi-/의 이형태로 보는 것이 합당하다고 하였다. 즉 "유성 연구개 마찰음 /*ɣ/는 고대 한국어의 어느 단계에서 어간말의 평파열음소 뒤에서 무성 파열음소 / ㄱ(k)/로 되고 어간말의 모음소 뒤에서 /ㅎ/로 되었을 것이며 [+모음성]을 가지는 음소 사이에서 /ㅎ(h)/는 유성음화하여 [ɦ]로 된 다음에 탈락하였을 것"이라고 하였다.

적 높은 생산력을 보이고 있다. 사·피동접미사가 결합한 파생어에서 '르'말음어간으로 끝난 어기들은 중부방언의 '-이-(절이-), -리-(살리-)'의 대응형으로 '-구-' 또는 '-쿠-'로 실현되고 있다. 즉 형태소 내부에서 '르'뒤에서의 연구개 유성마찰음 'ㅇ[ɣ]'이 중부방언에서는 일반적으로 탈락하였는데 이 지역어에서는 'ㄱ' 또는 'ㅋ'으로 나타나 'ɣ'을 유지하고 있어 그 유지형이 탈락형보다 우세하다는 것이 특징이다.[15] 'ㄱ'을 유지하고 있는 예는 사·피동파생어에서뿐만 아니라 '르'로 끝나는 대부분의 형태소 내부에서도 나타난다. 가령 '말개미(마름<말왐), 멀구(머루<멀위), 벌거지(벌레<벌에), 실겅(시렁<시렁), 설기떡(시루떡), 얼그미(어레미), 얼개(얼레빗), 닐퀘(이레<닐웨)' 등 예들이 있다.

한편 연변 지역어(도문시 석현진, 용정시 용정진, 용정시 조양천진 등)에서는 '-구/쿠-' 대신 '-구-'만 사용하고 있다. 가령 늘구-(늘리-), 뿔구-(불리-), 살구-(살리-), 일구-, 절구-(절이-) 등이 있다(정향란 2004:41).

이 지역어에 나타난 예들을 보면 다음과 같다.

(32) 가. 말쿠-(마르-, 裁) cf. 엉구-[16]
  나. 닐쿠-/일쿠-(起), 얼쿠-(얼리-), 달쿠-(달구-), 살쿠-/살구-(살리-),
    늘쿠-(延, 늘리-), 떨쿠-(떨어뜨리-), (콩을)뿔쿠-/불쿠-(불리-),
    절쿠-, 쭐쿠-(縮, 줄이-<주리-)

(32가)는 타동사어간을 어기로 취하는 경우인데 생산성이 높지 않다.

---

15) 최명옥(2008:19-20)에서도 경주 지역어에서는 /르/로 끝나는 어간 뒤에 접미사 '-기-'가 통합된 것이 주목된다고 하면서 현대 중부방언에서는 /르/로 끝나는 어간 뒤에 접미사 '-리-'가 통합되어 있지만 그것은 원래 '-기-'였던 것으로 보고 있다.
16) '엉구-'는 '엉기-'의 사동사로 쓰이는데 '손질을 하여 어울리게 하다'를 의미한다.
  소캐 잘 꽈개지구선 또 도루 엉궈서 또 꼬꾸 자그만치씩해선 요맨치.
  (솜 잘 꽈가지고서는 또 도로 엉궈서 또 꼬고 자그맣게 해서는 요만치.)

'말쿠-(裁)'는 동사어간 '마르-'에 '-쿠-'가 결합되어 사동사를 파생시킨 것이다. 파생어에서의 제1요소(어기)의 형태음소적 변화를 거쳐('르'의 '으' 탈락) 즉 '마르-+-쿠-→말+-쿠-'로 분석할 수 있다.17)

(32나)는 자동사어간을 어기로 취하여 사동사를 파생시키는 경우인데 대체로 어간말음이 'ㄹ'로 끝나는 어기와 결합된다는 음운론적 제약이 있다. '닐쿠-'는 '닐-'의 사동사로서 '일어나게 하다'의 의미를 나타낸다. '얼쿠-(얼리-)'는 15세기 중부방언에서 접미사 '-우-(-구-)'형이 쓰였지만 이 지역어에서는 '-쿠-'형이 쓰이고 있다. '살쿠-'는 '살-'의 사동사로서 '죽어 가는 사람을 살리다'의 의미를 나타낼 뿐만 아니라 '사그라져 가는 불씨를 살리다'의 의미도 있다.18) 그 예문을 보면 다음과 같다.

> (33) ㄱ. 목숨을 **살쿳다**. 그거 죽을 걸 **살쿳다**. 어떤 사람은 물에 빠데서건데 내. 여 앞집 총각은 살쿳다. 살쿠는거 데일루 좋은 일이디머.
> (목숨을 살렸다. 그거 죽을 것을 살려주었다. 어떤 사람은 물에

---

17) 이 부분에 대해서는 이현희 선생님의 조언을 많이 받았다. 이현희(2002:150-151)에 따르면 중세한국어에서 합성어에 보이는 제1요소의 형태음소적 변동이 있었다고 하였다. 가령 '몰오-'는 'ㅁ른-+곶'의 구조로 구성 된 것인데 '으'의 탈락을 일차적으로 거치고 난 뒤, 다시 'ㄱ'약화 현상이 일어나 즉 'ㅁ른+곶→몰+곶→몰+오'의 과정을 거쳐 '몰오-'로 실현된 것이라고 하였다. 그리고 파생어에서 보이는 제1요소(어기)의 형태음소적 변동도 있다고 하였다. 가령 '니르-'의 사동사로 '니르위-'와 '닐위-'가 모두 나타나는데 그중에서 '닐위-'는 파생접미사 앞에서 '니르-'의 '으'가 탈락되어 형성된 것이라고 하였다. 중세어에서는 '니르위-~닐위-'가 모두 나타나므로 사동사에서의 제1요소의 형태음소적 변동이 수의적인 데 비해 이 지역에서는 필수적 현상이라고 할 수 있겠다. 자세한 것은 이현희(2002)를 참조할 수 있다.

18) 김성규(1995:382-392)에서는 중세한국어에서 파생어가 '니르다(자음 앞)~닐어(모음 앞)', '사르-(자음 앞)~살아(모음 앞)'로 실현되므로 그 어간들을 '니륵-(*니륵-)', '*사록-'으로 재구하고, 이때의 사동접미사는 일반적으로 다루어 왔던 모음 'ㆍ/ㅡ'가 아니라, 음절 말에 'ㄱ'계통에 연원을 둔 자음을 하나 상정하여 접미사를 '*ㅎ/ㅎ'으로 재구하였다. 또한 접미사를 '*ㅎ/ㅎ'으로 재구할 경우에 자음 앞에서 '*ㄱ'이 탈락하는 과정과 모음 앞에서 어간의 제2음절의 모음이 탈락하는 과정에 대한 설명을 필요로 한다고 하였다.

빠져서 건져 내. 여기 앞집 총각은 살렸다. 살리는 거 제일로 좋
은 일이지며.)

ㄴ. 석탄 때는 거 불 **살콰** 내줘야 되구 밥을 한 거 불 살콰 노야 되구.
(석탄 때는 거 불 살려내야 되고 밥을 한 거 불 살려놓아야 되고.)

다음 (34)는 형용사어간을 어기로 취하는 경우이다. 형용사어간에 접
미사 '-쿠-'가 결합되어 타동사화가 되면서 사동의 의미를 가지는 예들
이다.

(34) 물쿠-/물구-(물쿠-), 널쿠-/널키-(널리-),

'물쿠-'는 형용사어간 '무르-'에 '-쿠-'가 결합되어 타동사화한 것인
데 그 의미는 '푹 익히어 무르게 하다'의 사동 의미를 나타낸다. '널쿠-'
는 형용사어간 '너르-'에 '-쿠-'가 결합되어 타동사화한 것인데 그 의
미는 '공간을 넓게 하다'의 사동 의미를 나타낸다. 형용사어간에 '-쿠-'
가 결합된 경우도 '말쿠-'처럼 제1요소(어기)의 형태음소적 변동('르'의
'으' 탈락)이 일어난다. 즉 (34)의 예들은 '무르-+-쿠-→물+-쿠-', '너르-
+-쿠-→널+-쿠-'의 과정을 거쳐 '물쿠-, 널쿠-'로 된 것이다. '널쿠-'
의 활용형을 보면 다음과 같다.

(35) 무순 제넨보담 남쪽으루 많이 **널쿳어**. 좁던건데 지금은 거기 널쿳어.
(무순(지명) 전에보다 남쪽으로 많이 늘렸어. 좁던 것인데 지금은 거
기 늘렸어.)

/르/로 끝나는 경우에 이 지역어에서는 원칙적으로 '-구/쿠-'가 결합
되지만 일부 어간은 중부방언에서처럼 /-리-/와 결합하는 경우도 있다.

가령 '말리-'는 좀처럼 '말구-'로 나타나지 않는다.

⑧ [-추-]

사동접미사 '-주/추-'는 15세기에 사동접미사로서 '-오-'의 이형태로 일부 'ㅈ'말음어간에 결합되는 '-호-'에 해당한 것 같다(안병희 1982:58). 이 지역어에서 '-주/추-'도 '-이-'와 마찬가지로 동사어간이나 형용사 어간을 어기로 취하여 타동사나 사동사를 만드는데 그 어간의 수는 극히 제한되어 있으며 어간말음이 /ㄹ, ㅁ, ㄷ, ㅈ/인 어기에만 결합된다는 음운론적 제약이 있다.

> (36) (물을)맞추-(合), 늦추-(늦-遲), cf. (나이를)낮추-(낮-),

(36)은 자동사어간을 어기로 취하는 경우이다. '맞추-'는 '맞(合)-'어간에 접미사 '-추-'가 결합된 것이다. '늦추-'는 15세기에 '늦-'어간에 사동파생접미사 '-히-'가 결합된 것이었는데 이 지역어에서는 '-히-' 대신 '-추-'를 사용하고 있다. '낮추-'는 형용사어간 '낮-'에 '-추-'가 결합된 것인데 타동사화하여 사동의 의미를 가진다.

> (37) ㄱ. 밥두 물 맞추 하느꺼니 맛잇갓디.
>   (밥도 물 맞춰 하니까 맛있겠지.)
>   ㄴ. 서루 친하구 아는 사람이문 말 **낮추** 해두 되구 그니꺼니 "멀 잡
>   아?" 이래두 되구.
>   (서로 친하고 아는 사람이면 말 낮춰 해도 되고 그러니까 "뭘 잡
>   아?" 이래도 되고.)

4.2.2. 피동접미사에 의한 파생

이 지역어의 피동접미사에는 '이'계의 '-이-, -히-, -리-, -기/키-'와 '우'계의 '-우-, -이우-'가 있다. 중부방언에서는 사동형에만 '우'계의 '-우-, -구-, -추'가 나타나지만 이 지역어에서는 피동형에도 '-우-, -이우-'형을 사용하고 있다.

피동파생은 형태론적 제약으로 타동사만을 어기로 취할 수 있고 '-하다'계 동사들은 어기가 되지 못하며 의미론적 제약이 있어서 대체로 추상적인 심리작용(믿다, 즐기다)과 관련되는 타동사와 수여(주다, 받다), 수혜(얻다, 잃다), 대칭(만나다, 닮다), 사동(높이다, 붉히다)을 나타내는 동사들은 피동사파생의 어기가 되지 못한다(송철의 1992:186). 또한 중부방언과 마찬가지로 이 지역어에서도 음운론적인 제약으로 인해 '이'로 끝나는 동사 중에서 많은 것들은 피동접미사를 취하지 못한다.

① [-이-]

> (38) 가. 섞이-/섺이-, 깎이-, 놓이-, 백이-(박-, 배기-), (모구)끓이-,
> 　　　나. 에이-(에-割), (실이)꼬이-, 매이-, 쏘이-, 보이-, (꼭)쪼이-/조이-,
> 　　　　　(햇볕에)쪼이-
> 　　　다. 눌리-, 갈리-(分), 짤리-, 눌리-, 찔리-

(38)은 타동사어간을 어기로 취한 경우이다. (38가)는 말음이 /ㄲ, ㅎ, ㅀ, ㄱ/인 어기와 '-이-'가 결합된 경우이다. '깎이-'는 이 지역어에서 '점수를 깎이-, 돈을 깎이-'처럼 피동사로 사용한다. '백이-'는 '박-'의 피동형으로서 '너두 깔구 앉다. **배게서 못 겐데**.(너도 깔고 앉지. 배겨서 못

견디.)'에서처럼 쓰이고 있다.

(38나)는 말음이 모음으로 끝난 어기와 '-이-'가 결합된 경우이다. '에이-'는 타동사어간 '에-'에 '-이-'가 결합되어 피동을 나타낸다.

(38다)는 말음이 '르'인 소수의 어기와 '-이-'가 결합된 경우이다.

② [-히-]

'-히-'는 어간말음이 모음인 경우에는 결합되지 않으며 선행어기의 어간말음이 폐쇄음 /ㄱ(ㄺ), ㄷ, ㅈ, ㄵ, ㅂ, ㄼ/인 어기에 결합된다. 말음이 /ㄷ/인 경우 /-기-/와도 결합된다(딷기-).

> (39) 갇히[가티]-, 닞히-(잊히-), 멕히-(먹히-), 맥히-(막히-), 맺히-, 얹히-,
> 묻히-, 떡히-(찍히-), 닑히-(읽히-), 긁히-(搔), 씹히-, 밟히-, 잽히-
> (잡히-)
> (못, 그림이)백히-(박-刻), 뽑히-

(39)의 '갇히-'는 타동사어간 '갇-'에 '-히-'가 결합되어 피동사를 파생시킨 것인데 중부방언의 '가둠을 당하다'에 해당한다. '닞히-'는 타동사어간 '닞-(忘)'에 '-히-'가 결합되어 피동사를 파생시킨 것이다. 이들의 예는 다음과 같다.

> (40) ㄱ. 날아댕기드두 못하디 방아네 가틴 새레 자꾸 이 방안에 가티문
> 날아나디 몯하니 얼마나 안타깝네 거 또 해 몯 보는 새가 같다
> 그런다.
> (날아다니지도 못하지. 방안에 갇힌 새가 자꾸 이 방안에 갇히면
> 날아나지 못하니. 얼마나 안타깝니. 그거 또 해를 못 보는 새와

같다 그런다.)

ㄴ. 미국놈이 그거 **닞히간**? 못 닞디머. 이때껏 얼마나 화평한다 볼쌔

한 오 년 채 해하구 화평한다 허구 허긴 멀 하네.

(미국 놈이 그거 잊히겠니? 못 잊지머. 이때껏 얼마나 화평한다.

벌써 오 년 채 해하고 화평한다 하구 하긴 뭘 해.)

③ [-리-]

'-리-'는 선행어기의 말음이 'ㄹ'인 어기와 결합된다. 주지하다시피
15세기에는 'ㄹ'말음 어간에 피동접미사 '-이-'가 결합되었던 것이 지
금은 '-이-' 대신 '-리-'형태로 나타난다.

(41) 알리-, 흔들리-, 들리-, 떨리-, 쏠리-, 열리-, 깔리-, 짤리-, 물리-, 들
리-, (치레)떨리-, 팔리-, (잘)풀리-, 쏠리-, 달리-, 찔리-, 틀리-, 밀
리-, (넉구리레)/겔리-(곌-), 휩쓸리-(휩쓸-+-리), cf. 질리-[19]

'알리-'는 이 지역어에서 '눈이 빨개진 것이 알린다, 뜻이 알리다, 부
족점이 알리다'에서처럼 '알-'의 피동형으로도 쓰이고 있다. 이는 송철

---

[19] '질리-'는 중부방언에서 '어떤 일이나 음식 따위에 싫증이 나다'의 의미를 나타내는
데 이 지역어에서는 그 상반된 의미로 '어떤 일이나 음식 따위를 좋아하다'의 의미
를 가진다. 하지만 '질리다'의 동사어간 '질-'은 이 지역어에서 나타나지 않으며 그
어원이 무엇인지 알기 어렵다.

예:잘 여무르야 좋구 콩을 안 시무야 되는데 난 그 당콩 **질레서** 많이 싱것어. 팥죽
두 데일 질레 **질리는거** 잘 먹는대는 소리디머 그거이 질린다 그게 말해. 근데 이거
북선말 화투 티기두 질린다 당 나가 틴다 돟다하멘서 그는 사람두 잇디머. 질린데
는 소리레 끝까지 막 도와한다 잘 헌다 제 마음에 제일 좋대는 거 질린다.

(잘 여물어야 좋고 콩을 안 심어야 되는데 난 그 강남 콩 질레서 많이 심었어. 팥죽
도 제일 좋아해. 질리는거 잘 먹는다는 소리지머. 그것이 '질린다' 그렇게 말해. 그
런데 이것 북한말 화투 치기도 질린다, 늘 나가 친다, 좋다 하면서 그러는 사람도
있지머. 질린다는 소리가 끝까지 막 좋아한다, 잘한다, 제 마음에 제일 좋다는 거.
질린다.)

의(1992:186)에서 피동사파생의 제약으로 지적했던 중 즉 "의미론적인 면에서 본다면 대체로 추상적인 심리작용과 관련되는 타동사들은 피동사 파생의 어기가 되지 못한다."는 중부방언의 제약 조건을 보면 예외라고 할 수 있다. '알다'의 피동형으로 '알리다'를 사용하고 있는 현상은 이 지역뿐만 아니라 전 평북방언의 특징이다.

'흔들리-'는 타동사어간 '흔들-'에 '-리-'가 결합되어 피동사를 파생시킨 것이다. 그 예를 보면 다음과 같다.

> (42) 쪼꼬맨 국기두 흔들린다. 바람에 **흔들리디** 않네 흔들흔들하디머
> (조그마한 국기도 흔들린다. 바람에 흔들리지 않니. 흔들흔들하지머)

④ [-기-]

'-기/키-'는 선행어기의 어간말음이 /ㄱ, ㄷ, ㄹ, ㅁ, ㄼ, ㅅ, ㅈ, ㅇ/인 어기와 결합된다. 중부방언에서는 말음이 'ㅈ'인 경우에는 '-기-'혹은 '-히-'가 결합되지만 이 지역어에서는 '-기-'가 결합된다. 요컨대 피동사의 경우 'ㄷ'말음은 '-히-'보다 '-기-'를 쓰는 경우가 더 많다.

> (43) 잠기-(잠그-浸), (머리카락이)감기-(捲)[20], 곪기-, (문이)다티-/닫기-,
> 뜯기-(뜯기-), 빗기-, 쯪기-(찢기-) cf. 들키-

'잠기-'는 동사어간 '잠그-'에 '-기-'가 결합되어 피동사를 만든 경우인데 그 의미는 '어떤 기분 상태에 놓이게 되다'를 나타낸다.

---

20) 예문: 딱 실오리 겉디머. 근데 콩밭에 그거 나게 되문 감게서 콩이 막 그저 안 되구 죽어죽어 가디머.(딱 실오리 같지머. 근데 콩밭에 그거 나게 되면 감겨서 콩이 막 그저 안 되고 죽어 가지머.)

(44) 해방되자 대운동을 하디머. 대운동 하는데 난 친척 없으니 언제나 슬
프디머. 슬픔에 **잠게서** 사는데
(해방되자 대규모 시위를 하지머. 대규모 시위를 하는데 난 친척이
없으니 언제 나 슬프지머. 슬픔에 잠겨서 사는데)

⑤ [-우-]

(45) (가시레, 털)돋우-(돋치-, 昇), (안개레, 기게에, 옷에)끼우-(끼이-),
띠우-(띠-), (해빛이)비치우-(<비취-輝)

'돋우-'는 중부방언에서 자동사 '돋-'의 사동사로 쓰이지만(심지를 돋우
다) 이 지역어에서는 피동사로도 사용되고 있다.

(46) 목구넝이 아프든가 헷바늘이 **돋우구** 소슬소슬 돋우**멘** 아프구 거보구
헷바늘 헤에 바늘이 돋는다
(목구멍이 아프든가 헷바늘이 돋치고(돋아 지고) 소슬소슬 돋우면서
아프고 그거 보고 헷바늘 혀에 바늘이 돋는다.)

(46)에서 '돋우-'는 '돋-'의 피동사로서 '헷바늘이 돋다'의 동작주인
'헷바늘'이 타율적인 요인에 의하여 '돋게 되다'의 의미를 가지고 있다.
중부방언에서는 주어의 동작이나 상태의 변화만을 인식하는 데 반해 이
지역에서는 주어에 미친 동작이나 작용이 행동주라 할 수 있는 어떤 타
율적인 요소에 의하여 이루어지는 것으로 인식한 결과이다(곽충구 2004:9).
'띠우-'는 동사 '띠-'의 피동사로서 '눈에 보이다'의 의미를 나타내며
중부방언의 '뜨이다'에 해당한다. 그 외에 '띠우-'는 피동사와 관계없는
의미로 이 지역어에서 '튀기다'의 의미로도 사용하고 있다. 이러한 피동

표현은 중부방언에서는 찾아보기 힘들지만 이 지역어에서는 보편적으로 쓰이고 있다.

⑥ [-이우-]

이 지역어에서 접미사 '-이우-'가 매우 활발하게 쓰이고 있는데 피동 접미사 '-이-' 뒤에 '-우-'가 첨가된 것은 피동의 의미를 더욱 분명히 하려는 의도에서 나타나는 현상이라고 추측할 수 있다. 중부방언의 피동사가 이 지역어에서는 '-이우-'가 결합된 형태로 나타나는 경우가 많다(쏠리우-(속임을 당하다)). 또한 중부방언의 '-히-' 대신 '-히우-'를 사용하는 경우가 있는가 하면(가티우-(갇히-))[21] 중부방언의 '-어 지다' 대신 '-이우-'를 사용하는 경우(옹기우-(옮겨지다))도 있다.[22] 한편 '바뀌우-'는 '바뀌-'로도 사용하지만 '바뀌우-'를 더 선호하고 있다..

접미사 '-이우-'가 결합된 예들은 다음과 같다.

> (47) 가티우-(갇히-), 몰리우-(몰리-), 옹기우-(옮겨지-), 잽히우-(잡히-),
> 찍기-/찍기우-(찍히-), (깟난아레)업히우-(업히-), 깔리우-(깔리-),
> (썰매에)끌리우-(끌리-), (물팍에)눌리우-(눌리-), (옴이)올리우-(오
> 르-), 껄티우-(긁히-), (일이)밀리우-(밀리-), (가짜에)솔리우-/쏠리
> 우-, (고무줄이)졸리우-(졸리-), (신이)바뀌우-(바뀌-), (발루 차다)
> 채우-, (논이)묻히우-(묻히-), 얹히우-(얹히-), 뽑히우-(뽑히-)

---

21) 곽충구(2004:3)에서 함북방언의 사·피동에도 이런 현상이 있다고 지적한 바 있다.
   가령 '쫓이우-(쫓기-)'와 같은 예가 있다.
22) 함북방언에도 비슷한 예가 있다. '(보수(碎)+-이+우->보쉬우->)보시우-(부서지-)'
   와 같은 표현이 있음으로 이 방언에서는 접미사 파생어에 의한 피동 표현이 활발하
   며 또한 접미사에 의한 파생어 형성이 생산적이다(곽충구 2004:6-7).

지금까지 살펴본 이 지역어의 사·피동사가 중부방언과 형태적으로 차이가 나는 점을 대조해 보면 다음과 같이 정리할 수 있다.

1) 어기에 결합되는 접사가 중부방언과 차이가 있다.

〈사동접미사의 경우〉:
  가. 중부방언의 '-리-' 대신 '-구/쿠'를 사용한 예. 얼쿠- : 얼리-
  나. 중부방언의 '-이-' 대신 '-히-'를 사용한 예. 녹히- : 녹이-

〈피동접미사의 경우〉:
  가. 중부방언의 '-리-' 대신 '-기-'를 사용한 예. 알기- : 알리-
  나. 중부방언의 '-히-' 대신 '-기-'를 사용한 예. (문이)닫기- : 닫히-
  다. 중부방언의 '-히-' 대신 '-이우-'를 사용한 예. 가티우- : 갇히-
  라. 중부방언의 '-히-' 대신 '-이-'를 사용한 예. 썍이- : 썩히-
  마. 중부방언의 '-어 지다' 대신 '-이우-'를 사용한 예. 옹기우- : 옮겨지-

2) 이 지역어에서는 피동접미사에도 '-우-', '-이우-'가 활발하게 쓰이고 있으며 중부방언의 피동사에 해당하는 예는 이 지역어에서 '-우-'를 사용하는 경우가 많다.

  쏠리우-(속임을 당하다)

다음 어기 말음의 음운론적 조건에 따라 접사별로 나누어보면 다음과 같이 정리할 수 있다.[23]

---

23) 사·피동사에 있어서 어기의 말음과 접사의 두음 결합은 어느 정도 규칙적이어서 음운론적 기제가 있는 것 같지만 특정 접사를 요구하는 어기 말음이 그들 스스로 자연부류를 이룬다거나 피동접사의 두음이 그들과 결합되는 어기의 말음과 음운론

[표 4]

대상방언 \ 어간말음 (A)자음	중부방언24) 접사	예	평북 철산 지역 (피동/사동) 접사	예
ㅂ	히	잡히다	히	뽑히다, 잽히다, 씹히다, 입히다
ㄷ	히	묻히다	히, 기	가티다(갇히-), 무티다(묻히-), 띤기다(듣기다)
ㅅ	기	씻기다	기	빗기다, 벳기다(깍데기레)
ㅈ	기 히	찢기다, 꽂히다	히, 기	맺히다, 쫒기다
ㄱ	히	먹히다	히, 이	멕히다, 맥히다(귀레), 식히다, 쥑이다
ㄲ	이	묶이다	이	쉑이다/섞이다, 엮이다(編), 깎이다(削)
ㅍ	이	덮이다	이	덮이다
ㅊ	기	쫓기다	기	쫓기다, 씿기다(비에)
ㅎ	히	놓이다	이	놓이다
ㅁ	기	담기다	기	감기다(捲), 쟁기다(潛)
ㄴ	기	신기다	기	앤기다[앵기다](안기다)
ㄹ	리	날리다	리, 기, 구	물리다, 쏠리다, 알기다, 몰키다, 얼구다
ㄵ	히	앉히다	히	얹히다
ㄺ	히	긁히다	히	낡히다, 긁히다(搔)
ㄻ	기	삶기다	기	곪기다
ㄼ	히	밟히다	히	밟히다
'ㄷ'불규칙	리	들리다	리	들리다
'ㄹ'불규칙	리	불리다	리	눌리다(壓), 흘리다
(B)모음	접사	중부방언 예	접사	평북 철산 지역 예
'이'			이, 리	끼이다(안개레)
'이'외 모음	이	차이다	이, 우, 이우	꼬이다(고무레), 보이다, 비추우다, 홀리우다

적으로 호응하는 것이 아니기에 어기와 접사의 결합을 음운론적으로 설명하기는 어렵다. 다만 어휘부에서 어기 말음에 따라 접사가 선택적으로 결합되어 있는 것일 뿐이다(곽충구 2004:26). 여기서는 주로 음운론적 조건에 따른 분류이므로 사동 및 피동 접미사를 구분하지 않았다.

4.3. '-거리/기리-'와 '-대-'에 의한 파생

이 절에서는 동사파생에서 반복접미사로 '-거리-'와 '-대-'에 대해서 살펴본다.

구본관(1993:132)에서 '-거리다, -대다'는 첩어성 의성 및 의태부사에 후행하는 제약이 있으며 공시적으로 일종의 의존적인 형식으로서 통사적인 구성에 참여하여 공시적으로 어휘부에 존재한다고 설명하고 있다. 심재기(1982:400), 김지홍(1986:77)에서는 '-거리-'는 동작의 반복성을 의미한다고 했고 조남호(1988:62-63)에서는 보다 포괄적으로 지속성을 지닌다고 했으며 강은국(1995:106)에서는 '-거리-'가 두 음절 이상으로 된 소리, 동작, 행동 등을 본따서 상징사에 붙어 그 소리, 동작, 행동 등이 되풀이됨을 나타내는 것이라고 지적한바 있다.

4.3.1. '-거리/기리-'에 의한 파생

'-거리/거리-'는 일반적으로 일부 의성·의태어성 어근 및 그 반복형 그리고 동사어간을 어기로 취하여 어기의 동작을 지속적으로 하거나 그 소리나 동작이 잇달아 계속됨을 나타내는 파생접미사이다. 이 지역어에서는 '-거리-'와 함께 '-기리-'도 쓰이고 있다.

> (48) 가. 힐쭉거리-, 끄덕거리-, (머리를)껄뚝거리-(끄덕거리-), 꾸물거리-,
> 비뜰거리-(비틀거리-), 허부적거리-(허우적거리-), 더펄거리-,
> 껍적거리-, 두덜거리-/두덜기리-(투덜거리-)

---

24) 중부방언 자료는 구본관(1990:17-18)을 참조함.

헐떡거리-/헐떡기리-/헐떠룩기리-(헐떡거리-),

나. 쏙닥거리-, 헐럭거리-, 둥얼거리-(중얼거리-), 쑹얼거리-(숭얼거
리-), 벅작거리-(법석거리-)

다. 쏘근쏘근거리-/쏘근거리-, 지지거리-(재재거리-)

마. 거턱거리-/거턱기리-(거치적거리-), 너떨거리-/너뜰거리-

(48가)는 의태어 어근을 어기로 취한 것이고, (48나)는 의성어 어근을
어기로 취하여 파생동사를 만든 것이다. 또 (48다)는 반복형 의성·의태
어를 어기로 취하는 경우이며, (48라)는 동사어간을 어기로 취하는 경우
이다.

'힐쭉거리-'의 '힐쭉'은 '만족하여 입가를 크게 움직이어 소리 없이
잠깐 웃는 모양'을 의미하므로 '힐쭉거리-'는 '만족하여 입가를 크게 움
직이어 소리 없이 계속 웃는 모양'을 의미한다. 중부방언의 '끄덕이-'는
접미사 '-이-'가 결합된 것이지만 이 지역어에서는 '-거리-'가 접미된
파생어 '끄덕거리-'를 더 많이 사용한다.

반복형 의성·의태어를 어기로 취할 수 있는 것은 반복형 의성·의태
어의 본질적 속성 중의 하나가 반복성을 띠고 있기 때문일 것이라 생각
된다. 순수하게 상태성만 띠는 어근들은 '-거리-/-대-'의 어기가 될 수
없으며(*모락거리다/대다), 의성어들은 동작성 어근이 아니면서도 거의 예
외 없이 '-거리-/-대-'의 어기가 될 수 있다. 이것은 그들의 본질적인
속성 중의 하나가 반복성을 띠는 것이며 그 자체가 동작성을 띠지 않는
다 하더라도 반드시 어떤 동작을 수반해야 하기 때문이다(송철의 1992:
190). 또한 '-거리-'는 1음절을 어기로 취하는 경우가 전혀 없으며 모음
으로 끝나는 어기의 경우도 극히 적은데 이것은 1음절인 '끽, 쿵' 등은
순간성만을 지닐 뿐 지속성을 지니지 못해서 '-거리-'와 결합하면 의미

의 충돌이 생기기 때문에 1음절이 '-거리-'와 결합할 수 없는 것이다(조남호 1988:58-63).

(48마)의 '거턱거리-'는 중부방언의 '거치적거리-'에 해당하는 것으로서 '거추장스럽게 한 번 걸리거나 닿는 모양'을 의미하고, '너뜰거리-'는 '몹시 경망스럽게 자꾸 움직이거나 분수없이 가볍게 자꾸 까불대다'의 의미를 나타낸다. 이들의 예는 다음과 같다.

> (49) 가. 너머 길어서 **거턱기리디** 안네. 좀 짤라라.
> (너무 길어서 거치적거리지 않니. 좀 잘라라.)
> 나. 여성들이 머 다리개이 **너뜰거리구** 그거 하갓네?
> (여성들이 뭐 다리를 경망스럽게 까불대고 그거 하겠니?)

이 지역어에서는 '-거리-' 대신 '-하-'가 사용되기도 한다. 이에 따라 중부방언의 '철렁거리-'는 이 지역어에서 '철렁하-'로 실현되기도 한다.

4음절로 된 의성·의태어에 '-거리-'가 통합하면 첩어성을 잃는다(기웃기웃/갸웃갸웃, 달랑달랑/덜렁덜렁). 같은 상징어라도 2음절로 된 '땡땡, 졸졸'에는 이런 규칙이 적용되지 않는다(남기심·고영근 1993:203).

4.3.2. '-대-'에 의한 파생

'-대-'는 주로 동사어간이나 어근을 어기로 취하여 동사를 만드는 파생접미사로서 '강렬한 반복적 동작과 그 행위가 잇따라 계속 되는 지속적인 동작'을 나타낸다. '-대-'도 '-거리-'와 마찬가지로 음절수의 제약이 있어서 1음절 어근을 어기로 취하는 경우는 없다. 하지만 어근이 1음절인 경우에 그 반복형에는 '-대-'가 결합될 수 있다.

(50) 가. 까불대-

　　나. 늠석대-/넘석대-(늠실대-), 꺼떡대-, 밴둥대-, 너뜰대-(너들대-,
　　　　까불-), 뺀들대-, 쫄랑대-(촐랑대-)

　　다. 낑낑대-, 툴툴대-, 푸둘대-(푸둘거리-), 투덜대-, 둥얼대-(중얼대-),
　　　　종알대-, 버스럭대-

(50가)는 동사어간을 어기로 취하는 경우인데 그 예가 많지 않다.

(50나)는 동작성 어근을 어기로 취하는 경우이다. '늠석대-/넘석대-'
는 이 지역어에서 '엉큼하게 속에 딴 마음이 있어 슬몃슬몃 자꾸 넘겨
살피다'를, '꺼떡대-'는 '분수없이 잘난 체 하며 몹시 처신없이 자꾸 행
동하다'를, '밴둥대-'와 '뺀들대-'는 '어리거나 작은 사람이 별로 하는
일도 없이 게으름만 부리고 놀다'를 의미한다.

(50다)는 의성·의태어 어근을 어기로 취하는 경우이다. '낑낑대-'는
'못 견디게 아프거나 몹시 힘을 쓸 때 자꾸 낑 소리를 내다'를, '툴툴대
다'는 '마음에 차지 않아서 몹시 투덜거리다'를 의미한다. 그리고 '푸둘
대다'는 이 지역뿐만 아니라 전 평북방언에서 자주 쓰는 동사로서 '몹
시 못마땅하여 쌀쌀한 모습으로 부어 오른 태도를 나타내다'를 의미한다.

(51) 졸라대-, (물에)갈아대-, (바싹)잡아대-, 울어대-, 먹어대-, 몰아대-

(51)의 '-대-'는 부사형 어미 '-아/어'뒤에 결합된 것으로서 파생 접
미사로는 보기 어렵다. 기술의 편의를 위하여 (50)의 '-대-'를 '-대₁-',
(51)의 '-대-'를 '-대₂-'라고 하겠다. '-대₂-'는 그 통합 양상이 '-대₁-'
과 다르지만 그 의미기능은 '-대₁-'과 비슷하다. 즉 '-대₂-'의 의미도 '-대₁-'
이 지니는 지속적인 동작을 나타낸다.[25]

요컨대 '-거리-'와 '-대-'는 동작성을 지니는 어간이나 어근을 어기로 취하여 '어기의 동작을 지속 반복적으로 하다'라는 의미를 공통적으로 가지고 있다. 둘 사이의 의미 차이는 거의 느껴지지 않아 대부분의 경우는 서로 대치될 수도 있다. 이들은 그 분포가 대체로 일치하여 '-거리-'가 결합하는 대부분의 어근에는 '-대-'도 결합한다. 이 때문에 김계곤(1969a:125/1996:79)에서는 '-대-'와 '-거리-'를 의미상으로 변별성이 없는 접미사로 보았다. 하지만 '-거리-'와 '-대-'의 의미나 분포가 완전히 일치하는 것은 아니다. 김지홍(1986:55-81)에서는 '-거리-'와 '-대-'는 동의(同義)의 접미사가 아니라고 하였으며, 조남호(1988:24, 64-68)에서도 '-거리-'와 '-대-'는 의미가 같지 않으며 분포에 있어서도 제약을 보이는 별개의 접미사로 다루었다. '-대-'는 '-거리-'와 같이 동작성을 지니는 어기와 결합하여 지속적인 동작을 나타내나 '-거리-'와 달리 화자가 동작을 적극적인 동작으로 파악하고 표현하고자 할 때 쓴다는 것이다. 이익섭·채완(1999:111)에서도 중부방언에서 '으스대-', '뻗대-'에 대해 '*으스거리-', '*뻗거리-'가 불가능한 것처럼 양자가 완전히 일치하는 것은 아니라고 보고, '-거리-'는 1음절 어기에는 전혀 접미하지 못하며, 모음으로 끝나는 어기에도 거의 결합되지 않는 제약이 있다는 점에서 '-대-'와 구별된다고 하였다.

한편, '-거리-'와 '-대-'는 '기웃들 거리지 마라', '기웃들 대지 마라'처럼 이른바 어근 분리 현상이 쉽게 가능하다는 특징을 갖는다. 이는 '-거

---

25) 심재기(1982:412-413)에서는 중세한국어에서 동사어간끼리 복합시키는 단어형성규칙이 쇠퇴하자 현대한국어에서는 그에 대응하는 복합동사형성규칙으로 선행동사어간에 '-아/어-'를 첨가하게 된 것으로(예: 빌먹다-빌어먹다) '-대-'와 '-아/어-'가 첨가된 '-대-'를 같은 어휘소로 보고 있으며, 조남호(1988:68)도 이들을 같은 어휘소로 보고 있다. 하지만 중세한국어에서 '-대-'가 동사로서 독자적으로 쓰인 적이 있었는지는 문헌에서 문증하기 어려워 알 수가 없다.

리-'와 '-대-'가 파생접미사로 보기에는 다소 자립성이 강하다는 특성
에서 온 것으로 생각된다(고영근·구본관 2008:228-229).

4.4. '-이-'에 의한 파생

> (52) 움직이-,26) 쩔뚝이-(절뚝거리-, 절뚝대-), 끄떡이-, 시울이-(시울-),
>   쪼글이-(쪼그리-), 지껄이-/주껄이-(지껄이-), 철렁이-(철렁거리-)
>   cf. 소곤소곤허다(속삭이-)

'-이-'는 주로 2음절의 부사성 어근을 어기로 취하여 자동사 또는 타
동사를 만들며 접미사 '-거리-'와 같이 '반복적 동작'을 의미한다.

'-이-'는 '-거리-/-대-'처럼 어근의 반복형에 결합할 수 없으며 1음
절 반복어에도 결합할 수 없다(송철의 1992:195). 또한 음운론적 제약으로
인해 '-이-'는 주로 'ㄱ, ㄹ'이나 'ㅇ'으로 끝난 어기에 붙는다. 중부방
언의 '속삭이-'에 해당하는 이 지역어는 '소곤소곤허-'로 쓰이는 경우
가 많다.

4.5. '-티-'에 의한 파생

'-티-'는 용언어간 '티-'가 문법화하여 접사로 된 것이다. '-티-'는
중세한국어시기에는 아주 생산적으로 사용되다가 근대후기에 들어서 '-티-'

---

26) 예문: **니르셀라구 움직움직 이케 니르셀라구 움직인다.**(일어서려고 움직움직. 이렇
   게 일어서려고 움직인다.)

형태가 급격하게 줄어들면서 '-치-'로 통합되어 현재까지 사용되고 있는데(이현희 2006:209) 이 지역어에서는 여전히 '-티-'의 형태로 나타나고 있다. '티-'의 원래의미는 '(비바람이 세차게) 움직이다, (세차게) 때리다'의 뜻을 가지고 있으므로 접미사로 된 경우에도 '세차게'라는 부가적 의미가 그대로 작용한다(심재기 1987:375).

이 지역어에서는 중부방언에서 생산력이 높은 강세접미사로 '-뜨리-'[27] 형태는 보이지 않고 '-티-' 형태로 많이 나타난다. '-티-'는 어기의 의미에 적극적으로 작용하여 행위성이 두드러지게 하며 강세의 의미를 더하여 강한 동작을 뜻한다. 즉 '-티-'는 '행위의 강조'나 '의도성' 및 '완결성'의 의미를 나타낸다.

이 지역어에서 '-티-'는 주로 명사나 동사어간을 어기로 취하여 사동 또는 타동사를 형성한다.[28]

> (53) 가. 합티-, 겝티-, 해티- cf. 파티-(파, 破)
>   나. 하우티-(할퀴-), 긁티-/끌티-(긁-), 쏟티-(쏟뜨리-), 째티-(찢뜨리-),혜티-(혜-+-티-, 혜치-), 깨티-(깨-(破)+-티-, 깨치-), 페티-(펼치-), 타티-(태우-), 터티-(터치-), 퍼티-(퍼뜨리-), (덮개를) 들티-(들치-), 감티-(감치-), 밀티-(밀치-), 걸티-(걸치-<걸티-), (물을)끼티-(끼치-), 덮티-(덮치-), 과티-(고함치-), 홀티-(홀치-)

(53가)는 명사성 어근을 어기로 취하는 경우이며 '-티-'는 '강세성'을

---

27) 이경우(1981:243)에서 중부방언의 '-뜨리-'는 강세 접미사가 아니라 '어기의 의미+게 하다'의 의미로 사동접미사라고 지적한 바 있다. 한편 고영근(1989:504)에서는 '-뜨리-'가 접미사의 영역에 들기는 하지만 조동사적인 면도 있다고 하여 '-뜨리-'를 준접미사로 처리하고 있다.

28) 이 지역어에서는 형용사어간 '덥-'에 '-티-'가 결합되어 '데티다(데우다)'로 사용되는 경우도 있다. 그러나 그 외에 형용사어간에 '-티-'가 결합되는 경우는 많지 않다.

더한다. '파티-'는 '파(破)하-'의 한자어 어근 '파(破)'에 '-티-'가 결합된 것이며 '적을 쳐부수어 이기다'의 의미를 나타낸다.

(53나)는 동사를 어기로 취하는 경우이다. '하우티-'는 중부방언의 '할퀴-'에 해당하는데 동사어간 '하우다'에 '-티-'가 결합되어 형성된 것이다. 그 예를 보면 다음과 같다.

> (54) ㄱ. 서루 잘 햇다구 우긴다. **하우테** 싸운다.
>   (서로 잘 했다고 우긴다. 하비며 싸운다.)
> ㄴ. 원만해서 **하우는** 거 몇 개 되네. 말 도툼한다.)
>   (웬만해서 하비는 거 몇 개 되니. 말 다툼한다.)

'긁티-'는 동사어간 '긁-'에 '-티-'가 결합되어 '세게 긁다'의 의미로 쓰인다. 이 지역어에서는 '끌티-'로 많이 사용하고 있다. 그 예문을 보면 다음과 같다.

> (55) 이 괘~이두 하우티구 **끌티**구 저 괘~이두 끌티구.
>   (이 고양이도 할퀴고 긁고 저 고양이도 긁고.)

17세기 문헌에서도 '긁티-'의 활용형을 찾아볼 수 있다.

> (56) 내 몸 알파 ᄀ려 옴을 당티 못ᄒ니…ᄒ 디위 조으다가 **긁텨** 히여ᄇ
> 려놀 내 뎌롤 ᄶ지ᄌ니 뎌 놈이 두려 ᄶᄃ ᄒ 번을 **긁티**니 더옥 알ᄑ
> 믈 당티 못ᄒ여라 <1677 박통하7a>

'쏜티-'는 '쏜+-티-'로 분석할 수 있다. '쏜티-'는 '쏜-'를 강조하여 이르는 말이며 중부방언의 '쏜트리-/쏜뜨리-'에 해당한다. '헤티-'는 이 지역어에서 주로 '모인 것을 제각기 흩어지게 하다'의 뜻이며 '앞에 걸리는 것을 좌우로 물리치거나 방해되는 것을 이겨 나가다'의 뜻은 적다. '헤티-'는 다음과 같이 쓰인다.

(57) ㄱ. 비레 자꾸 와서 거둬테따가 도루 또 **헤테** 놓구. 두 번씩이나 불 때서, 발을 **헤테** 놓구. 거 능에레 크문 막 이만씩씩 크디머.
　　　　(비가 자꾸 와서 거둬 치웠다가 도로 또 헤쳐 놓고 두 번씩이나 불 때서, 발을 헤쳐 놓고, 그 누에가 크면 막 이만큼씩 크지머.)
　　ㄴ. 우리 아바지 너머 약 먹어서 세간살이 **헤테** 사니 아홉달 익꾸, 가정이 곤난하니 다 헤텟디머.
　　　　(우리 아버지 너무 약 먹어서 세간살이 헤쳐 사니 아홉 달 있고, 가정이 곤란하니 다 헤어 놓았지머.)

다음 (58)의 '-티-'는 부사형 어미 '-아/어' 뒤에 결합된 것으로서 접미사로 보기 어려운 예들이다. 한국어에서 문법요소 간의 선후 관계를 보면 일반적으로 접사는 어미에 선행하는 것이기 때문이다.

(58) 가. 불거티-/뿔거티-/뿌러티-(부러뜨리-), 까부라티-/까부러티-(까불-) 보스러티-/뽀스러티-(부스러뜨리-), 떨어티-(떨어뜨리-), 들어티-, 짜가티-/찌꺼티-/쯔꺼티-(망가뜨리-), 거둬티-(거둬 치-), 넘어 티-(넘어뜨리-), (걸금을)썩어티-(썩히-)
　　나. 쪼그러티-/쪼그라티-/쪼구러티-/쭈그러티-(쪼그라뜨리-/쭈그러 뜨리-<줏구리켜-), 찌그러티-/찌그리티-(찌그러뜨리-), 꺼부러 티-/꾸부러티-(구부러뜨리-), 꺼꿀러티-/꺼꾸러티-(꺼꿀-+-어 +-티-, 거꾸러뜨리-)

'-대-'의 경우와 마찬가지로 (53)의 '-티-'를 '-티$_1$-', (58)의 '-티-'를 '-티$_2$-'라고 하면 '-티$_2$-'는 그 결합구조에 있어서는 '-티$_1$-'과 다르

지만 그 의미는 동일하다.[29)

(58가)의 '불거티-/뿔거티-'의 '불거-'는 중세한국어 단계의 '브르-'의 후대형으로서 '부르-'가 부사형 '-아/어'와 결합될 때 어간이 '불ㄹ'로 교체되지 않고 '불ㄱ'로 교체된 결과로 나타난 현상이다(곽충구 1994:4 주석1). 가령 이 지역어에서 '짧-/짜르-'는 '땎-', '넓-/너르-'는 '넑-'로 재구조화되었다. 그 의미는 '단단한 물체를 꺾어서 부러지게 하다'의 뜻으로서 중부방언의 '부러뜨리-'에 해당한다.[30)

(58나)는 이 지역어에서 형태적으로 어휘화된 예라고 볼 수 있다. '쭈그러티-'는 '쭈글-+-어+-티-'로 분석할 수 있는데 '쭈글-'는 보이지 않는다. 이에 대해 이현희(1987a:139-140)에서는 동사어간을 형성하는 접미사로 '-을(울)-'을 설정하였으며 현대한국어 이전 시기에서는 '-을(울)-'이 생산성이 있는 접미사였으므로 '쭈글-'형을 중간단계로 가정하고 있다. 이 지역에서는 '쭈글쭈글'의 어근으로 '쭈글'이 쓰이며 독립된 형태로 된 '쭈글-'는 보이지 않는다. 하지만 '꺼부러티-'의 '꺼불-'는 간혹 쓰는 경우가 있다.

---

29) '-티₂-'에 대한 견해는 학자마다 다르다. 심재기(1982:416)에서는 부사형 '-아/어'를 어간의 일부로 이해하려고 했는데 그것은 부사형 '-아/어'를 요구하는 동사어간이 그 자체로서는 어휘적 안정성을 결여하고 있기 때문이라고 하면서 '-티₂-'를 접미사로 보고 있다. 고영근(1989:504)에서도 '-티₂-'는 외형상으로 일반적인 조동사와 다를 바가 없지만 보통의 조동사는 그 통합 정도가 이완되어 있고, 통합어근이 규칙성어근과 불규칙성어근(불규칙성어근: 종전의 어원적 어근과 유사한 것으로서 어근의 품사를 결정할 수 없는 것)을 보인다는 점에서 접미사로 보는 것이 타당하다고 보았다. 한편 하치근(1989:245)에서는 '-치-'가 '-뜨리-'에 비해서 파생력이 낮다고 하면서 '-티₁-'은 '+행위 강조, -의도성, -경멸성'의 의미를 더하는 접미사로 보고 있으며, '-아/어'를 취하여 간접적으로 결합되는 '-티₂-'는 접미사가 아닌 실사라고 보고 있다.

30) 중부방언에서 '불거티-'에 대응될 만한 '부러치-'는 쓰이지 않고 있는데 이는 접미사로의 문법화 과정이 각기 달리 진행되었거나 진행되고 있기 때문으로 보인다(곽충구 1994:22).

(59) ㄱ. 미국쌈이레는거 너파구 시펄한거 쭈글쭈글한 거 큰 거.

　　　(미국쌈이라는 것이 잎사귀 시퍼런 쭈글쭈글한 거 큰 거.)

　　ㄴ. 안 휘문 돟갓는데 훼서 나뿌다 꺼부러두 되구 훼두 되구 똑발라
　　　두 되구.

　　　(안 휘면 좋겠는데 휘어서 나쁘다. 굽어도 되고 휘어도 되고 똑
　　　발라도 되고.)

4.6. '-하-'에 의한 파생

'-하-'에 대한 논의는 일찍이 주시경(1910)의 『국어문법』에서 시작된
이래, 박승빈(1935)의 『조선어학』, 최현배(1937/1980)의 『우리말본』,31) 허
웅(1975)의 『우리 옛 말본』, 김계곤(1969a/1996), 고영근(1989), 서정수(1975),
임홍빈(1979), 심재기(1980/1982),32) 송철의(1992), 김창섭(1996) 등으로 이어
졌다.33)

---

31) 최현배(1937/1980)에서는 '하다'의 기능을 본동사, 뒷가지(동태를 형용하는 어찌씨
뒤에 붙으면 움직씨가 되고, 형태를 형용하는 어찌씨 뒤에 붙으면 그림씨가 된다),
마땅함 도움 움직씨(當爲補助動詞: 먹어야 한다), 그리여김 도움 움직씨(是認的代用
補助動詞: 가기는 한다), 하임 도움 움직씨(使動補助動詞: 공부하게 한다) 등 여러 가
지의 기능을 나타낸다고 하였다.

32) 심재기(1982:356-364)에서는 '하다'를 의미론적 허구성(虛構性), 즉 구체적 동사의
의미를 내재하지 않은 채 단순히 통사적으로 서술어로서의 기능을 원만히 수행하도
록 한다는 특성에 근거하여 파생접사의 범주에 든다고 보았다. 그리고 '-하-'는 서
술기능대행, 서술기능완결, 서술기능이행 등 세 가지 통사적 특성을 보유하고 있다
고 하였다. 즉, '-하-'가 수행하는 의미기능은 [+실체성]의 명사와 결합할 때는 서
술기능대행이고, [-실체성]의 어근 중에서 '운동하다'류에서는 서술기능완결이며,
상태동사, 정감동사의 부정형에 결합할 때는 서술기능이행이라는 것이다. 그리고 '-
하-'는 선행하는 어기에 붙어서 1차적으로는 서술적 기능을 수행하며, 2차적으로는
그에 선행한 어기가 지닌 의미를 그대로 복사투영한다고 하였다.

33) 그 중에서 허웅(1975)에서는 15세기 한국어에서 '-ᄒᆞ-'를 대체로 파생어로 보고 김
계곤(1969a/1996:81)에서는 선행어기의 결합조건에 따라 일괄적으로 처리하기의 불

'-하-'에 대한 견해는 어휘형성론의 견지에서 본다면 본동사로 보는 견해, 전성접미사로 보는 견해, 무의미한 접사로 보는 견해의 세 가지가 있다고 볼 수 있다. 그 중에서 무의미한 접사로 취급한 경우도 거기에 의미를 인정하지 않았을 뿐 역시 접미사로 본 것이므로 결국은 본동사로 보느냐, 접미사로 보느냐 하는 것으로 나누어 볼 수 있다. 조남호 (1988:25)에서는 '하-'가 생산력이 높아 파생접미사로 간주되는 경우도 있으나 '하-'가 본동사로 쓰이는 경우와 접미사처럼 쓰이는 경우는 어미와의 독특한 결합방식에서 동일하다고 보고 하나의 기능으로 통합하는 것이 바람직하다는 태도를 취하였다. 그리고 고영근·구본관(2008: 227-228)에서는 '-하-' 앞에 오는 어간이 상태성을 가지고 있으면 형용사, 동작성을 가지고 있으면 동사가 된다고 하면서 '-하-'는 파생접미사로서의 기능 이외에 단독으로 동사로 사용되기도 하는데 단독으로 쓰이는 '하-'의 경우 대부분 대동사 등의 특수한 용법으로 쓰이고 있으며 '-하-'의 어휘적인 의미가 뚜렷하지 않고, '-하-'에 의한 단어 형성이 매우 생산적이므로 파생어로 보는 것이 더 좋을 것이라고 지적하였다. 이 책에서는 본동사로 쓰이는 경우와 접미사로 쓰이는 경우로 나누어 살펴보기로 한다.34)

합리성 및 조사를 매개로 하여 분리될 수 있다는 점을 들어 '-하-'를 용언으로 처리하였다. 즉 '일-하다, 가난-하다'의 '하다'를 움직씨로 보고, '가난하다'의 경우에는 '하다'가 움직씨의 성분을 유지하는 힘을 잃었다고 보는 편이 더 편리하며 한 형태소를 한 가지 성분으로 처리하는 문제도 해결되는 것이라고 하였다. 고영근(1989)에서는 態의 접미사와 큰 차이가 없고 또한 의성어, 의태어 등의 상징적 어근에 붙어 동사로 전성시키는 조어법이 있음을 고려하여 '-하-'를 접미사로 처리해야 한다고 하였다. 그리고 서정수(1975)에서는 '하-' 동사에 대한 본격적인 논의를 통해 실체성 선행요소와 비실체성 선행요소에 결합되는 '-하-'를 대동사와 형식동사로 나누어 기술하였다.

34) 김창섭(2008:214)에서는 '착하다', '설명하다', '비가 올 법하'의 'X'자리에 오는 요소들을 위해 통사부에 '어근구(語根句:root phrase)'라는 절점을 설정하고, '하'는 접

'-하-'는 명사, 부사, 의성·의태어, 형용사의 부사형 등을 어기로 취하여 동사를 만드는 파생접미사이다. 특히 명사나 의성·의태어와 결합하여 수많은 동사를 만드는 파생접미사이다. 또한 한자어 어휘를 한국어 형용사나 동사를 만드는 데에 효과적으로 사용된다.

(60) 가. 닉숙하-(익숙하-), 찬찬허-(찬찬하-), 분주하-, 지낭하-(시늉하-),

나. 망하-(亡), 욕하-(辱), 췌하-(醉, 취하-), 해하-(害), 사하-(赦), 빡하-(즐기-), 냄하-(배웅하-)35)

다. 잘하-, 못하-

라. 쏙닥쏙닥하-, 흔들흔들하-, 도리도리하-, 둥얼둥얼하-/두얼두얼하-(중얼중얼하-), 기울기울하-(기울거리-), 껄뚝껄뚝하-(껄떡거리-), 헐떠룩헐떠룩하-(헐떡거리-), (숨이)걸걸하-, 우물주물하-(우물쭈물하-), 극성극성하-(끄덕이-), 쩨걱하-(금방하-), (정신)오락가락하-, 끄떡하-(끄떡거리-), 반짝하-

(60)은 '-하-'가 파생접미사로 사용되는 예들이다.36)

미사적인 성격을 가진 동사로 이해하여 어근구와 접미사 '하'로 이루어지는 이 특별한 구를 관할하는 절점을 '작은 동사구 V^'로 설정하였다.

35) '냄하다'의 '냄'은 명사로서 중부방언의 '배웅'에 해당하며 '떠나가는 손을 따라 나가 작별하여 보내는 일'을 뜻한다.

36) 한편 이 지역어에서 완전한 용언의 기능을 하는 '하-'도 있다. '하-'가 동사로 될 경우에는 목적격을 매개로 하여 분리될 수 있으므로 자립성을 발휘하며 본동사의 기능을 수행한다. 아래는 그 예들이다.
창가하-(唱歌, 창가하-), 데금하-(저금하-), 통디하-(통지하-), 니혼하-(이혼하-), 던화하-(전화하-), 넌습하-(연습하-), 넌락하-(연락하-), 티로하-(치료하-), 절악하-(절약하-), 목강하-(목욕하-), 챙겐하-(참견하-), 필업하-(畢業, 필업하-), 당사하-(장사하-), (술)주정하-, 건세하-(간직하-), 이해하-, 화해하-, 의심하-, 침범하-, 기억하-, 네기하-(얘기하-), 궁리하-, 수시하-/쉬시하-(세수하-), 형세하-(행세하-), 매렌하-(마련하-), 부팀하-(봄에 시작하는 농사일), 노망하-, 설사하-, 타작하-, 대접하-, 걱정하-, 근심하-, 도매하-, 반죽하- cf. 존경하-, 낙심하-, 화목하-, 벤통하-(變通, 변통하-), 환영하-(환영하-), 요긴하- 분간하-, 보관하-, 담하-, 고발하-

(60가)는 주로 동작성을 띤 명사나 어근을 어기로 취하는 경우인데 이때의 어근은 형용사성 어근이 대부분이다.

(60나)는 1음절로 된 명사나 형용사성 어근을 어기로 취한 경우인데 한자어가 비교적 많으며 고유어 어근을 어기로 취한 경우도 있다(빡하-). 접미사 '-하-'는 이때 문법적 형식을 갖추어 주는 기능만 한다.

(60다)는 부사를 어기로 취하는 경우이고 (60라)는 의성·의태어를 어기로 취하는 경우이다. 의성·의태어에 '-거리-'가 붙어 동사가 될 때는 첩어성을 상실하나 '-하다'가 붙어 형용사가 될 때는 변화가 일어나지 않는다(남기심·고영근 1993:205).

4.7. 기타 파생접미사에 의한 파생

'-하-'는 능동사를 형성하는데 반해 '-되-'는 그와 대립되는 피동사를 형성한다. 이 지역어에서 '-되-'는 주로 명사, 부사를 어기로 취하여 피동사를 만드는데 '-하-'만큼 생산적이지는 못한 편이다. 그 예를 보면 다음과 같다.

(61) 오래되-, 부상되-(부상을 입-), 잘되-, 화평되-, 안덩되-(안정되-)

4.8. 요약

4장의 내용을 간단히 정리하면 다음의 표와 같다.

[표 5]

접미사	접미사 의미	예	선행어기의 품사 범주
-이/히/리/기(키)- -우/이우/구(쿠)/ 추-	사동화	멕이다, 눕히다, 알기다, 깨우다, 길구다, 가티우다,얼쿠다, 흔들리다, 낮추다	동사, 형용사
-이/히/리/기- -우/이우-	피동화	백이다, 잽히다, 알리다, 찢기다, 돋우다, 가티우다	동사, 형용사
-거리-	반복적 동작	쏙닥거리다, 비뜰거리다, 까불거리다	의성·의태어, 어근, 동사
-대-	반복적 동작	까불대다, 졸라대다, 너뜰대다	동사, 어근
-이-	반복적 동작	시울이다, 철렁이다	어근
-티-	행위의 강조(강세)	겹티다, 쏟티다, 불거티다, 내리티다	명사성 어근, 동사
-하-	동사화, 형용사화	닉숙하다, 망하다, 잘하다, 쏙닥쏙닥하다	명사, 어근, 부사, 의성·의태어

5.1. 도입

이 지역어에서 가장 생산적으로 사용하는 형용사파생접미사들로는
'-스럽/시럽-, -롭-, -앟/엏-, -차-' 등을 들 수 있는데 이들은 주로 명
사나 어근을 어기로 취하여 형용사를 파생시킨다. 이런 접미사들은 의
미상으로 '감정'을 표시하는 어간에 연결되어 '어기의 속성이 풍부히 있
음'을 나타냄으로써(김창섭 1984/1996:174) '주관적인 감정'을 표시하는 파
생어간을 이룬다(안병희 1982:66).

이 지역어에서 형용사파생접미사는 주로 명사, 동사, 형용사, 어근 등
을 어기로 취하여 형용사를 파생시킨다.

5.2. '-스럽-'에 의한 파생

'-스럽-'은 명사나 어근에 붙어 형용사를 만드는 파생접미사이다. 이

지역어에서는 '-시럽-' 형태도 나타난다. 잘 알려진 바와 같이 '-스럽-'은 18세기[1])에 이르러서야 처음으로 나타나는데 그 의미는 '선행어기의 특징적 속성에 매우 가까이 접근하여 풍부히 있음'을 나타내며 주로 말하는 사람의 평가 즉 주관적인 평가를 나타내는 것이 특징이다.[2])

'-스럽-'은 어기의 음운론적 제약이 없다. 선행어기가 자음으로 끝나든 모음으로 끝나든 관계없이 모두 쓰인다. 중부방언에서 '-스럽-'은 현대한국어의 형용사파생접미사 중에서 가장 생산성이 높다. '-답₂/롭-'[3])에 의해 이미 형성된 단어도 '-스럽-'에 의해 대치되는 현상이 있다. 가령 '자유롭-, 평화롭-' 등이 존재하는데 그 의미를 가지는 '자유스럽-, 평화스럽-'가 생겨나고[4]) '-的'의 형용사적 의미 기능을 고유어로 바꾸어 쓸 때도 유사한 의미를 가진 '-답₂/롭-'이 아니라 '-스럽-'(생물학적:생물학스러운)에 의해 대치되는 현상(김창섭 1984:160)이 있는 것을 보면 생산성이 매우 높다는 것을 알 수 있다. 이 지역어에서 나타나는 '-스럽-'이나 '-시럽-'은 중부방언에서처럼 인성명사와 결합하여(어른스

---

1) 기주연(1994:234, 각주 47)에서는 '역어유해(1775)'부터 등장한다고 하였고 강은국(1995:419)에서는 '몽어유해보(1790)'부터 발견된다고 하였다.
2) 심재기(1987:381)에서는 '-스럽-'이 명사나 명사성 어근, 동작성 어근을 어기로 취할 경우에 어떤 기준에 미치지 못함을 아쉬워하는 화자의 의도가 작용하는 미흡성(未洽性)을 나타내기도 한다고 하였다(행복스럽게 보인다/행복하게 보인다). 그러나 '미흡성'은 '-스럽-'에 이어지는 '보이다'에 의해 나타날 가능성도 있어 보인다. 김창섭(1984:151)에서는 '-스럽-'의 참 의미는 주어가 '-스럽-'의 선행소의 특징적 속성에 매우 가깝게 접근했음을 뜻하는 데에 있는 것이지 그 접근의 미흡성(未洽性)을 뜻하는 데에 있는 것은 아니라고 하면서 '-답₂/롭-'과의 의미 비교를 통해 '-답₂/롭-'은 '주관적인 판단'이 암시되지 않는 데 비해 '-스럽-'은 판단하는 주체의 존재가 강하게 암시되어 그 판단이 '주관적 감각적임의 암시'라고 지적한 바 있다.
3) '-답₁'과 '-답₂'에 대한 논의는 "5.4. '-답-'에 의한 파생"을 참고할 것.
4) 송철의(1992:205)에서는 '자유롭다/자유스럽다, 평화롭다/평화스럽다'와 같은 예들에서 '-롭-'이 별다른 의미차이 없이 '-스럽-'으로 교체될 수 있는 것은 '-스럽-'이 부분적으로 중세한국어의 '-둡(답)/룹(롭)-'이 수행하던 의미기능을 이어받은 것으로 생각되기 때문이라고 하였다.

럽다, 바보스럽다) 형용사를 만드는 경우는 적고 주로 추상명사를 어기로
취하여 형용사를 파생시킨다.5)

　　(1) 고상스럽-, 근심시럽-, 존경스럽-, 사랑스럽-, 의심스럽-, 능청스럽-,
　　　 고통스럽-, 맛스럽-(껄렁하다), 복스럽-/복상스럽-, 걱정시럽-, 수티
　　　 스럽-(수치스럽-), cf. 어른스럽-, 바보스럽-

　(1)은 주로 추상명사를 어기로 취하는 경우인데 생산력이 높으며 '어
기의 속성에 가깝게 접근했음'을 의미한다.6)

　이 지역어에서는 구체명사 그리고 인성명사를 어기로 취하는 경우를
찾기 힘들다. 중부방언에서는 구체명사를 어기로 취하여7) 좋지 못한 의
미의 명사에 붙어서 '그와 같이 못났다'는 의미로 '바보스럽-, 병신스럽-,
멍청스럽-'를 사용하고 있는데 이 지역어에는 좋지 못한 의미의 명사

---

5) 조남호(1988:58)에서는 '-스럽-'의 선행어기는 소수를 제외하고 대다수가 상태성을
　 지닌다고 하면서 그 의미는 '어기의 속성이나 상태에 근접해 있는'것으로서 구체명
　 사에 속하는 어기에 연결될 때도 그 의미는 그대로 유지된다고 하였다.
6) '-스럽-'이 추상명사를 어기로 취할 경우에, 김창섭(1984:152)에서는 '-스럽-'과 '-답
　 ₂롭-'의 의미의 차이점을 설명하면서 '-스럽-'은 '판단하는 주체의 존재가 강하게
　 암시되고 그 판단이 주관적 판단'이라고 암시되는 듯 하며 그 평가 또한 '감각적(특
　 히 시각적)인 면에서의 평가'라고 지적한 바 있으며 송철의(1992:204)에서는 '-스럽
　 -'의 의미는 '어기가 의미하는 속성이나 특성이 있음에 대한 단정을 유보한 판단'이
　 라고 하면서 이때의 판단은 판단대상의 내면적인 것에 대한 판단이 아니라 외형적인
　 것에 대한 판단이라고 지적한 바 있다.
7) 심재기(1982:381)에서는 구체적 사물을 어기로 취할 경우(예: 어른스럽-)에 '-스럽-'
　 은 단지 그 어기의 특징적 속성에 매우 가깝게 접근했음을 나타내며, 또한 '-하-'와
　 비교했을 때는 [+미흡성(未洽性)]을 나타낸다고 하면서 이런 의미기능은 상태성 어근
　 이나 부사성 어근에는 적용되지 않는다고 하였다. 송철의(1992:202-203)은 윤동원
　 (1986)의 견해에 따라 '-스럽-'이 구체명사를 어기로 취할 경우에는 어기와 관련하
　 여 연상되는 어떤 속성이나 특징 혹은 비유적 의미를 나타내며('짐스럽다' 같은 경
　 우), 인성명사를 어기로 취할 경우에는 어기의 실물 그 자체가 아니라 어기가 지니는
　 특징적 속성 중의 일부를 지니고 있음을 의미한다고 지적하였다('바보스럽다' 같은 경
　 우).

뒤에 붙는 경우가 적으며 그런 경우에는 '-스럽-' 대신 '-겉-'를 사용하여 '바보겉-, 벵신겉-'로 쓰고 있다. 송철의(1992:202)에서는 '-스럽-'이 부정적인 의미를 갖는 어기와 더 친밀성을 보인다고 하면서 긍정적 의미를 갖는 어기인 '-답-'과 구별을 하고 있는데 이 지역어에서는 이러한 차이점으로 '-스럽-'과 '-답-'을 구별하기는 힘들어 보인다.

좋은 의미의 인성명사 뒤에도 '-스럽-'이 붙는 경우가 적으며 '어른스럽-'를 '어른겉-'로 표현하는 경우가 많다.

(2) 고곤 나이는 어린데 돼먹엇더라. **어른겉더라** 우린 그저 **어른겉더라** 그래.
(고곤 나이는 어린데 돼먹었더라. 어른 같더라. 우린 그저 어른 같더라 그래.)

한편 '맛스럽-'는 '보기에 맛이 있을 듯하다'의 의미가 아니라 '맛이 변변치 못하거나 만들어놓은 물건이나 제품, 사람의 생김새 등이 잘되지 못하다'의 의미로 사용하고 있다.

(3) ㄱ. 그 색시두 **맛스럽게** 생기구 그랫댐에.
(그 색시도 볼품없이 생기고 그랬다면서.)
ㄴ. 머리깔두 **맛스럽디** 머리깔 사나우문 팔째두 사납다.
(머리카락도 볼품없지 머리카락 사나우면 팔자도 사납다.)
ㄷ. 곱게 못하구 **맛스럽게** 하는걸 보구 서트러워서, 서툴다.
(곱게 못하고 볼품없이 하는 것을 보고 서툴러서, 서툴다.)

다음 (4)의 예들은 어근이나 부사를 어기로 취하여 형용사를 파생시키는 경우이다.

(4) 가. 탐시럽-(탐스럽-), 깜쯕스럽-(깜찍스럽-), 우완시럽-(愚頑, 우완하-),
　　　벨스럽-(別, 별스럽-), 매정스럽-, 매몰스럽-

　　나. 새삼스럽-

　(4가)는 일부 형용사성 어근이나 명사성 어근을 어기로 취하는 경우이다. '탐스럽-, 벨스럽-'는 한자어 어근을 어기로 취한 경우이며, '깜쯕스럽-'는 고유어 어근을 어기로 취한 경우이며, '걱정스럽-'는 명사를 어기로 취한 경우이며, '우완'은 형용사성 어근을 어기로 취한 경우이다. '매정스럽-'와 '매몰스럽-'는 각각 '매정하다', '매몰하다'의 어근 '매정', '매몰'을 어기로 취한 경우이다.

　어근을 어기로 취할 경우, '-스럽/시럽-'의 의미 기능은 두드러지지 않는다. 이런 점에서 접미사 '-하-'와 그 성격이 비슷하다. 같은 어기에 붙은 '능청허-/능청스럽-' 또는 '깜쯕허-/깜쯕스럽-'는 이들의 의미 차이가 거의 느껴지지 않는다(이익섭·채완 1999:108). 이 지역어에서는 '-스럽-'의 대응형으로 '-허-'를 쓰는 경우가 많다. 즉 '능청허-, 깜쯕허-'를 더 선호한다. '벨스럽-'는 '핫바디 많이 입어서두 좀 얼어서 **벨스러워** 그리던거디. 벨스럽대는건 좀 얼어개지구 뻔하디며(핫바지 많이 입어서도 좀 얼어서 불편해서 그러던 거지. 별스럽다는 것은 좀 얼어서 굼뜨지며.)'와 같은 예문에서 볼 수 있는데 그 의미는 '보기에 보통과는 다른 데가 있다'의 뜻이 아니라 '거북하고 불편하다'의 의미로서 의미론적으로 어휘화되었다고 할 수 있다. 예에 나온 '뻔하-'의 어근 '뻔'은 중국어 'bèn(笨)'에서 온 것으로서 차용어이며 여기에서는 '굼뜨-'의 뜻이다.

　(4나)는 부사를 어기로 취하는 경우인데 생산성이 높지 않다.

5.3. '-롭-'에 의한 파생

'-롭-'은 주로 명사나 형용사어간을 어기로 취하여 '성질이나 태도'를 나타내는 형용사를 만드는 파생접미사이다. 이 지역어에서는 '-롭-' 외에 같은 의미로 '-랍-' 형태로도 나타난다.[8] '-롭-'은 의미상 '-스럽-'의 의미와 유사하다. 주지하다시피 '-롭-'과 '-답-'은 중세한국어시기 이형태였던 '-롭/둡-'에서 변한 접미사로서 현대한국어에서는 이형태 관계가 없어지고 별개의 형태소가 되었다(이익섭·채완 1999:109). 즉 'ᄋ·>오'의 변화, 음절의 축약 등 통시적인 변화의 결과 15세기 한국어에서 발견되는 '둏, ᄛ, 둡, 롭, ᄃᄫᆡ, ᄅᄫᆡ, ᄃ외, ᄅ외, 롭, 로외' 등 다양한 이형태들이 지금은 '-롭-, -되-, -답-'로 나타나게 되었다.

(5) 가. 향기롭-, 자유롭-, 해롭-, 슬기롭- cf. 폐롭-/패롭-/패랍-
　　나. 가파롭-(가파르-)
　　다. 까다롭-, 날카롭-, 왜롭-(외롭-), 새롭-, 괴롭-/괴랍-

(5가)는 명사를 어기로 취하여 형용사를 만드는 파생접미사이다. '-롭-'의 선행어기는 명사 중에서 추상성을 나타내는 한자어 명사가 비교적 많다. 이 지역어에서 '슬기롭-'를 제외하고는 고유어 명사를 어기로 취하는 경우를 찾아보기 힘들다. 중세한국어에서 '-롭-'이 모음과 '르' 뒤에 결합되었듯이 현대한국어에서도 '-롭-'은 선행어기의 어간말음이 모두 모음으로 끝나야 한다는 음운론적 제약이 있다. 이런 분포상의 제약

---

8) 중세 한국어에서 '-롭-'은 자음 앞에서 '-롭-(녜롭-~녜랍-)(예스럽다)'으로, 모음 앞에서는 '-ᄅ외-(녜ᄅᄫᆡ-~녜ᄅ외-)'로 나타나는데 '녜랍-'에 나타난 형태인 '-랍-'형태가 이 지역어에서도 나타나고 있다.

으로 '-롭-'이 '-스럽-'만큼 생산성을 가지지 못하는 것도 그 이유 중의 하나라고 볼 수 있다(송철의 1992:208).

이 지역어에서 '패랍-'는 '잘 삐지거나 성격의 변화가 심한 사람들'에 대해 표현한 말이다. ≪우리말큰사전≫에서는 평북방언의 '페랍다'가 한자 '폐(弊)'에서 유래된 것으로서 '지형이나 길이 불편하다'의 뜻이라고 하였다. 그러나 이 지역어에서는 '길이 불편하다'는 의미로는 쓰이는 일이 거의 없고 '사람의 성격이 괴팍하다'는 뜻으로 주로 쓰인다. 이것은 '페랍-/패랍-'의 의미의 확장을 보이는 것이라고 할 수 있을 것 같다.

(6) ㄱ. 우리 시오마니 **패랍구** 그는데 이거 또 대불구 가문 또 멀 해멕이기 두 그렇구 대접하기레 괴랍디머.
　　(우리 시어머니 괴팍하고 그러는데 이거 또 데리고 가면 또 뭘 해먹이기도 그렇고 대접하기가 괴롭지머.)
　ㄴ. 성격이 너무 **패로와서** 까다롭구 막 그래서 못 맞갓다. 까다롭구 패롭다 말이야. 성격이 우리말루 정 패랍구 까다로와. 챙겐 잘 하구 여자들 멀하는 거 챙겐 잘하구 남자들이 그렇게 까다롭게 기는 거 잇디 안나.
　　(성격이 너무 괴팍해서 까다롭고 막 그래서 못 맞추겠다. 까다롭고 괴팍하다 말이야. 성격이 우리말로 아주 괴팍하고 까다로워. 참견 잘하고 여자들 뭘 하는 거 참견 잘하고 남자들이 그렇게 까다롭게 그러는 거 있지 않니.)

(5나)는 형용사어간을 어기로 취하는 경우인데 그렇게 생산적이지는 못하다.

(5다)는 공시적으로 분석이 어려운 경우로서 어휘화한 예들이다. '까다롭-'와 '날카롭-'는 그 어기의 형태나 의미를 공시적으로 설명하기

어렵기 때문에 어휘화한 것으로 볼 수 있다. '왜롭-', '새롭-'의 '왜, 새'
는 중부방언에서처럼 명사로 기능하던 시기에 그 명사를 어기로 하여
형성되었던 것으로서 현재는 관형사로 굳어졌으며 '왜롭-, 새롭-'도 어
휘화한 것으로 볼 수 있겠다.

　송철의(1992:207)에서 동작성을 나타내는 추상명사는 '-롭-'의 어기가
될 수 있지만 구체명사는 어기가 되기 어렵기 때문에 구체명사를 어기
로 취할 수 있는 '-스럽-'과 구별이 된다고 하였다. 하지만 이 지역어에
서는 '-스럽-'도 구체명사를 어기로 취하는 경우가 적기 때문에 이것으
로는 '-롭-'과의 구별을 하기 어려운 듯하다. 또한 '-롭-'파생어와 '-스
럽-'파생어가 별다른 의미 차이 없이 서로 교체되는 예들 가령 '자비롭
-/자비스럽-, 자유롭-/자유스럽-'가 있는데 이는 '-스럽-'의 생산성이
점차 증대되고 있음을 보여 준다고 하였다. 그러나 이 지역어에서는 한
자어 명사어간을 어기로 취하는 경우에는 교체가 가능한 것이 많지만
고유어 명사어간이나 어근은 그렇지 못하다(*슬기스럽-/슬기롭-).

5.4. '-답-'에 의한 파생

　'-답-'은 주로 명사를 어기로 취하며 그 의미는 선행어기에 대한 긍
정적 가치평가를 하는 것이다. 심재기(1987:383-384)에서는 아래와 같은
예를 들어 신분이나 지위 등이 높은 편은 아니지만 선행 요소의 본성적
내포의미가 재귀적으로 긍정되어 쓰일 때는 자연스럽게 쓰일 수 있다고
밝힌 바 있다.

(7) 경찰이 **경찰다워야** 하는 것처럼 우리 도둑놈들은 도둑놈다워야 하는
것이다.

현대한국어의 '-답-'은 명사구에 붙어서 형용사구를 형성하여 '-이-'
와 같은 통사론적 기능의 '-답₁-'과, '-롭-'의 이형태로서 명사나 어근
에 붙어 형용사 파생의 기능을 가지는 '-답₂-'로 나눌 수 있다는 것은
김창섭(1984)에서 밝혀졌다.

'-답₁-'는 명사구를 어기로 취하여 "판단주체의 주관적·긍정적 가치
평가"(김창섭 1984:148)의 의미를 가지고 있으며 주로 구체적인 대상 즉
실체성의 명사와 결합한다. '-답₁-'은 파생의 기능이 약하여 굴절형 접
미사9)라고 할 수 있다(이익섭·채완 1999:110). 이것은 선행어기가 자음으
로 끝나든 모음으로 끝나든 상관없이 모두 결합되며 음운론적 제약이
없다.

(8) 가. 선생답-/선생겉-, 여자답-
    나. 정답-, 참답-, 꽃답-

(8가)의 '-답₁-'은 주로 긍정적 가치평가를 할 수 있는 인성(실체성)
명사를 어기로 취한 경우이다. 이때 '-답₁-'은 '동일 가치'나 '성질, 태
도'를 나타낸다(기주연 1994:231). 이 지역어에서는 '-답₁-'의 경우, '-답₁-'
대신에 '-겉-'10)를 더 선호하고 있으며 '굴왕신(屈枉神)겉-, 성화(星火)겉-'
등과 같이 구조상으로나 관습상으로 명백하지 않은 형태의 '-겉-'와는
차이가 있으며 '-답₁-'은 잘 사용하지 않고 있다.

---

9) '-답-'는 학자에 따라서 파생접미사, 의존형용사, 통사적 접사 등으로 보고 있다.
10) 구본관(1993:133)에서는 '같다'를 의존형식의 일종으로서 어휘부에 존재하며 공시적
   으로 통사적인 과정에 참여하는 것으로 보고 있다.

(9) ㄱ. 사람 참 참하구 되먹엇어. 우린 되먹엇다. **선생겉다**. 선생답더라.
그래두 되구. 선생답게 노느꺼니. 잘 배와주문 선생답다 그러문
되디.
(사람 참 참하고 돼먹었어. 우린 돼먹었다. 선생 같다. 선생답더라
그래도 되고, 선생답게 노니까. 잘 가르치면 선생답다 그러면 되지.)
ㄴ. 온순하게 양순하게 **여자답다** 그래두 되구 그 여자는 참해 참하다
그래 우린 또
(온순하게 양순하게 여자답다 그래도 되고 그 여자는 참해 참하다
그래 우린 또)

(8나)의 '-답₂-'은 보통명사나 어근을 어기로 취한다. 이것은 주로 추
상명사를 어기로 취하는 '-롭-, -스럽-'과 차이가 있다. '-답₂-'는 '어
기의 자격이 있다. 무엇과 같다'를 의미하는데 대개 사회적으로나 윤리
적으로 긍정적 의미가 내포되어 있다고 평가되는 말에 붙는다(남기심·고
영근 1993:204).[11] 이 지역어에서는 '-답₂-'가 일부 비실체성의 상태성 명
사나 어근 또는 무정물인 체언과 결합하여 파생형용사를 만드는데 어기
가 모음으로 끝나는 '-롭-'과 달리 어기가 자음으로 끝나야 한다는 음
운론적 제약을 가지며 그 생산성이 낮다. '정답-, 참답-'는 비실체성의
상태성 명사를 어기로 취한 예이고, '꽃답-'는 무정물 명사를 어기로 취
한 예이다. 이 지역어에서는 '-답₂-'의 경우, '참답-'는 '참하-', '정답-'
는 '무던하-', '꽃답-'는 '꽃겉-'로 쓰는 경우가 더 많으므로 '-답₂-' 대신
'-하-' 또는 '-겉-'를 사용하는 '-답₂-'는 거의 생산성이 없다. '-답₁-'의
용법뿐 아니라 '-답₂-'의 용법도 일부 '-겉-'로 사용되고 있으므로 '-답

---

11) 김창섭(1984:149-150)에서는 '-답₂-'는 중세한국어에서 한 형태소의 이형태들이었
던 '-둡-, -롭-'중의 '-둡-'이라고 보고 있으면서 그 의미는 '-롭-'과 같은 의미로
'어기의 속성이 풍부히 있음'이라고 지적한 바 있다.

-'에 의한 파생형용사는 그 생산성이 거의 없어져 가고 있다는 것을 알 수 있다. 이는 중부방언에서 '-답₂-'는 전혀 생산성이 없지만 '-답₁-'은 매우 생산적이라는 현상과 차이가 있다. 중부방언에서 '-답₁-'은 원칙적으로 자립성을 가지는 거의 모든 명사류 특히는 인성명사와 결합할 수 있으며 이와 반대로 '-답₂-'는 그 형태상의 동일성 때문에 '-답₁-'의 간섭을 받아서 생산력을 잃어버렸을 가능성도 있다(송철의 1992:212-213).

(10) ㄱ. 마음이 **꽃겉애**. 마음이 고와 **꽃답다** 그래두 되구.
    (마음이 꽃같애. 마음이 고와 꽃답다 그래도 되고.)
  ㄴ. 사람 참 애정이 많아 정 무던해 그렇게 말허디머. **정답다** 그래두 되구
    (사람 참 애정이 많아 아주 무던해. 그렇게 말하지. 정답다 그래도 되고.)

5.5. '-하-'에 의한 파생

이 책에서는 '-하-'가 명사나 어근을 어기로 취하여 새로운 형용사를 형성한다는 의미에서 '-하-'를 형용사 형성의 접미사로 보고 논의를 하기로 한다.

김창섭(1996:158)에서는 '-하-'가 형태론적으로 다른 전형적인 형용사 파생 접미사 '-롭-', '-스럽-'과 평행한 행위를 보이고, 또한 아무런 독자적인 의미를 가지지 못한 채 단순히 어근을 형용사화하는 기능을 가진다(심재기 1982:356 주 19)는 두 가지 이유를 근거로 하여 '하다'형용사 가운데 '어근+-하-'형의 '-하-'를 파생접미사로 처리하고 있다. 기주연

(1994:236)에서도 근대한국어의 접미파생어를 논하면서 상태성 어기와 결합되는 형용사파생접미사 '-ᄒ-'는 부가적 형식 요소에 불과할 뿐 의미적으로는 잉여적이라고 보았다. 그리고 남기심·고영근(1993:204)에서는 '하-'를 '상태성의 의미자질을 띤 명사를 형용사화 하는 것'이라고 지적한 바 있다.

이 지역어에서 '-하-'는 고유어 및 한자어 어근 또는 부사를 어기로 취하여 형용사를 파생시킨다.

① [고유어 어근+ -하-]

> (11) 껍적하-(껍적거리-), 깨끗하-, 조용하-, 쓱쓱하-(시원시원하-), 흔하-,
> 쑵시하-(쑵쓸하-), 무던하-, 고요하-, 괘씸하-, 모질허다(모자라-),
> 헐하-, 귀운하-(귀엽-), 바지런하-(부지런하-), 말큰하-/물큰하-(軟),
> 참하-, 착하-, 얌던하-(얌전하-), 가쯘하-(가지런하-), 니악하-(이악
> 하-), 우쭐하-, 아찔하-, 찰하-(찰지-)12) 원만하-(웬만하-), 매끈허-
> (매끈하-), 미튼하-(미끈하-),13) 비하-(비릿하-腥),14) 츨하-15)

---

12) '찰하다'는 이 지역어에서 '끈기가 있고 차진'의 의미를 나타내는데 그 예문을 보면
다음과 같다.
예: 깡네~이두 찰강네~이레 맛잇어. 우리 데거 찰강네~이라 하는데두 좀 **찰하긴** 쪼꼼 **찰해.**(옥수수도 찰옥수수가 맛있어. 우리 저거 찰옥수수라 하는데도 좀 찰하긴 쪼꼼 찰해.)
13) 예: **미튼하게** 크야 그거 근낭 나가디. 배찜만 탁 나가문 돼지레 옳게 못 커.(미끈하게 커야 그거 그냥 나가지. 뱃집만 탁 나가면 돼지가 옳게 못 커.)
14) 예: 코 같은 거 가래레 나오문 다 **비하다.**(코 같은 거 가래가 나오면 다 비릿하다.).
15) '츨하다'는 이 지역어에서 '미끈하게 잘 자라서 아주 미끈하게 길다'의 의미로서 그 예문을 보면 다음과 같다.
ㄱ. 베알두 굵구 쌀두 **츨하구** 도운데. (낟알도 굵고 쌀도 잘 자라서 좋은데.)
ㄴ. 머리까리 얼마나 **츨하네?** 다 가티 쭉 길구 새까맣구.(머리카락이 얼마나 미끈하게 기니? 다 같이 쭉 길고 새까맣고.)

(11)은 '-하-'가 상태성을 가진 고유어 어근을 어기로 취한 것이다. '껍적하-'는 '껍적껍적, 껍적거리다'의 어근 '껍적'에 '-하-'가 결합된 파생어이다. 이 지역어에서 '껍적하-'는 '① 껍적껍적 들어붙게 끈끈하다 ② 성질이 끈끈하여 자꾸 검질기게 굴다 ③ 눈을 감았다 떴다 하다' 등 여러 가지 의미를 나타낸다.

(12) ㄱ. 기름 뛰문 기름에 **껍쩍해서** 몬주 오르문 막 안 디디머.
   기름 튀면 기름에 끈적여서 먼지 오르면 막 안지지 뭐.)
   ㄴ. 노무꺼 머 자꾸자꾸 탐하구 그저 달라달라 허는 사람 잇디머. 이 호박두 좀 달라요 하나 더 달라요 멫 개 잇는디 없는다두 모르구두 멀 달라 멀 달라 **껍쩍해서** 그러는 사람 잇어. 그리문 그따들 머라 기네? 욕심재~이라 기네? 베라벨 사람 다 많디머.
   (남의 것 뭐 자꾸자꾸 탐하고 그저 달라달라 하는 사람 있지 뭐. 이 호박 주세요, 하나 더 주세요 몇 개 있는지 없는지도 모르고도 뭘 달라 뭘 달라 집적거려서 그러는 사람 있어. 그러면 그 사람들 뭐라 그러니? 욕심쟁이라 그러니? 별의별 사람 다 많지 뭐.)
   ㄷ. 빨리 다 띤는다 말이야 다 떼. 눈깔 **껍쩍할** 새에 다 띤는대더니 말이 맞아. 정 걸씨 떼.
   (빨리 다 찧는다 말이야. 다 찧어. 눈 깜짝할 사이에 다 찧는다더니 그 말이 맞아. 아주 금방 찧어.)

② **[한자어 어근+-하-]**

(13) 악독하-(惡毒), 건강하-(健康), 다정하-(多情), 온순하-(溫順), 펭탄하-(平坦, 평탄하-), 원통하-(寃痛), 분하-(憤), 험하-(險), 과하-(過), 추하-(醜), 실하-(實), 약하-(弱)

(13)은 상태성을 가진 고유어 어근을 어기로 취하는 경우이다. 이 파

생어들의 어기들은 비록 자립성이 없는 어근들이지만 형용사와 비슷한 상태성의 의미 특징을 가지고 있으므로 '-하-'의 결합이 없어도 서술 기능을 지니고 있다. 따라서 이때의 '-하-'는 단순히 어근을 형용사화 하는 기능을 가진다.

다음 (14)의 예들은 부사나 어근을 어기로 취하여 형용사를 파생시키 는 경우이다.

> (14) 가. 더하-, 못허-(못하-)
>
> 　　나. 동골동골하-(동글동글하-), 똥글똥글하-, 매끈매끈하-, 미끌미끌 하-, 말큰말큰하-/물큰물큰하-(軟, 물컹하-), 따끈따끈하-, 매끌 매끌하-, (구둘이)뜨끈뜨끈하-, 쪼골쪼골하-(쪼글쪼글하-), 부두 부두하-(부들부들하-), 느릿느릿하-, 쪼글쪼글하-/쭈글쭈글하-, 보동보동하-(포동포동하-), 시근시근하-, 또록또록하-(또렷또렷 하-), 시둘시둘하-(시들시들하-), 부둥부둥하-(푸둥푸둥하-), 느 릇느릇하-(느릿느릿하-), 복신복신하-(폭신폭신하-), 반들반들하-, 보들보들하-, 썬뜻썬뜻하-(선뜻하-), 뽀슬뽀슬하-(보슬보슬하-), 무시무시하-, 겐질겐질하-(건질건질하-), 얼럭덜럭하-(얼룩덜룩 하-), 알락달락하-, 울긋불긋하-, 슥슥하-(싹싹하-/썩썩하-),16) 훈훈하-, 끙끙허-(끙끙대-), 출출하-, 씁씁하-(씁쓸하-), 시시하-, 숭숭하-, 반반하-, 번번하-, 땅땅하-, 뙹뙹하-(똥뚱하-), 뜨뜨하-/ 따따하- (따뜻하-), 뚱뚱하-, 떵떵하-(뚱뚱하-), 떵떵하-(땅땅하-), 똑똑하-, 괄괄하-, 꿋꿋하-, 쫄쫄하-(촐촐하-), 든든허-(든든하-), 쑬쑬하- (쏠쏠하-/쑬쑬하-), 칙칙하-, 빳빳하-, 빽빽하-, 튼튼하-, 늘큰하-, 달큰하-(달큼하-), 얄판하-(얄팍하-)
>
> 　　다. 애리애리허-, 시울시울하-, 빼빼하-, 쨋쨋하-(선명하-), 우두근하 -(어둑하-), 좁쫌하-(조금 좁다), 너뜰너뜰하-(까불까불하-), 찌글

---

16) 예: **슥슥한 거**. 그니꺼니 무엇이나 다 잘하구 잘하는 여자디.(싹싹한 거. 그러니까 무엇이나 다 잘하고 잘하는 여자지.)

찌글허-(비뚤비뚤하-), 짱짱하-(뚱뚱하-), 너슬너슬하-(널찍널찍하-)

(14가)는 부사를 어기로 취하는 경우인데 그다지 생산적이지 못하다. (14나, 다)는 2음절 및 1음절의 반복으로 이루어진 어근을 어기로 취한 경우이다. 1음절이나 2음절 반복형들은 어근의 말음이 모음으로 끝나든 자음으로 끝나든 상관없이 모두 가능하며 음운론적 제약이 없다. (14나)는 어근의 형태가 중부방언과 동일하거나 유사한 것이고 (14다)는 어근이 이 지역어에서 특징적인 것이다.

'애리애리하-'는 '닿으면 꺾이거나 부러질 듯이 여리고 여리다'의 뜻과 '얼굴이 애티가 나게 젊다'는 뜻을 가지고 있다. '시울-'은 '눈이 부셔서 바로 보기가 거북하다'는 뜻으로 중부방언의 '시리-'에 대응한다고 할 수 있다. '빼빼하-'는 『우리말 큰사전』에 '살가죽이 쪼그라져 붙을 만큼 야위어 있다'는 뜻으로 등재되어 있는데 전남방언에서도 확인된다. '쨋쨋하다'는 '매우 선명하다'는 뜻이다. '너뜰너뜰하-'는 '분수없이 가볍게 자꾸 까불다. 몹시 경망스럽게 자꾸 움직이다'의 뜻으로 쓰인다. '너슬너슬하-'는 '굵고 긴 풀이나 털 따위가 부드럽고 성기다'의 뜻이고 '찌글찌글하-'는 '물체가 찌그러져 바르지 않다'는 뜻이다. '쫍쫍하-'는 '조금 좁다'는 뜻이고, '호용호용하-'는 '호리호리하다'에 대응된다. 한편 '짱짱하-'는 중부방언에서는 '생김새가 옹골차고 동작이 매우 굳센 듯하다'의 뜻이지만 이 지역어에서는 '뚱뚱하-'의 뜻으로 쓰인다.

5.6. '-차-'에 의한 파생

'-차-'는 기원적으로 동사였을 가능성이 있는데 현대한국어에서는 접사화하여 선행소의 의미를 더욱 합당한 것으로 강조하는 [+당연성(當然性)] 역할을 하고 있다(심재기 1982:401). 이 지역어에서 '-차-'는 형용사어간이나 어근을 어기로 취하여 강세를 나타낸다.

> (15) 가. 세차-(强, 세츠-), 길차-, 걸차-
> 나. 매몰차-, 우렁차- cf. 벅차-(過於力), 벌차-17)

(15가)는 형용사어간에 강세를 나타내는 접미사 '-차-'가 결합되어 형성된 예들이다. '세차-'는 '세-+-차-'로 구성된 것으로서 '기세나 형세 따위가 힘 있고 억세다'의 의미를 나타낸다. '길차-'는 '길-+-차-'로 구성된 것으로서 '아주 미끈하게 길다.'의 의미를 나타낸다. '걸차-'는 '걸-+-차-'로 구성된 것으로서 '땅이 매우 걸거나 식물의 자람이 실하고 튼튼하다.'의 의미를 나타낸다.

(15나)는 어근을 어기로 취하여 형용사를 만든 경우이다. '매몰차-'는 '매몰하다'의 어근 '매몰'에 '-차-'가 결합되어 형성된 것으로서 '인정이나 싹싹한 맛이 없고 아주 쌀쌀맞다'의 의미를 나타낸다. '우렁차-'는 '우렁하다'의 어근 '우렁'에 '-차-'가 결합되어 형성된 것으로서 '소리의 울림이 매우 크고 힘차다'의 의미를 나타낸다. '벅차-'와 '벌차-'도 이 유형에 속할 가능성이 있는데 그 내적 구성은 확인하기 어렵다. '벅차-'는 '감당하기가 어렵거나 감격, 기쁨, 희망 따위가 넘칠 듯이 가득

---

17) 제 형과 같이 그는 여간만 **벌차지** 않다. <출처: 조선말 대사전>

하다'의 의미를 나타낸다. '벌차-'는 이 지역어에서 '성미가 좀 우악스 럽고 세차다'의 의미를 나타낼 뿐만 아니라 '성질이 괄괄하고 쾌활하다' 의 의미도 나타낸다.[18]

5.7. '-앟/엏-'에 의한 파생

최현배(1937/1980:482-483)에서는 그림씨의 갈래를 속겉 그림씨(성상형용 사), 있음 그림씨(존재형용사), 견줌 그림씨(비교형용사), 셈숱 그림씨(수량형 용사), 가리킴 그림씨(지시형용사)의 다섯 가지로 나누었는데, '검-, 희-, 푸르-, 누르-, 붉-' 등을 속겉 그림씨의 한 갈래인 '감각적 형용사(시각 적 형용사)'에 분류하였다. 김창섭(1985/2008:342)에서는 이런 시각 형용사 들만이 'X스름하다', 'X앟다'의 단어형성을 가질 수 있으며 시각 형용 사들만이 배타적으로 적용받을 수 있는 형태론적 과정이 있다고 지적한 바 있다.

송철의(1992:226)에서는 '-앟/엏-'이 부사형 어미 '-아/어'와 '-ㅎ-'가 축약되어 통시적으로 형성된 파생접미사라고 지적한 바 있다.[19] 한편

---

18) 그 외에 이 지역어에서 '박차다', '힘차다', '알차다', '가득차다' 등의 예들이 있는데 이때의 '차-'는 형태가 같지만 접미사 '-차-'와 성질이 다른 것들이다. '박차다'는 접두사 '박'에 동사 '차-'가 결합된 접두파생어로서 '발길로 냅다 차다'의 의미를 나타낸다. '힘차다'와 '알차다'는 명사와 동사가 결합된 합성어로서 '힘차다'는 '힘 이 있고 씩씩하다'를, '알차다'는 '속이 꽉 차거나 내용이 아주 충실하다'를 나타낸 다. '가득차다'는 부사와 동사가 결합된 합성어로서 '그만한 분량이나 수량이 가득 하게 차거나 일정한 감정정서나 심리가 가득하게 어리다'를 나타낸다.

19) 송철의(1992:226)에서는 중세한국어 자료와 근대한국어의 자료들을 통해 '발갛-, 거 멓다, 둥그렇-' 등이 '불가ᄒᆞ-, 거머ᄒᆞ, 둥그러ᄒᆞ-'에 기원하는 것임을 밝히고 '-앟/ 엏-'은 부사형 어미 '-아/어'와 '-ᄒᆞ-'가 축약되어 통시적으로 형성된 파생접미사라 고 하였다. 한편 최형용(2003:103)에서는 '-앟/엏-'의 접미사에 대하여 '*거머하다, *노

이희승(1955:276-277), 고영근(1974:108-109), 심재기(1982:401 주38)20)에서는 '-앟/엏-' 접미사의 통시성을 고려하여 '-아/어-'를 선행소의 부정형 어미로 보고, '-ㅎ-'은 '-하-'의 축약형으로 보이기에 '까맣-, 말갛-, 동그랗-, 노랗-, 파랗-' 등을 '까마+하-, 맑아+하-, 동그라+하-, 노라+하-, 파라+하-'의 축약으로 간주하여 '-앟/엏-'을 접미사로 보지 않고 있다.21)

(16) 가. 발갛-, 빨갛-, 뻘겋-, 벌갛-, 벌겋-(벌겋-), 까맣-, 꺼멓-,22) 꺼멓-
　　　 하얗-, 하옇-, 허옇-, 새황-/시헣-, 새얗-, 시얗, 씨얗-
　　　 보얗-, 부ː얗-, 뿌얗-/시뿌얗-/시뿌옇-
　　　 노랗-, 누렇-, 누렇-
　　　 파랗-, 퍼렇-, 푸렇-
　　 나. 똥고랗-, 뚱구랗-, 둥그랗-, 둥그렇-

이 지역어에서 '앟/엏'에 의한 파생어는 이미 형용사로 굳어져 사용되고 있으며 새로운 단어를 만들어내기 어렵다.

(16가)는 색채형용사를 어기로 취하는 경우이고 (16나)는 형용사어간 '동글-/둥글-'을 어기로 취한 경우이다. (16가)의 '빨갛-'는 '밝-', '붉-'가 동일 어원에서 '명(明)'과 '적(赤)'의 의미로 분화하기 전에 '발갛-'가

라하다' 등이 현대 한국어에서 가능하지 않기 때문에 '-앟/엏-'을 접미사로 분석할 수 있지만 '아무러하다, 아스라하다'는 공시적으로 '아무렇다, 아스랗다'로도 가능하므로 이때의 '-앟/엏-'은 접미사가 아니라 순수히 '-아/어 하-'의 공시적인 축약형으로서 통사적 구성이 접미사화한 경우라고 설명하고 있다.

20) 심재기(1982:401)에서는 '까맣다, 말갛다' 등을 '까마+하다, 맑아+하다'의 공시적 축약형으로 보고 이들을 '-하-'접미사에서 다루는 것이 합당할 것이라고 하였다.
21) 이런 관점에서 통시나 공시를 뒤섞는다면 접미사 설정 기준이 모호해지고 기술상의 혼란을 가져올 수 있기에 줄기가 접미사로 바뀌는 것처럼 이들을 독립된 개별 형태소로 정착했다는 점에서 접미사의 자격을 부여할 필요가 있다(하치근 1989:281).
22) 남기심·고영근(1993:198)에서는 '꺼멓-'를 '껌-+-엏-'로 분석하면서 양성모음으로 된 어근이 오면 '-앟-'으로 교체된다고 하였다.

형성되고 거기에서 다시 '빨강-'가 형성된 것인데 '하얗-', '파랑-'의 어기는 공시적으로 존재하지 않으므로 '-앟-'형용사가 파생어라는 인식이 그리 분명하지 않고 단일어로 인식되고 있다(김창섭 1985/2008:362). 한편 이 지역어에서는 '-앟/엏-'이 모음조화의 규칙을 따르지 않고 있다는 것을 볼 수 있다.

'-앟/엏-'은 주로 색채형용사를 어기로 취하여 색채형용사를 만들며 '둥그렇-'만이 모양([+공간, -양])형용사를 형성한다. '-앟/엏-'의 의미는 '-다랗-'의 의미와 비슷하게 '무던히'에 가까운 뜻을 가지며, 그 의미영역은 '-다랗-'의 의미 영역과 '-직-'의 의미 영역까지 포함하여 그 의미하는 정도의 범위가 넓어서 '-앟/엏-'파생어와 단일어의 의미차가 덜 느껴진다(김창섭 1985/2008:362-365).

이 지역어에서는 '-앟/엏-' 형태로도 나타나지만 다음의 예들은 '-아/어-' 형태가 없는 '-하/허-' 또는 '-핳/헣-'가 결합된 형태 가령 '빨하-, 빨핳-, 펄하-, 펄핳-, 눌허-, 눌헣-, 깜하-, 깜핳-'로 나타나는 경우가 훨씬 더 많다. 이들은 공시적으로 '빨+-하-, 펄+-하-, 눌+-하-' 등으로 분석은 가능하지만 그 어기인 '빨, 펄, 눌' 등에 대해서는 그 어원이 무엇인지 통시적으로 확인하기가 어렵다. 여기서는 잠정적으로 어근으로 보겠다. 이렇게 되면 다음의 예들은 [어근+-하/허-] 또는 [어근+-핳/헣-]로 볼 수 있다.23)

(17) 赤(<붉다) 뻘하-, 시뻘시뻘하-, 빨허-, 새빨허-, 새빨새빨허-, 시뻘허-,
　　　　　　　뻘핳-, 시벌핳-, 시뻘핳-, 새뻘헣-, 시뻐랑-, 새빠랑-, 시
　　　　　　　뻐렁-, 새빠렁-,

---

23) 이 지역어에서 '하-, 허-', '핳-, 헣-' 형이 수의적으로 쓰이고 있으며 '뻘하-~빨허-'처럼 모음조화도 지켜지지 않고 있다.

黃(<누르다) 놀하-, 쌘놀하-, 놀향-, 쌘놀향-, 눌향-, 눌허-,

靑(<프르다) 펄하-, 시펄하-, 시펄시펄하-, 새팔하-
　　　　　　시펄향-, 펄향-, 풀향-, 새팔향-, 시퍼랗-,

黑(<검다) 캄캄하-, 컴컴하-, 시컴하-, 깜허-, 시껌하-, 새깜하-, 시
　　　　　껌향-/시껌헣-

白(<히다) 새하-, 쌔허-, 쌔향-, 뽀향-/보향-/보해(<보희-), 부향-/
　　　　　뿌향-, 시헣-/씨헣-쌔헣-, 새햏-

淡 쌘마랗-, 쌘마렇-, 말허-, 쌘말하-, 쌘말향-(말갛-),

cf. 둥굴하-, 똥골하-, 똥글허-(동그랗-)
　　똥골향-, 보두랗-

　'-아/어 하-(<ᄒ-)'로부터의 발달인 '-앟/엏-' 형태의 파생접미사에 비해 이 지역어에서는 '-하/허-, -향/헣-'에 의한 파생어들을 더 선호하는 편이다. 이 지역어에서 '깜하-, 동글하-'는 '깜-+-하-, 동글-+-하-'로 분석할 수 있고 '빨하-, 펄하-, 놀하-' 등은 어근에 '-하-'가 결합되어 형성된 것으로 분석할 수 있다.

　이 지역어에서는 '빨하-', '펄하-', '눌하-' 등에 접두사 '새/시-'가 통합된 형태로 쓰이는 경우가 일반적이다. 그 활용형을 보면 다음과 같다.

(18) ㄱ. 마른댐에 풍구루 좀 **뗳**다간 또 그냥 덩제기 채루 네ː두문 **시뻘허**
　　　게 잘 붙어. 구둘이 뜨끈뜨끈하구.
　　　(마른 다음에 풍구로 좀 때다가 또 그냥 덩어리 채로 넣어 두면
　　　시뻘겋게 잘 붙어. 구들이 뜨끈뜨끈하고.)

　　ㄴ. **새빨해니** 새빨겋다. 우리 북선말루 그저 **새빨헣다** 그러디. 새빨허
　　　구 새빨허니 곱다.
　　　(새빨가니 새빨갛다. 우리 북한말로 그저 새빨갛다 그러지. 새빨
　　　갛고 새빨가니 곱다.)

　　ㄷ. 안죽 베레 **시펄해**. 베 **시펄헌거** 보문 막 가슴이 철렁해.

(아직 벼가 시퍼래. 벼 시퍼런 거 보면 막 가슴이 철렁해.)

ㄹ. 하늘은 아무래두 푸른 색깔이디머. 회삭 빛갈이 치아라 나디. 고 가방겉은. 좀 비슷한 색깔이디. 고보담 좀 연한 거. **펄핳다. 펄한 걸 펄핳다는데. 시펄하다.** 약간 펄한 걸 보구.

(하늘은 아무래도 푸른 색깔이지 뭐. 회색 빛깔이 대부분 나지. 그 가방 같은. 좀 비슷한 색깔이지. 그 보다는 좀 연한 것. 퍼렇다. 파란 걸 퍼렇다는데. 시퍼렇다. 약간 파란 걸 보고)

ㅁ. 회삭 빛깔이 치아라 나디머. **풀핳다 펄핳다.** 서쪽 하늘두 **펄핳구.** 푸른 하늘이라. 조선말루두 그런 노래두 잇는데. 펄하대는 소릴. **새핳디 앙쿠 쪼꼼 펄핳디머.**

(회색 빛깔이 주로 나지 뭐. 푸르다. 퍼렇다. 서쪽 하늘도 퍼렇고. 푸른 하늘이라. 조선말로두 그런 노래도 있는데. 파랗다는 소리를. 새하얗지 않고 조금 퍼렇지머.)

ㅂ. 우리 북선말 **쌔하타 쌔허타.** 그 종에두 **쌔핳다 쌔허다.** 이 종에두 쌔하쿠 데 종에두 **쌔핳더라.** 그거 어디메 너께 덕디 않앗나? 덕 엇디머. 정 말띠 안네? **쌔핸 거 쌘말한 거.** 얼마나 좋네? 깨끗하구.

(우리 북한말 새하얗다. 새하얗다. 그 종이도 새하얗다. 새하얗다. 이 종이도 새하얗다고 저 종이도 새하얗더라. 아주 맑지 않니? 새하얀 거 샛말간 거 얼마나 좋니? 깨끗하고)

ㅅ. 얼굴삭이 **보핟거.** 곱떠라. 곱꾸 새하멘서두 보핟 사람 잇디머. 그 닥지 꺼머트두 앙쿠 정 새하트두 앙쿠 보핟 거 곱더라.

(얼굴색이 보얀 거. 곱더라. 곱고 새하야면서도 보얀 사람 있지머. 그다지 꺼멓지도 않고 너무 새하얗지도 않고 보얀 거 곱더라.)

유창돈(1980:357-358)에서는 '체언>용언'의 발달순으로 '힉(日)'에서 '히다', '블(火)'에서 '븕다', '보힉(黑白雜曰 보힉<東言>)'에서 '보힉다', '플(草)'에서 '플-+-을<프를다'가 파생되어 나왔다고 하였다.[24]

---

24) 이현희(1985:225 주4)에서는 유창돈(1980)의 논의대로 '블-븕다, 플-프르다, 히-히다' 유형의 파생관계가 타당한 것으로 받아들여진다면 '검다'는 한자어 '黔'에서,

이현희(1985)에서는 중세한국어에서 '용언어간+-아/어 ᄒ-'는 용언의 성질을 강조하는 구문이라고 해석하면서 '-아/어 -ᄒ-'가 동사어간에 결합되면 형식적인 기능밖에 못하는 듯하지만 사실 동사의 행동성을 더 강하게 드러내는 기제(機制)역할을 해주며, '-아/어 -ᄒ-'가 형용사(주로 색채형용사)에 결합되면 비록 품사는 변하지 않지만 어감의 차이 즉 '상태성의 강조(色感의 정도)' 가령 '누러ᄒ다'류가 '누르다'류보다 색감이 더 진하다는 느낌을 가지게 된다고 하였다. 그리고 '누러ᄒ다, 노라ᄒ다', '프러ᄒ다, 파라ᄒ다'와 관련해서 '누를다, 누르다, 노르다'와 '프를다, 프르다'에 부동사어미 '-아/어'가 통합되면 '누르러', '프르러'가 아니라 '누러', '프러'가 된 것임을 근거로 하여 15세기 한국어에서 문증되지는 않지만 '*플다, *폴다'와 '*눌다, *놀다'가 '프를다, 프르다, ᄑᆞ르다' 및 '누를다, 누르다, 노르다'와 공존했을 가능성을 제시하였다. 그리고 동사 어간에 결합된 '-아/어 ᄒ-'는 후대에까지 지속적으로 발달하지 못하고 다양한 색감 표시를 요구하는 색채어에서만 명맥을 유지하면서 드디어 그것이 하나의 구문이 아니라 하나의 어휘 차원으로 굳어지게 된 것이라고 하였다. 또한 송철의(1988b)에서는 '붉-, 푸르-, 누르-' 등과 같은 색채형용사는 파생접두사 '새-/시-(샛-/싯-)'이 결합하지 않는다는 형태론적 제약이 있지만 '빨갛-, 파랗-, 노랗-'는 이런 제약이 나타나지 않는다고 지적하였고 구본관(2002a:122)에서는 특정형태소가 파생어형성규칙의 적용 여부를 결정하는 형태론적인 제약의 예로 '붉-, 푸르-, 누르-' 등을 들면서 이런 제약이 나타나는 것은 채도의 강화라는 의미 기능과 관련이 있는듯하다고 지적한 바 있다.

'누르다'는 '눌(?)'에서 왔다고 생각할 수 있으며 또한 이러한 유형의 예들이 보다 많이 찾아져야 하고, 15세기 한국어에서의 성조 면에 있어서도 양자 간의 관계가 정당화되어야 할 것이라고 하였다.

색채어의 이런 형태는 전남방언에서도 나타나고 있다. 논의의 편의를 위하여 정인호(1999:62)의 예를 그대로 가져오기로 한다.

[표 6] 〈전남 방언〉

赤	붉다 뿕다	?밝허다 벍허다 뿕허다 뻑허다	뺅허다 뺄허다 뾁허다 뻘허다
黃	누리다	놀허다 눌허다	닐허다 닐허다 놀놀 놀놀허다
靑	푸리다	팔허다 펄하다	필허다 시펄허다 시펄시펄허다
黑	검다 껌다	?감허다 검허다 깜허다 껌허다	시컴시컴 시컴허다 시컴시컴허다
白	히다 흐다	힉허다 흑허다 히커다 흐커다	
淡	맑다	맑허다 멁허다	맑허다 맬허다 밁허다 밀허다

정인호(1999:62-77)에서는 '뿕허-, 놀허-, 눌허-'류를 '-아/어 ㅎ-'의 역사적인 변화에 의해 형성된 것으로 보고 있다.[25] 즉 전남방언에서 '-아/어 ㅎ-'구성을 가졌던 단계가 있었는데 'ㅎ-'가 '허-'로서 그 지위를 확고히 하고 '아/어'가 탈락됨으로써 현재와 같은 모습으로 재구조화한 것이라고 보았다.[26] 여기서 '-아/어 ㅎ-'의 '-아/어-'의 성격에 대해서는 연결어미로 보는 견해도 있고, 어간말 모음 'ㅇ/으'가 '아/어'로 교체(프르->파라-, 누르->누러-)된 것이라고 보는 견해도 있지만 이현희(1985)에서

---

25) 송철의(1992)에서는 '-아/어 ㅎ-'의 통사적 기능이나 의미기능이 뚜렷하지 못하고, 또한 타동사화의 기능을 가지는 '-아/어 ㅎ-'가 등장함으로써 이들 형태의 변화를 가져왔다고 언급하고 있다.

26) 이 지역어에서도 '빨하다, 놀하다, 빨랗다, 놀핳다' 형태로 실현된 것으로 보아 '-아/어 ㅎ-'의 '아/어'는 탈락되고, 'ㅎ-'의 'ㅇ'는 중부방언처럼 탈락을 경험하지 않은 것으로 여겨진다. 그리고 '빨하다, 말하다'는 '뿕하다, 맑하다' 등에서 'ㄱ'이 탈락한 어형이라고 볼 수 있겠다. 그리고 이 지역어에서는 자음군 'ㄹㄱ'에서 'ㄱ'을 탈락시키는 것이 일반적이다.

암시되었듯이 음성상징 즉 상징어의 파생과 관련이 있을 가능성이 있다고 하였다. 그리고 '뺄허-, 닐허-'류를 모음상징(후설→전설)에 의해 파생되었다고 보고 있다.

이 지역어와 전남방언의 공통점은 두 방언 모두 색채어에 '뽥허-, 놀허-' 등의 형태가 있다는 것이고 차이점은 이 지역어에는 '빨항-, 눌항-'과 같이 'ㅎ'말음 어간을 가진 형태가 있지만 전남방언에는 없다는 것이다. 또한 전남방언에는 모음상징에 의한 파생인 '뺄허-, 닐허-'의 형태가 있지만 이 지역어에서 보이지 않는다.

요컨대 '-아/어 하-(<ㅎ-)'로부터의 발달인 '-앟/엏-' 형태의 파생어들은 이 지역어에서 쓰이기는 하지만 생산적이지 못하다. 따라서 이 지역어에서 그 활용 양상은 '-하-'동사나 형용사의 활용 양상과 동일하며 'ㅎ'불규칙을 보이므로 [+ㅎ불규칙]과 같은 특수자질을 부여할 수 있다(송철의 1992:223).

그 외에 중부방언의 '굵다랗-'에 해당하는 의미로 이 지역어에서는 '굴딱시허-'를 사용하고 있으며 '훨씬, 매우, 꽉'의 의미를 가진 정도성을 나타내는 접미사 '-다랗-'은 보이지 않는다. '-다랗-'은 중부방언에서도 사전에만 올라 있을 뿐 시(詩)와 같은 데에만 등장할 가능성이 있고 실제로는 거의 쓰이지 않는다(김창섭 1985/2008:359).

5.8. '-압/업-'에 의한 파생

'-압/업-'은 중세한국어에서 주로 동사어간에 한정되어 결합하였으나 현대한국어에서는 동사어간뿐만 아니라 형용사어간 및 어근과도 결합이 가능하다. 이 지역어에서도 '-압/업-'은 동사어간, 형용사어간 및 어근을 어기로 취하여 '···한 느낌'(하치근 1989:287)이나 '주관적인 감정 상태'를 나타내는 형용사를 파생시킨다(안병희 1959/1982).[27]

① [동사어간 + -압/업-]

(19) 가. 미딥-/미덥-(믿-)[28], 방갑-(반갑-), 아깝-
나. 미섭-(므싀->믜섞-, 무섭-), 부끄럽-(<붓그럽다, 붓그리-),
무겁-, 둗겁-/뚜겁-

(19가)는 '믿-+-업-, 반기-+-압-, 아끼-+-압-'로 분석할 수 있지만 동사어간을 어기로 한 새로운 파생어가 전혀 나타나지 않는다는 점에서 형태론적으로 어휘화했다고 볼 수 있다(송철의 1992:216).

(19나)는 동작동사를 어기로 취하여 만들어진 파생어들인데 그 선행어기들의 모습은 이 지역어에서 찾아보기 어렵다. '부끄럽-'는 동사어간 '붓그리-'에 형용사파생접미사 '-업-'이 결합되어 만들어진 것이고, '무겁-'는 동사어간 '므기-'에 '-업-'이 결합되어 만들어진 것이다.[29] 중부방언의 '무섭다'는 이 지역어에서 '미섭다' 또는 '무십다'로 나타나고 있

---

27) 곽충구(1998b:8)에 따르면 '-압/업-'에 의한 파생은 함남 남부와 경북에서 먼저 이루어졌다고 하였다.
28) 중세한국어시기에는 '믿브-'가 비교적 생산적으로 쓰였는데 현대한국어에서는 '믿브-'가 쓰이지 않고 그 대신 '미덥-'으로 대치된 듯하다(송철의 1983:65).
29) 김계곤(1996:170)에서 '무겁-'는 '묵-업다'로 분석되고 '무게'는 '무겁다'에서 파생된 말이라고 하였으며, 기주연(1994:228)에서는 중세한국어에서 척도명사 '므그'에 결합된 파생접미사 '-의'는 형용사어간에 결합되던 것으로 어기를 형용사어간 '믁-'이라 할 수 있으나 '-압/업-'은 동사어간에만 결합되었으므로 '므겁-'은 동사어간 '므기-'를 어기로 잡아야 한다고 하였다. 하지만 근대한국어에서는 '므기-'가 동사로 쓰이는 경우가 없어 공시적으로 볼 때 파생어 '므겁-'만 남고 어기 '므기-'는 소멸되어 형태론적으로 어휘화한 것이라고 볼 수 있다고 하였다.

다. 허웅(1975)에서는 '무섭-' 동사어간의 형태가 문헌어에 나타나지 않아 그 재구형을 '*무시-'로 추정하고 있다.[30] 이 지역어에서는 '무시-' 형태는 나타나지 않지만 '무시무시하-'의 형태로는 나타나고 있다.

(20) 조선말루 좀 **무시무시하**디머. 무섭디머. **미서워서** 몬 가갓다. 냄해주라. 저기꺼장 냄 해주라. **미섭다** 그러구. 지금 안 **무시버** 막 돌아댕게. (조선말로 좀 무시무시하지 뭐. 무섭지 뭐. 무서워서 못 가겠다. 배웅 해주어라. 저기까지 배웅해주어라. 무섭다 그러고. 지금 안 무서워 막 돌아다녀.)

그리고 '둗겁-/뚜껍-'는 동사어간 '둗-'에 파생접미사 '-겁-'이 결합된 가능성이 많은데 지금은 어간형태소 '둗-'가 발견되지 않으므로 어휘화되었다고 할 수 있다(안병희 1982:48 주24). 한편 이현희(1987a)에서는 '둗겁-'를 [[[[둗]v+윽]N+이]v+업]v와 같은 구조에서 발전한 것으로 지적한 바 있다.

② [어근+-압/업-]

(21) 가. 보드럽-/보드랍-(보들+-압/업-), 징그럽-(징글+-업-), 껄끄럽-, 어즈럽-/어지럽-(어즐-), 매끄럽-/미끄럽-, 시끄럽-, 갠지럽-/근지럽-(갠질+-업)
나. 개럽-(가렵-), 나무럽-(언짢-), 짓등무럽-/지뚱무럽-/지떵무럽(밉

---

30) 기주연(1994:227)에서 근대한국어시기의 '믜셥-/므의엽-'는 동사어간 '믜싀-'에 '-압/업-'이 결합하여 형용사를 파생시킨 것이며, '므의엽-'는 중세한국어의 '므싀-'가 '므의-'로 변화된 뒤에 하향이중모음 뒤에서 '-업-'과의 결합으로 모음이 축약되어 '므의엽-'으로 된 것이라고 하였다. 하지만 '믜싀-'는 18세기 문헌에서 확인되나(예: 어미 울에롤 무싀여 ᄒ더니<母性胃雷><三綱孝15>) '므의-'는 나타나지 않는 것으로 보아 어기가 공시적으로 '므싀-'로 재구조화된 것으로 추정하였다.

살스럽-)

(21가)는 주로 부사성 어근을 어기로 취한 경우인데 선행어기의 말음이 대부분 '르'로 끝나는 공통점이 있다. '보드럽-/보드랍-'는 의태어 '보들보들'이 첩어성을 상실하여 형성된 것이다(남기심·고영근 1993:205). '-압/업-'은 이 어근들의 단독형에는 결합될 수 있지만 반복형에는 결합될 수 없다. 반대로 접미사 '-하-'는 단독형에는 결합될 수 없지만 반복형에는 결합될 수 있다(송철의 1992:216, 기주연 1994:229). '어즈럽-'는 이 지역어에서 두 가지 의미로 사용하고 있는데 하나는 '몸을 제대로 가눌 수 없이 정신이 흐리고 얼떨떨하다'의 의미이고, 다른 하나는 '물건들이 제자리에 있지 못하고 널려 있어 너저분하다'의 의미가 있다. 그 예를 보면 다음과 같다.

(22) ㄱ. 뒤루 칵 넘어데서 머리가 어지럽다. 골치 아프다.
       (뒤로 콱 넘어져서 머리가 어지럽다. 골치 아프다.)
     ㄴ. 멀 많이 벌레 놔서 정 어지러워. 어지럽다 그래. 장 어지럽게 해
       놧다. 애들이 와서 벌레논건.
       (뭘 많이 벌려 놓아서 너무 어지러워. 어지럽다 그래. 너무 어지
       럽게 해 놓았지. 애들이 와서 벌려 놓은 것은.)

'시끄럽-'는 '시끌-+-업-'로 분석할 수 있다. 동사어간 '시끌-'은 현재 이 지역어에서는 쓰이지 않고 있지만 18세기 초기 자료인 『청구영언(靑丘永言)』에는 '싯글-'의 형태로 동사로 쓰이고 있는 것을 볼 수 있다.

(23) 헛글고 싯근 文書 다 주어 후리치고 匹馬 秋風에 채를 쳐 도라오니
     <1728 靑丘永言 p.39>

18세기 이전 시기인 17세기에는 '떠들어 대다'의 의미로 '싯구-'가 나타나기도 한다.

> (24) 너희들히 싯구디 말고 열흘만 그음ᄒ야 갑술 츠게 가폴 쩌시라
> <1670 노걸언하, 52a>

한편 (21나)의 '개립-'과 '짓등무럽-'류 및 '나무럽-'은 어근의 형태나 의미가 불명확하고 역사적으로도 문증되지 않는 것들이다. 여기서 '개립-'은 '가렵-'과의 유사성이 보인다. 이것은 두립다 가빕다 매립다 '짓등무럽-'은 '하는 짓이 밉살스럽다'는 뜻이고, '나무럽-'은 '대하는 태도나 말 따위가 못마땅하고 섭섭하게 생각되어 언짢다'는 뜻이다.

③ [형용사어간+-압/업-]

> (25) 시컵하-/시그럽-(酸), 부럽-, 서럽-(셟-), 홍그럽-/헝그럽-,[31] 시끄럽-,
>   가찹-(갖-(近)+-압-, 가깝-), cf. 따겁-/뜨겁-(따갑-)[32]

(25)는 형용사어간을 어기로 취하여 다시 형용사를 파생시키는 경우이다. '시그럽-'는 곽충구(1998b:4)에서 '싀-+굴+업(읍/웁)-'로 분석하고 있다. 이 지역어에서는 '시그럽-'를 '시글-+-업-'으로 분석할 수 있다. 왜냐하면 이 지역어에서 '시글-', '시울-' 두 형용사어간을 모두 사용하고 있기 때문이다. 그 의미는 두 가지로 사용되는데 하나는 '눈에 자극

---

31) '헝그럽-'은 '동작이 어렵지 않고 여유가 있다. 힘겹지 않고 쉽다.' 등의 뜻을 가지고 있다.
    예문: '지게다 지구 가문 **헝그럽다구** 지구 댕기구.(지게에다 지고 가면 가볍다고 들고 다니고.)
32) 곽충구(1998b:3)에서는 '따겁-/뜨겁-'를 '뜨겁-<뜩(딱)+압(업/읍/웁)-'로 분석하고 있다.

을 받아 신 느낌이 있다'라는 의미이며 다른 하나는 '좀 시큰한 느낌이
있다'의 의미를 나타낸다.

(26) ㄱ. 너머 밝아서 불이 너머 밝으문 눈이 시글다. 시글시글. 시울시울
눈이 시울다.
(너무 밝아서 불이 너무 밝으면 눈이 시리다. '시글시글'. '시울시
울' 눈이 시리다.)
ㄴ. 시컵하디머. 시그럽다. 시컵하다. 시다. 이 초두 시구 저 초두 시
더라. 쎄게 시더라.
(시컵하지머. 시그럽다. 시컵하다. 시다. 이 초도 시고 저 초도 시
더라. 아주 시더라.)

'부럽-'는 '븗-+업-→불웝->부러-'의 변화로 보이는데 '불웝-' 단계
에서 유음 'ㄹ'과 이중모음 '워'가 연결되기 어려운 음절구조제약에 의
하여 '-뤕->-럽-'의 변화를 겪은 것이다. '서럽-'도 '셟->셟+업->서
뤕->서럽-'으로 분석할 수 있어 동궤의 변화라고 할 수 있다(곽충구
1998b:13).

형용사 파생어 형성의 논의에서 '-압/업-' 외의 'ㅂ'계 파생접미사 중
에서 늘 함께 언급되어 왔던 접미사로 '-ㅂ-, -브-'이 있다. 주지하다시
피 '-압/업-, -ㅂ-, -브-'과 같은 'ㅂ'계 파생접사는 기원적으로 음운론
적 조건에 의해 여러 가지 이형태로 분화된 것이다. 가령 중세한국어에
서 '-업-'은 선행하는 어기가 'ㅣ'로 끝나야 한다는 음운론적 결합 제약
이 있었다. '-ㅂ-, -브-'계 파생접사는 중세한국어에서 동사를 형용사
로 파생시키는 가장 생산성이 높았던 접미사들이었지만 현대한국어에
와서는 접미사로서의 생산적을 잃었으며 어간과 결합한 형태가 형용사
로 굳어져 사용되고 있다. '-압/업-'에 의한 파생도 동사어간을 어기로

취한 경우는 공시적으로 분석은 가능하나 생산성이 낮아 형태론적으로 어휘화했다고 볼 수 있겠다.

④ [-ㅂ-]

(27) 가. 우습-(웃읍-), 개립-(가렵-), 아숩-/아싑-, cf. 조롭-(졸리-)
　　나. 그립-(<그리ᇦ-, 그리-(慕)), cf. 밉-(<믜-(憎))

(27)의 '-ㅂ-'은 주로 동사어간을 어기로 취하여 형용사를 만든다. (27가)는 자동사어간을 어기로 취하는 경우이고 (27나)는 타동사어간을 어기로 취하는 경우이다. '-ㅂ-'에 의한 파생은 중부방언과 마찬가지로 그 어기로 되는 것이 대부분 쓰이지 않고 있기 때문에 형태론적으로 어휘화했다고 볼 수 있다.

⑤ [-브-]

(28) 고프-(<골ᄑᆞ다, 곯-+-ᄫᆞ-), 아프-(<알ᄑᆞ다, 앓-(痛)+-ᄫᆞ-),
　　슬프-(슬프다, *슳-), 기쁘-(<깃브다, *깄-~깃-)

(28)의 예들은 중부방언과 마찬가지로 이 지역어에서도 어휘화 된 예들이다. 중세한국어에서는 '-브-'에 의한 형용사 파생, 그중에서 감정을 나타내는 형용사 파생이 가장 생산적이었는데 현재는 '-브-'의 어기로 되었던 동작동사들이 '앓다, 믿다, 곯다'를 제외하고 대부분 쓰이지 않게 되고 또한 새로 만들어진 단어들도 보기 드물기 때문에 '-브-'에 의한 파생은 생산력이 낮다고 할 수 있다.[33] '-ㅂ-'은 주로 모음으로 끝

난 동사어기에 결합된다면 '-브-'는 주로 자음으로 끝난 동사어기에 결합된다.

'고프-, 아프-' 등은 'ㅍ' 앞에서 'ㄹ'이 탈락하는 음운규칙이 공시적으로 존재하지 않기 때문에 음운론적 어휘화가 된 것인데 '-ㅂ-'가 공시적으로 생산성을 잃어버렸다는 관점에서 보면 형태론적 어휘화가 일어난 것이라고 볼 수 있다. 'ㅍ'앞에서 'ㄹ'을 탈락시키는 음운규칙은 통시적으로 보아도 일반화될 수 있는 현상은 아니다. '애달프-, 고달프-, 가냘프-, 어설프-, 슬프-' 등에서는 동일한 환경이면서도 'ㄹ'탈락이 일어나지 않으므로 현대한국어에서 '아프-, 고프-'를 '[[X]v+-브-]a'와 같은 파생어형성규칙에 의해 생성해 낼 수 없게 되었다. 그 과정에서 나타나게 될 'ㄹ'탈락이라는 음운현상을 설명할 수 없기 때문이다(송철의 1992: 32-33).

5.9. 기타 접미사에 의한 파생

그 밖에도 형용사를 파생하는 접미사에는 어근형성접미사들이 있다. 이 지역어에서 동사어간이나 형용사어간과 결합하여 어근을 형성하는 접미사들로 '-즉하-', '-죽하-', '-쑥하-', '-닥/덕하-', '-으막하-', '-으마/으매하-', '-으많-', '-으다마하-', '-으다많-', '-으스럼-', '-음직-' 등이 있다. 이들 접미사에 의해 형성되는 어근들은 거의 '-하-'와 결합

---

33) '-브-'는 '-ㅂ-'의 이형태로서 중세어에서는 어말자음을 가진 동사어간에 결합되어 극히 간편한 어휘형성절차를 거쳐서 형용사를 파생시켰다. 하지만 조만간 형용사의 자원이었던 원래의 동사들은 대부분 원형을 상실하여 쓰이지 않게 되었고 새로이 만들어진 형용사는 그것과 짝을 이루는 동사의 필요성이 생기자 형용사의 부사형에 '-하-'를 붙이는 새로운 형성을 거치고 있다(슬퍼하다, 기뻐하다)(심재기 1987:397).

하여 다시 형용사를 파생시킨다(송철의 1992:229). 여기서는 편의상 '-즉-' 등과 '-하-'가 결합한 형태를 하나의 단일한 파생접미사로 보고 논의를 하겠다. 그 예들을 보면 다음과 같다.

① [-즉하-, -죽하-, -쑥하-, -닥/덕하-, -으막하-, -으마하/으매하-, -으 다마하-]

> (29) 가. 널쯕하-(널찍하-), 멀쯕하-(멀찍하-)
> 나. 길쭉길쭉하-/갈죽하-, 납죽허-, 껄쭉하-/껄죽하-/끌죽하-(걸쭉하-)34)
> 다. 길쑥하-/갈쏙하-, 말쑥하-
> 라. 납닥하-/납작하-, 넙덕하-
> 마. 딸막허-(짤막하-), 쪼막하-, 낮으막하-(나지막하-)
> 바. 자그마하-, 쪼꼬마하-, 쪼고매허-/쪼꼬매하-/쪼매하-/쪼맨하-/쬐 매하-/쬐맨하-(조그마하-)
> 사. 딸따마허-(짤따랗-), 크다마하-(커다랗-), 기다마하-(기다랗-)

(29)의 어근형성 접미사들은 형태는 다르지만 그 의미는 모두 정도성 을 나타낸다.

(29가)는 '-즉하-'에 의한 파생으로서 중부방언의 '-직하-'에 해당한 다. '-즉하-'는 주로 긍정적 가치를 나타내는 공간형용사를 어기로 취 하며 형성된 파생형용사는 주로 구체적인 의미로 쓰인다(송철의 1992:232).

(29나)는 '-죽하-'에 의한 파생으로서 대부분 공간형용사를 어기로 취한다. 예외적으로 '껄죽하-'는 공간을 나타내는 형용사가 아닌 형용사 어간 '걸-'을 어기로 취한다. 여기서 '걸-'는 '액체가 묽지 않고 진하다'

---

34) 예: 말라 붙디 안케 죽가맬 자꾸 주우야디머. 좀 **껄쭉하멘**.(말라 붙지 않게 죽가마를 자꾸 저어야지며. 좀 걸쭉하면.)

는 뜻인데 여기서 파생된 '껄죽하-'는 '묽지 않고 조금 걸다'의 의미를 나타낸다.

(29다)는 '-쑥하-'에 의한 파생이다. '길쑥하-'는 형용사어간 '길-'에 어근형성 접미사가 결합된 것이다. '걀쑥하-'의 '걀-'은 이 지역어에서 독립적으로 쓰이지 않는다. '걀쑥하다'는 '길쑥하다'의 모음교체에 의한 대립짝이라고 할 수 있다. 음성상징과 관련된 대립짝들에서 나타나는 모음대립이 부분적으로는 과거의 틀을 유지하면서 다른 한편으로는 새로운 체계에 순응하는 경우가 있는데 기원적인 '이'는 '야'로 교체되는 경향이 있고 '의'로부터 발달한 '이'는 '애'로 교체되는(예: 미끄럽다/매끄럽다) 경향이 있다(송철의 1992:297). '길쑥하-/걀쑥하-'와 같은 경우는 기원적인 '이'가 '야'로 교체되는 현상이라고 할 수 있다.

(29라)는 '-닥/덕하-'에 의한 파생인데 중부방언의 '-작/적하-'에 해당한다. '납닥하-/납작하-'의 '납-'형용사어간은 이 지역어에서 찾아 볼 수 없지만 기주연(1994:282)에서는 근대한국어시기 '납-'이 형용사어간으로 쓰인 예가 확인된다고 하였다(예: 납은 빅(扁子船)(漢淸十二19)).

(29마), (29바)는 각각 '-으막하-', '-으마하/으매하-'에 의한 파생인데 주로 부정적 가치를 나타내는 공간형용사를 어기로 취하여 다시 형용사를 만든다. 이것은 어기의 의미에 정도성을 더해주는 기능을 한다. (29사)는 '-으다마하-'에 의한 파생이며 긍정적 또는 부정적 공간형용사를 어기로 취한다. '-으마하-'와 '-으다마하-'는 각각 그 준말로 '-으맣-'과 '-으다맣-'을 가지는데 그 의미기능은 동일하다(예. 자그마하-/자그맣-, 쪼꼬마하-/쪼꼬맣-, 크다마하-/크다맣-, 기다마하-/기다맣-).

② [-으스럼하-, -으끄무루하-]

'-으스럼하-'는 중부방언의 '-으스름하-'에 해당하는데 주로 [+시각],
[-양]의 의미를 나타내는 시각형용사를 어기로 취하는 접미사로서 그
정도가 약간 낮은 상태임을 나타내며 모양을 표현하는 형용사를 파생시
킨다(김상첩 2008:435, 송철의 1992:235).

> (30) 가. 발그스럼하-, 벌그스럼하-, 뻘그스럼하-
>   노루스럼하-, 누루스럼하-
>   파르스럼하-, 푸르스럼하-
>   거무스럼하-
>   나. 어두끄무루하-, 노르끄무루하-, 파르끄무루하-

(30가)는 '紅, 黃, 靑, 黑'을 뜻하는 형용사를 어기에 '-으스럼하-'가
결합하여 다시 형용사를 파생시킨 것이다. '白'에 대한 파생어가 없다는
것이 특이하다. (30나)의 '-으끄무루하-'는 '-으스럼하-'와 형태는 다르
지만 파생어형성의 분포 및 기능과 의미는 대체로 동일하다. 그러나 조
사 자료에서는 나타나지 않지만 이 지역어에 대한 언어 직관상 '히끄무
루하-'는 가능해 보이는 데 반해 '*불그끄무루하-'는 불가능하다는 점
에서 두 접미사가 서로 완전하게 대체되는 관계는 아닌 듯하다.

③ [-두룸하-]

> (31) 물쿠두룸하-(조금 묽은 듯하다), 빗드룸하-/빗두룸하-(비슷하-)

(31)의 '-두룸하-'는 주로 공간형용사를 어기로 취한다. '-두룸하-'의

의미는 '-으스름-'의 의미와 비슷하여 그 정도가 낮은 상태임을 나타낸다. 중부방언에서는 '-으스름-'이 시각형용사라는 어휘범주를 설정하여 '물그스름하-'35)가 잘 쓰이지 않지만 이 지역어에서는 그에 해당하는 의미로 '물쿠두룸하-'를 사용하고 있다. 한편 '빗드룸하-/빗두룸하-'는 동남방언에서 '약간 비뚤다'의 뜻을 가진 '삐뚜룸하-'와 유사성이 보이지만 이 지역어에서는 그러한 뜻이 아니라 '약간 비슷한 듯하다'의 뜻을 가지고 있다.

(32) ㄱ. 오이두 쌂아개지구 **물쿠두룸**하디머.
　　　(오이도 삶아가지고 물쿠두룸하지머.)
　　ㄴ. 이것두 이자 거 메뚜기 빗드룸한데, 이건 또 사마구.
　　　(이것도 이제 그 메뚜기 비슷한데, 이건 또 사마귀.)

④ [-음직하-]

(33) 가. 먹음직하-
　　나. (눈이)큼직하-,36) 믿음직하-

'-음직(하)-'는 원래 명사였을 '-듯'과 같은 범주로서 '꽤'의 의미를 가지며 세 가지의 다른 구성에 쓰인다. 첫째는 보조형용사로 쓰이는 경우이고(먹었었음직하다), 둘째는 동사에서 형용사를 형성하는 경우(먹음직하다)이며, 셋째는 형용사에 접미하는 경우이다(김창섭 2008:360). 그 중에서

---

35) 김창섭(2008:344)에서는 '묽다'와 '맑다'가 동일 어원에서 나온 것이겠지만 '맑다'는 빛형용사이고 '묽다, 되다'는 빛형용사가 아니라고 생각된다고 언급한 바 있다.
36) 제보자의 자연발화에서는 '큼직하-'와 동일한 의미를 가지는 '흠직하-'도 발견된다.
　　예 : 뚱뚱한 사람은 몸이 **흠직**해서 맞추 쪼꼼씩 먹어두 뚱뚱하대는 소리 허야 되네 머.
　　(뚱뚱한 사람은 몸이 큼직해서 알맞게 조금씩 먹어도 뚱뚱하다는 소리 해야 되네 뭐.)

접미사로 기능하는 '-음직하-'는 이 지역어에서 동사나 형용사를 어기로 취하여 '가치성'의 의미를 더하며 형용사를 만든다.

(33가)는 동사를 어기로 취하여 형용사를 만드는 경우이고 (33나)는 형용사를 어기로 취하여 다시 형용사를 만드는 경우이다. (33나)의 형용사어간은 [+공간, +양]의 형용사만을 어기로 취할 수 있다(*짧직하다, 좁직하다)(김창섭 2008:360).

5.10. 요약

형용사 파생 접미사에 대한 논의를 정리하면 다음 표와 같다.

[표 7]

접미사	접미사 의미	예	선행어기의 품사범주
-스럽-	어기의 속성에 매우 가깝게 접근하여 풍부히 있음.	고상스럽다, 벨스럽다, 새삼스럽다	명사, 어근, 부사
-롭-	어기의 특징적 속성에 접근	향기롭다, 슬기롭다, 가파롭다	명사, 형용사
-답-	어기의 의미에 대한 긍정적 가치평가	선생답다, 정답다	명사, 명사구, 어근
-하-	형용사화	쓱쓱하다, 악독하다, 더하다	어근, 부사
-차-	강세, 강조	세차다, 길차다, 매몰차다, 우렁차다	형용사, 어근
-앟/엏- -하-	매우	빨갛다, 파랗다, 노랗다 빨하다, 팔하다, 놀하다	색채형용사, 어근
-압/업- -ㅂ/브-	주관적인 감정 상태	미덥다, 미섭다, 보드럽다 우습다, 그립다, 고프다, 기쁘다	동사, 형용사, 어근

제 6 장
부사파생

6.1. 도입

한국어의 부사는 그 형태론적 구성의 특성에 따라 본래부사(잘, 못, 꼭), 파생부사('-이/히'에 의한 파생), 복합부사(잘못, 곧잘, 곧바로), 반복부사(반짝반짝, 출렁출렁), 동사나 형용사의 활용형이 특수하게 통시적으로 어휘화한 부사(그러나, 그러니, 그러면) 등으로 나누어 볼 수 있으며 부사파생에는 영접사에 의한 파생, 반복법에 의한 파생, 접미사에 의한 파생 등으로 나눌 수 있다(심재기 1982:403-404). 부사파생은 명사나 동사의 파생과 달리 파생접사 자체의 의미를 도출해 내는 것이 쉽지 않다.

이 장에서는 이 지역어에서 부사를 만드는 데 생산력이 비교적 높은 파생접미사와 이들 파생접미사에 의해 형성된 파생어를 주로 다루어 보기로 한다. 이 지역어에서 부사를 만드는 데 자주 쓰이는 파생접미사는 '-이/히', '-시리', '-우/추' 등이 있으며 이들은 주로 명사, 동사, 형용사, 어근 등을 어기로 취하여 부사를 파생시킨다.

6.2. '-이/히'에 의한 파생

부사파생접미사 '-이'는 '-히'와 함께 중세한국어부터 근대를 거쳐 현대에 이르기까지 매우 생산적인 접미사이다.

이 지역어에서 '-이'는 형용사어간 및 어근, 시간이나 공간개념의 명사, 그리고 첩어성을 띤 부사를 어기로 취하여 부사를 만드는 파생접미사이다.[1] '-이'는 부사를 파생하는 접미사 가운데서 가장 세력이 크고 생산적인 접미사이다.[2]

① [형용사어간+-이]

(1) 가. 가티(같이), 높이, 깊이, 널리, 멀리, 빨리
    나. 고마이(고맙게) cf. 가차이(가찹-+-이, 가까이)
    다. 배불리, 틀림없이, 매낭없이(볼품없이)

(1)은 형용사어간을 어기로 취하여 부사를 파생시키는 경우이다. 형용사 중에서도 빛형용사, 미각형용사, 후각형용사 등 감각형용사들은 '-이'의 어기로 취할 수 없는 의미론적 제약이 있다(송철의 1992:244-245).

(1가)는 단일형태소 공간형용사어간을 어기로 취한 경우이다. 이들 공간형용사 어기들은 주로 긍정적 가치를 나타내는데 이런 긍정 계열의 형용사들이 더 적극적으로 파생어형성에 참여한다는 것은 척도명사파생

---

1) 하나의 파생접사가 여러 품사를 어기로 취하기는 어려우므로 이들 모두가 한 종류의 접미사에 의한 파생은 아닌 것으로 생각된다(고영근 · 구본관 2008:229).
2) 김종록(1989:7)에서는 부사형 접사 '-이'와 '-게'의 통시적 교체를 논하면서 중세한국어의 '-이'를 형태 · 통사 · 의미적 측면으로 살펴본 결과 '-이'는 부사형 굴곡접사와 부사화 파생접사라는 두 가지 기능이 있는데 이 중에서 부사형 굴곡접사의 '-이'가 후대에 오면서 '-게'로 교체가 되었다고 밝혔다.

에서도 확인된 바 있다(송철의 1992:246). 한편, '널리, 빨리(빠르-<싼ᄅ(速)-+-이), 달리(다르-<다ᄅ(異)+이)' 등의 '-리'는 '르'로 끝난 형용사나 'ㄹ'말음을 가진 일부의 형용사에 결합된다.3)

(1나)의 '고마이'는 각각 '고맙-+-이<고맗-+-이'로 구성된 것으로서 어간말 자음 'ㅂ'이 모음 '-이'앞에서 탈락되어 형성된 것이다(송철의 1977:73-74).

(1다)는 복합형용사를 어기로 취한 경우이다. '배불리'는 '배+부르-'로 구성된 것이고 '틀림없이, 매낭없이'도 '명사+동사'를 어기로 한 것이다. '매낭없이'는 다음 예문과 같이 쓰이고 있다.

(2) 바디두 널꾸 조선입성은 **매낭없이** 널따마게 해디머.
    (바지도 넓구 조선옷은 볼품없이 널따랗게 하지머.)

② [상태성 어근+-이/히]

(3) 가. 상닥이(상당히), 골란히(곤란히), 싹실이(싹싹하게), 깨끗이, 반듯이/반뜻이/번듯이(반듯하게), 쨋쨋이(또렷이), 따뜻이, 뜨뜻이, 끔찍이/끔찍히, 무둑이(묵묵히), cf. 갑재기(갑자기<곱작도이), 똑똑이/똑똑히, 일찌간이(일찌거니), 과히(과분하다, 아프다), 조용히, 단단히, 화목히(화목하게), 가즈란히(가지런히), 바지러니/부주러니(부지런히), 훌릉히(훌륭히), 특벨히(특별히), 자세히, 비슥히[비스키](비슷하게), 감히, 꼼꼼히, 탁실히(착실히), 일심히(열심히), 조심히(조심스레), 펜안히(편안히), 우연히, 분주히, 가쯘히(가지런히), 끔찍이/끔찍히
    나. 줄줄이
    다. 가득히/가득이, 가만히

<hr>

3) 남기심·고영근(1993:206)에서는 '리'의 'ㄹ'을 어근의 일부분으로 처리하고 있다.

(3가)는 주로 상태성 어근을 어기로 취한 경우인데 주로 '-하-'에 의한 파생어기로부터 '-이'부사파생을 형성하는 예들이 많다.4) 이 지역어에서 상태성 어근에 '-이'가 결합되어 부사를 파생시키는 경우는 '-이'와 '-히'가 수의적으로 즉 '-이'와 '-히'는 임의로 교체되어 일관성이 없이 나타나고 있다.5) 여기서 파생접미사 '-히'는 기원적으로 'X호-'의 '-호-'와 '-이'가 결합하여 만들어진 것으로서 '-이' 접사에 포함시킬 수 있으며 '-히'에 선행하는 어근은 모두 'X하-(<X호-)'로 쓰일 수 있다.6)

'상다'이'는 '상당하-'의 어근 '상당'에 부사 파생접미사 '-이'와 결합하면서 비모음화가 적용된 것이다. '골란히'는 '곤란하다'의 어근 '곤란'에 '-히'가 결합되어 부사를 파생시키는 경우이다. '싹실이'는 '성질이 상냥하고 또 사리를 재빨리 알아차려 남의 뜻을 잘 받들어 좇는 태도가 있다'는 의미로 중부방언의 '싹싹하다'에 해당된다.

(4) ㄱ. 돌아댕기멘 벌이두 그케 몯하구 **골란히** 살디.
  (돌아다니면서 벌이도 그렇게 못하고 곤란히 살지.)
 ㄴ. **싹실이** 돈 잘 벌어 글디머 근데 우리 시오마니레 우리 아들은 그
  따 안 시게요. 코 줄줄 흘리멘서 거 춥디추운 거 멀 그따 하갓소.

---

4) '-하-'에 의한 파생어기로부터 '-이'부사파생을 만드는데 두 가지 방법이 있는데 하나는 '-하-'에 의한 파생어간에 '-이'를 붙이는 방법이고, 다른 하나는 '-하-'파생어기의 어근에 바로 '-이'를 결합시키는 방법이다(기주연 1994:252).
5) 중세한국어에서 'X호다'의 '호다'동사는 부사형 파생접미사와의 결합에 있어서 특이한 양상을 보여 결과적으로 부사파생접미사 '-이'와 '-히'가 불규칙적으로 나타나는 원인이 되었다(구본관 1998). 'X호다'의 '호'나 ' · '탈락에 대한 논의는 이현희(1985, 1986)에서 자세하게 다루었다.
6) "통시적으로 보면 '-히'도 형용사 어근이나 형용사성 불규칙적 어근과 결합하는 '-이'와 동일한 파생접미사에서 온 것으로 생각되므로 공시적으로 '-히'를 하나의 파생접미사로 볼 수도 있지만, '-이'에 포함시켜 다룰 수도 있다"(고영근 · 구본관 2008: 229-330). 한편 김성규(1994), 유필재(2007)는 성조론의 관점에서 '나직이'류의 '-이'를 '하(<호)'의 탈락으로 보지 않고 원래 '이'와 '-히'가 다르다고 주장한 바 있다.

(싹싹하게 돈 잘 벌어 그렇지며. 근데 우리 시어머니가 우리 아들
은 그런 거 안 시켜요. 코 줄줄 흘리면서 그 춥디추운 거 뭘 그런
거 하겠소.)

(3나)는 주로 부사성 어근(첩어)을 어기로 취하여 부사를 만드는 경우
이다. (3다)는 부사를 어기로 취하여 다시 부사를 파생시키는 경우이다.
동작성 어근들로부터는 '-이' 부사파생이 거의 허용되지 않는다(송철의
1992:249).

③ [명사의 반복+-이]

(6) 나날이, 집집이

(6)은 첩어성을 띤 명사를 어기로 취하여 부사를 만드는 경우이다. 명
사 어기에 직접 통합하지 못하고 반복된 형태만을 어기로 취할 수 있는
것이 특징적이다. 이때의 반복된 명사어기는 주로 시간이나 공간을 나
타낸다.

6.3. '-시리'에 의한 파생

이 지역어의 부사파생접미사 '-시리'[7]는 중부방언의 '-스레'에 해당
하며 '그러한 성질이 있음'의 의미를 나타낸다. '-시리'는 비실체성 명

---

7) 부사파생접미사 '-시리'는 대부분의 경남방언과 전남의 일부방언에서도 발견되며, 송
상조(1991:135)에 따르면 제주도방언에서도 확인된다.

사 뒤에 거의 제약 없이 결합되며, 형용사나 어근에도 결합될 수 있어 다양한 어기를 취할 수 있다.[8]

> (7) 가. 독시리(독살스레), 고상시리(고생스레), 재간시리(재주있게), 호강
> 시리(호강스레), 이상시리(이상스레)
> 나. 싱겁시리(싱겁게), 패랍시리(괴팍하게), 고마시리/고맙시리(고맙게)
> 다. 급살시리(급하게), 무던시리, 깜찍시레/깜쯕시리(깜찍하게), 벨시
> 리(별+-시리, 별스레). 니악시리(니악+-시리, 이악하게), 못되시리
> (못되게)

(7가)는 명사어간을 어기로 취하여 부사를 파생시키는 경우이다. '독시리'는 중부방언의 '독살스레'에 해당하는데 명사어간 '독'에 '-시리'가 결합된 경우이다. '독시리'의 의미는 '성품이나 행동이 살기가 있고 악독한 데가 있다는 것이다.

(7나)는 형용사어간을 어기로 취하여 부사를 파생시키는 경우이다. '싱겁시리'는 형용사어간 '싱겁-'에 '-시리'가 결합된 것이며 그 의미는 '사람의 말이나 행동이 상황에 어울리지 않고 다소 엉뚱한 느낌을 준다'를 나타낸다. '패랍시리'는 형용사어간 '패랍-'에 '-시리'가 결합된 것이며 그 의미는 '성격이 별스럽고 괴팍하다'를 나타낸다. 그 예를 보면 다음과 같다.

(7다)는 어근을 어기로 취하여 부사를 파생시키는 경우이다. '급살시리'는 중부방언의 '급살스레'에 해당하는데 중부방언에서 '급살(急煞)'은 '① 보게 되면 운수가 나빠진다는 별. ② 갑자기 닥쳐오는 재액'이라는 의미로 쓰이고 있는데 이 지역어에서는 그 의미가 아니다. 이 지역어에

---

8) 이 지역어에서 '-시리'는 '-게'를 매개로 하여 '맞게시리, 먹게시리, 앉게시리, 들어오게시리, 든든하게시리, 길게시리'로 통합하는 경우도 있는데 이때는 보조사에 가깝다.

서 '급살시리'는 '시간의 여유가 없어 일을 서두르거나 다그쳐 매우 빠르게 또는 미처 생각할 겨를이 없이 매우 급하게'의 의미로 쓰이고 있다.

(8) ㄱ. 징이 나구 돈 채는 놈 욕을 하디머. 너무 **독시리** 욕해서. 믿는 사람이 욕을 안 해야 되는데두.
    (화가 나고 돈 채가는 놈 욕을 하지 뭐. 너무 독시리 욕해서. (종교를) 믿는 사람이 욕을 안 해야 되는데도.)
   ㄴ. **싱겁시리** 너무 건방지게 노는거 보구 저건 막 잘 낳다구 **뺀다** 그러는 사람두 잇어.
    (싱겁게 너무 건방지게 노는 것을 보고 저건 막 잘 났다고 뺀다고 (하지 않는다는 뜻) 그러는 사람도 있어.)
   ㄷ. **패랍시리** 글멘서 까다롭게 기는 거. 나 시집살이 못 해. 사람이 **패랍시리** 긴다.
    (괴팍하게 그러면서 까다롭게 그러는 거. 나 시집살이 (잘) 못 해. 사람이(=시어머니) 괴팍하게 그런다.)
   ㄹ. 내가 아푸문 딸 찾으야디머. 그러문 또 **급쌀시리** 오야디머
    (내가 아프면 딸 찾아야지머. 그러면 또 (딸이) 급히 와야지머.)

6.4. '-우/추'에 의한 파생

이 지역어에서 '-우/추'는 동사나 형용사를 어기로 취하여 어간의 의미에 '정도'의 깊이를 더해 주는 기능을 한다(기주연, 1994:261). '-오/우'에 의한 파생어는 이미 중세에 거의 다 나타나 형태상의 변화만 있을 뿐 현대한국어에서는 부사파생의 기능을 하던 '-오/우'가 더 이상 새로운 단어를 생산해내기 어려우며 부사로 굳어져 사용되므로 완전한 어휘화를 경험하게 된 것으로 보인다(이현희 2006:224).[9] 이 지역어에서는

'-오' 형태는 보이지 않고 '-우' 형태로 모두 통일되었다. '-우/추'에 의한 파생은 '-이' 접미사만큼 생산력이 높지 못하며 그 파생어들은 대부분 어휘화했다고 볼 수 있다.

① [-우]

> (11) 가. 도루(돌-+-우, 廻, 反, 도로), 너무(넘-+-우, 過), 마주(맞(對)-+-우)
>   나. 자주(잦-+-우), 고루(均, 고르-+-우), 바투(밭-+-우, 近),
>   야투(얕-+-우), 얕추)

(11가)는 동사어간을 어기로 취한 경우이고 (11나)는 형용사어간을 어기로 취한 경우인데 이 예들은 분석은 가능하나 생산성이 매우 낮다.

② [-추]

> (12) 낮추(낮-+-추), 늦추(늦-+-추), 맞추(맞-+-추<마초, 맞게)

'-추'는 일부 형용사를 어기로 취하여 부사를 만드는 파생접미사이다. '-추'는 중세한국어시기의 '-호/후'에 해당하는데 어간 말음이 주로 'ㄷ, ㅈ'인 형용사어간에 결합할 수 있다는 음운론적 제약이 있다. 이 지역어에서는 '-오/우'의 '-오' 형태가 없듯이 '-초/추'의 '-초' 형태도 보이지 않는다. '-추'는 '-우'보다도 비생산적이며 이 지역어에서는 중부방언과 마찬가지로 부사로 굳어져서 사용되고 있다.

---

9) 성광수(2001:101)에서도 '-오/우'는 생산성이 약한 것으로 보이므로 이는 통시론적 규칙화에서 취급됨이 합당할 것이라고 하였다(예: 넘-우(너무), 비롯-오(비로소)).

(13) ㄱ. 당 늦어딘다. 아들이 길에서 가다가두 놀구. 밥두 좀 **늦추** 해주구.
　　　아이들이 징이 나서 울멘 그러다간 늦어대 갈 수 익구.
　　　(늘 늦어진다. 아들이 길에서 가다가도 놀고, 밥도 좀 늦추 해주
　　　고, 아이들 이 화가 나서 울면서 그러다가는 늦게 갈 수 있고)
　　ㄴ. 뚱뚱한 사람은 몸이 흠직해서 **맞추** 쪼꼼씩 먹어두 뚱뚱하대는 소
　　　리 허야 되네머.
　　　(뚱뚱한 사람은 몸이 큼직해서 알맞게 조금씩 먹어도 뚱뚱하다는
　　　소리를 해야 되네 뭐.)

요컨대 '-이/히'접미사는 이 지역어에서 여전히 새로운 부사를 파생
하는 기능을 하지만 '-우'접미사는 '-이'에 비해 생산성이 낮다. 또한
'-추'접미사는 '-우'접미사보다도 생산성이 없어서 이미 부사로 굳어져
어휘화를 경험한 것으로 보인다.

6.5. 기타 접미사에 의한 파생

그 밖의 부사파생접미사로 이 지역어에서는 다음과 같은 접미사들을
사용하고 있다.

(15) 가. 슬그머니(슬금+-허니), 무둑허니(무둑+-허니, 묵묵히),
　　　히죽하니(히죽+-하니), 가득하니(가득+-하니)
　　나. 마음껏/맘껏, 힘껏, 기껏, 목청껏, 이때껏

(15가)는 '-하니/허니'에 의한 파생이고, (15나)는 '-껏'에 의한 파생
이다.[10] '-하니/허니'와 '-껏'은 모두 명사나 어근, 의성·의태어를 어
기로 취하여 부사를 파생시키는 접미사이다.

다음은 이 지역어에서 어간형태를 반복시킴으로써 부사를 파생시키는 경우가 있는데 그 예를 간단히 제시하면 다음과 같다.

(16) '-둑': 후두둑후두둑(후드득후드득), (가시레)두둑두둑
    '-락': 와락와락, 줄쭈락줄쭈락, (성질이)빨락빨락, (올라가다)고불락
        고불락
    '-작': 왁작왁작, 빠작빠작
    '-적': (종에)꼬구적꼬구적(꼬기작꼬기작), 넓적넙적, 어우적거구적
    '-죽': 히죽히죽
    '-신': 푹신푹신
    '-실': 왁실왁실
    '-진': 눅진눅진, 녹진녹진
    '-읏': 울긋불긋
    '-둥': 부둥부둥(푸둥푸둥)
    '-ㅁ': 꼼꼼, 쩸쩸(쬠쬠)
    '-ㄹ': 우굴부굴(우글부글), 둥얼둥얼(중얼중얼), 둥글둥글, 둥굴둥굴,
        보글보글, 흔들흔들, 쪼글쪼글, 구불구불, 꾸불꾸불, 비질비질,
        보들보들, 바들바들, 반들반들/번들번들, 번질번질, 빌빌, 살살,
        너슬너슬(널찍널찍), 왁실왁실, 기울기울(흔들흔들), 어질어질
    '-ㄴ': 오순도순, 따끈따끈, 드문드문
    '-ㅇ': 설렁설렁, 수렁수렁, 찌글렁(삐거덕), 떵떵(뚱뚱), 끙끙, 쟁쟁,
        짝짝꿍(짝짜꿍)
    '-ㄱ': 두둑두둑, 찔룩찔룩, 히죽이죽(히죽히죽), 부스럭, 깍깍, 뚝뚝,

---

10) '-껏'은 중세어 '곳(邊·端), 귿(端·末)'에 기원하는 것으로서 '그것이 닿는 데까지'의 뜻을 나타내며 현대어의 후치사 '-까지'와 같은 어원의 접미사이다(심재기 1987: 409). 이 지역어에서 '-껏'은 일부 명사어간을 어기로 취하며 '힘자라는 한 있는 대로 다하여'의 의미를 나타낸다. '까지껏'은 '까지+껏'으로 분석할 수 있는데 그 의미는 중부방언의 '한껏'에 해당하므로 '정도나 힘이 자라는 데까지 잔뜩'이라는 뜻이다. '이때껏'은 때를 나타내는 부사 '이때'를 어기로 취하여 다시 부사를 만드는 경우인데 그 의미는 '그때까지 내내'의 의미를 나타낸다.

갑삭갑삭(가벼운 느낌), 톡톡, 더욱

'-ㅅ': 느릇느릇(느릿느릿), 느릿느릿

기타, 모음: 채레채레(차례차례), 깨깨, 고리고리, 도리도리, 걸시걸시,
색색가지

(16)의 예들은 심재기(1982:417)에서 분류한 접미형태소에 의하여 그에
해당하는 예를 이 지역어에서 찾아 본 것이다. 심재기(1982:416-417)에서
는 동사로부터 부사를 파생시키는 경우, 동사어간형태만의 반복으로는
어휘적 안정성을 얻지 못하는 경우가 대부분이므로 그 동사어간을 다시
상태성으로 바꾸는 접미형태소를 필요로 한다고 하면서 이와 같은 접미
법을 반복접미법(反復接尾法)이라고 하였다.11)

6.6. 요약

지금까지 논의한 부사파생접미사를 도표로 정리하면 다음과 같다.

[표 8]

접미사	예	선행어기의 품사범주
-이/히	가티, 상다~이, 줄줄이, 가득히	형용사, 어근, 명사, 부사
-시리	고상시리, 싱겁시리, 급쌀시리	형용사, 명사, 어근
-우/추	바투, 야투, 맞추	동사, 형용사

---

11) 이것은 형태소를 어디까지 추상화시킬 것이냐 하는 분류태도에 따라 달라 질 것이
지만 위에 열거된 형태소들을 음절말자음의 종류에 따라 나누어보면 '-ㅁ, -ㄹ, -ㄴ,
-ㅇ, -ㄱ, -ㅅ' 등 형태소가 있다는 것을 알 수 있다. 심재기(1982:418)에서는 잠정
적으로 '-ㄱ'에 대하여는 '-도록'을, '-ㅅ'에 대하여는 '-듯'을 대응시켜 이러한 '-
ㄱ'과 '-ㅅ'에 대하여는 부사가 지니는 기본적인 특질인 '상태성' 및 '정도성'이 선
행소와 결합 반복함으로써 작용하는 것이라고 지적하고 있다. 즉 '-ㄱ'은 '정도성',
'-ㅅ'은 '상태성'과 관계된다고 보고 있다. 자세한 것은 심재기(1982:418) 참조.

제7장

유형별 파생접미사들의 실현양상

지금까지 중국 요녕성 무순시 전전진(中國 遼寧省 撫順市 前甸鎭) 지역에 거주하는 평북 철산 지역 출신 화자의 자연발화를 대상으로 평북 철산 지역어에서 나타나는 접미사에 의한 파생 양상을 살펴보았다. 지금까지 중부방언을 비롯한 한국어 일반에 걸친 파생법에 관한 연구는 활발히 이루어져 왔으나 어느 특정 방언, 혹은 특정 지역어의 파생법을 본격적으로 연구한 업적은 별로 없었기 때문에 이 책과 같은 연구가 나름대로의 의미를 가지리라고 생각했기 때문이다. 본론에서 논의된 내용을 요약하면 다음과 같다.

먼저 2장에서는 파생법 논의를 위한 기본 전제에 대해서 살펴보았다. 한국어의 단어형성론에서 최근 논쟁이 되고 있는 규칙론과 유추론에 대해서 살펴보았고, 단어형성의 공시성과 통시성에 대하여 논의하였다. 그리고 단어형성의 유형에 대해서 논의하였는데 이 책에서는 영접사에 의한 파생을 인정하지 않는 입장을 받아들였다. 이 책에서 사용될 중요한 용어는 어근·어간·어기, 접미사 등인데, 이들의 개념 정의는 이익섭·

채완(1999)을 따르기로 하였다.

3장에서는 접미사에 의한 파생 중 명사파생을 논의하였는데 명사를 만드는 파생접미사와 이들 파생접미사에 의해 형성된 파생명사에 대해 살펴보았다. 이 지역어에서 명사를 파생시키는 접미사가 가장 다양하게 나타났으며 이 접미사들에 의해 형성된 파생어도 매우 많았다. 이 지역어에서 명사파생접미사들은 주로 동사, 형용사, 명사, 어근, 의성·의태어 등을 어기로 취하여 명사를 파생시킨다.

명사파생에는 '-이', '-음', '-기', '-개', '-쟁이', '-뱅이', '-퉁이', '-질', '-노리/노릇', '-앙/엉', '-앙이/엉이', '-악/억' 등에 의한 파생이 있는데 '-이', '-질'에 의한 파생이 가장 특징적이었다.

'-이'는 동사, 형용사, 명사, 어근, 의성·의태어 등을 어기로 취하여 행위/사건, 물건/도구, 척도, 사람/동물/식물/사물 등을 나타내는 명사를 파생시킨다. 이 지역어에서는 동물 이름이나 식물 이름에 접미사 '-이'가 붙어 다시 명사를 파생하는 경우가 특별히 많다(부허~이, 디레~이, 파이, 깡내~이). '-질'은 중부방언에 비해 더욱 생산적인데, 명사어간뿐만 아니라 동사어간에도 직접 결합할 수 있다. 가령 이 지역어에서 '후치질', '다듬질'과 같은 예를 사용하고 있다. 그리고 중부방언에서는 '-질'이 '직업이나 신분'을 나타내는 명사와 결합하면 비하하는 느낌을 주는 경우가 많으나(선생질), 이 지역어에서는 그렇지 않다. 이 지역어에서는 '으사(醫師)질, 간부(幹部)질, 회장(會長)질, 조교질' 등이 자연스럽게 쓰인다.

4장에서는 동사파생에 대한 논의를 하였는데 동사를 만드는 파생접미사와 이들 파생접미사에 의해 형성된 파생동사에 대해서 살펴보았다. 이 지역어에서 동사파생접미사는 주로 동사, 형용사, 명사, 부사, 의성·의태어 등을 어기로 취하여 동사를 파생시킨다. 이 지역어에서 동사를 파생시키는 접미사에는 사·피동접미사, '-거리/기리-', '-대-', '-이-', '-타-', '-하-' 등이 있다. 그 중에서 사·피동접미사가 중부방언에 비해 비교적 다양하게 쓰이고 있는 것이 이 지역어의 특징이라고 할 수 있다. 중부방언에서는 피동접미사로 '-우-'계 접미사를 보기 힘들지만 이 지역어에서는 피동접미사로 '-우-, -이우-'를 사용하고 있다. '-우-'에 의한 피동사로 이 지역어에서 '돋우다'가 쓰이고 있다. '헷바늘이 돋우다(헷바늘이 돋아진다)'에서 '돋다'의 피동사인 '돋우-'는 동작주인 '헷바늘'이 타율적인 요인에 의하여 '돋게 된'것으로 인식하고 있다. 그 밖에 '띠우-'는 '띠-'의 피동사로서 '눈에 보이다'의 의미를 나타낸다. '-이우-'에 의한 피동사로 이 지역어에서는 '쏠리우다(속임을 당하다)'가 쓰이고 있다. 또한 'ㄹ'로 끝나는 동사나 형용사 뒤에 중부방언에서는 사·피동파생접미사 '-리-'가 결합되는 것이 일반적이지만 이 지역어에서는 '-구/쿠-'가 결합된다(말쿠-, 살쿠-, 늘쿠-).

5장에서는 형용사파생에 대한 논의를 하였는데 형용사를 만드는 파생접미사와 이들 파생접미사에 의해 형성된 파생형용사에 대해서 살펴보았다. 이 지역어에서 형용사파생접미사는 주로 동사, 형용사, 명사, 어근 등을 어기로 취하여 형용사를 파생시킨다. 이 지역어에서 형용사를 파생시키는 접미사에는 '-스럽-', '-롭-', '-답-', '-하-', '-차-', '-앟/엏-', '-압/업-' 등이 있다. 그 중에서 색채형용사를 파생시키는 접미사로 '-앟/엏-'이 있을 뿐만 아니라 '-하/허-, -핳/헣-'이 있는 것이 특징적이다. 가령 '뻘하-, 놀하-, 눌하-, 팔하-, 샌말하-' 등 형태가 중부방언과 다른 모습을 보이고 있다.

6장에서는 부사파생에 대한 논의를 하였는데 부사를 만드는 파생접미사와 이들 파생접미사에 의해 형성된 파생부사에 대해서 살펴보았다.

이 지역어에서 부사파생접미사는 주로 동사, 형용사, 명사, 어근 등을 어기로 취하여 부사를 파생시킨다. 이 지역어에서 부사를 파생시키는 접미사에는 '-이/히', '-시리', '-우/추' 등이 있다. 그 중에서 '-이/히'에 의한 파생이 가장 생산적이고 '-우/추'에 의한 파생은 생산력이 높지 않으며 그 파생어들은 대부분 어휘화했다고 볼 수 있다. '-시리'는 명사, 형용사, 어근 등 다양한 어기를 취하여 부사를 만들며 생산성이 높다.

접미사에 대한 설정 기준이 연구자마다 조금씩 다르기 때문에 이 책에서 접미사로 미처 다루지 못한 부분도 있을 수가 있다. 또한 이 책에서는 주로 파생접미사를 연구대상으로 하였는데 이 지역어의 전반적인 파생법의 기술을 위해서는 파생접두사에 대한 연구도 이루어져야 그 큰 흐름을 파악할 수 있을 것이다. 이러한 부분들에 대해서는 이후 연구를 통해 보충하고자 한다. 그리고 파생접미사에 대해서 연구함에 있어서도 이 지역어에서 특색이 있는 개별 파생어에 대해서 더 깊이 있는 연구가 이루어져야 할 것이다.

지금까지의 방언 문법 연구는 개별 방언의 문법을 기술함으로써 해당 방언의 내적 체계를 보여 주는 데 주력하였다. 이러한 연구는 계속되어야 하고, 좀 더 정밀하게 이루어져야 한다(이기갑 2003:19-20).

이 책은 이 지역어의 파생어규칙과 관련된 어떤 사실을 발견해 보려고 노력했는데 그 성과가 생각했던 것만큼 크지는 못한 것 같아 아쉬움으로 남는다. 하지만 지금까지 평북 철산 지역어의 파생법은 물론이려니와 평북방언 전체에 대한 본격적인 파생법 연구도 없었기 때문에 본 연구는 앞으로 평북방언의 파생법을 규명하는 데에 기여하는 바가 있을 것이며, 나아가서는 한국어의 파생법 연구에도 조금이나마 도움이 될 수 있으리라 생각한다. 그리고 한국어의 역사적 연구에도 활용될 수 있는 면이 없지 않을 것이다.

강은국, 『조선어 접미사의 통시적 연구』, 박이정, 1995.

고광주, 「'명사+동사+접사'형 파생명사의 형성과정」, 『한국어학』 제12집, 한국어학회, 2000, 67~88면.

고영근 · 구본관, 『우리말 문법론』, 집문당, 2008.

고영근, 「현대국어의 선어말어미에 대한 구조적 연구」, 『어학연구』 3권 1호, 서울대학교 언어교육원, 고영근(1999)에 재수록, 1967.

고영근, 「현대국어접미사에 대한 구조적 연구(Ⅰ)」, 『서울대학교 論文集』 제18집, 서울대학교, 1972a, 71~101면.

고영근, 「현대국어접미사에 대한 구조적 연구(Ⅱ)」, 『亞細亞硏究』 제48호, 고려대학교 아세아문제연구소, 1972b, 55~80면.

고영근, 『국어 접미사의 연구』, 백합출판사, 1974.

고영근, 『국어형태론연구』, 서울대학교출판부(초판 1989), 1999.

고영근, 『우리말의 총체서술과 문법체계』, 일지사, 1993.

고영근, 『최현배의 학문과 사상』, 집문당, 1995.

고창수, 「국어의 통사적 어형성」, 『국어학』 22, 1992, 259~270면.

곽충구, 「근대국어 시기의 방언특징과 방언분화」, 동양학학술회의講演鈔, 1992, 59~73면.

곽충구, 「강세 접미사의 방언형과 그 문법화 과정에 대하여」, 『선청어문』 22, 서울대학교 국어교육과, 1994, 1~25면.

곽충구, 「연변지역의 함북 길주, 명천 지역 방언에 대한 조사 연구~어휘 · 문법 · 음운 · 성조 조사 자료-」, 『애산학보』, 애산학회, 1997/1998a, 179~274면.

곽충구, 「감각 용언 파생의 방언 분화」, 『진단학보』 86, 진단학회, 1998b, 1~26면.

곽충구, 「육진방언의 어휘」, 『국어 어휘의 기반과 역사』, 태학사, 1998c, 617~669면.

곽충구, 「함북방언의 피 · 사동사」, 『어문학』 85, 한국어문학회, 2004, 1~36면.

곽충구, 「방언의 사전적 수용」, 『국어국문학』 제147호, 국어국문학회, 2007, 193~219면.

구본관, 「경주 방언 피동형에 대한 연구」, 서울대 석사학위논문, 1990.

구본관, 「생성문법과 국어 조어법 연구 방법론」, 『주시경학보』 9, 탑출판사, 1992, 50~77면.

구본관, 「국어 파생접미사의 통사적 성격에 대하여」, 『관악어문연구』 18, 서울대 국어국문학과, 1993, 117~140면.

구본관, 『15세기 국어 파생법에 대한 연구』, 태학사, 1998a.

구본관, 「단어 어기 가설과 국어 파생 규칙」, 『어학연구』 제34권 제1호, 서울대 언어교육원, 1998b, 153~174면.

구본관, 「조어법 기술에 있어서의 공시론과 통시론」, 『제26회 국어학회 공동연구회 발표논문집』, 1999, 2~20면.

구본관, 「파생어 형성과 의미」, 『국어학』 39, 국어학회, 2002a, 105~135면.

구본관, 「형태론의 연구사」, 『한국어학』 16, 한국어학회, 2002b, 1~48면.

구현옥, 「함안 지역어의 파생어와 합성어에 나타난 형태 음운 변동 현상」, 『국어국문학』 13, 국어국문학회, 1994, 123~148면.

국립국어연구원, 『국어의 시대별 변천 연구』 4: 개화기 국어, 국립국어연구원, 1999.

기주연, 「근대국어의 영접사파생에 대한 고찰」, 『국어국문학』 제108권, 국어국문학회, 1992, 165~186면.

기주연, 『近代國語 造語論 硏究 I (파생법 편)』, 태학사, 1994.

김경란·김진형 옮김, 『형태론』, 한신문화사, 1995.(Katamba, F.(1993), Morphology).

김계곤, 「현대국어의 뒷가지 처리에 대한 관견」, 『한글』 144호, 한글학회, 1969a, 95~139면.

김계곤, 「현대국어의 조어법 연구-뒷가지에 의한 파생법」, 『인천교대대학논문집』 4집, 1969b, 1~63면.

김계곤, 『현대 국어의 조어법 연구』, 박이정, 1996.

김계화, 「형용사조성의 접미사 '답'에 대하여」, 『중국조선어문』 제2호, 길림성민족사무위원회, 1998, 21~24면.

김두봉, 『조선말본』, 새글집, 1916.

김민국, 「접미사에 의한 공시적 단어형성 연구」, 연세대 석사학위논문, 2009.

김민수, 『北韓의 國語硏究(增補版)』, 일조각, 1989.

김병제, 『방언사전』, 평양: 과학백과사전출판사, 1980.

김석득, 『국어구조론-한국어의 형태·통사구조론 연구』, 연세대학교출판부, 1971.

김성규, 「어휘소 설정과 음운현상」, 『국어연구』 77, 서울대 석사학위논문, 1987.

김성규, 「중세국어 성조 변화에 대한 연구」, 서울대 박사학위논문, 1994.

김성규, 「'사ᄅᆞ다'류의 파생어」, 『韓日語學論叢』(南鶴 李鐘徹先生 回甲紀念論叢), 국학자료원, 1995, 381~394면.

김성렬, 「충북 북부지역어의 비모음화」, 국제학술대회, 중한인문고학연구회, 2002.

김연강, 「16세기 국어의 파생접미법 연구」, 경남대 석사학위논문, 1996.

김영배, 「평안방언연구」, 『논문집』 5, 상명여자사범대학, 1977, 329~388면.

김영배, 「평안·함경방언 연구에 대한 검토」, 『방언』 1, 한국정신문화연구원, 1979, 80~83면.

김영배, 「Corean Primer의 어휘: 한자어를 중심으로」, 『어문논총』 7·8, 전남대학교 국어국문학회, 1985, 15~22면.

김영배, 「평안방언의 몇몇 어휘에 대하여」, 『부산여대 논문집』 24, 1987, 1~8면.

김영배, 「평안방언의 연구 현황과 과제」, 『남북한의 방언 연구』, 慶雲출판사, 1992, 330~363면.

김영희, 「한국어의 거듭상」, 『국어국문학』 제68·69권, 국어국문학회, 1975, 265~269면.

김웅배, 「全南方言의 接尾辭에 關한 研究」, 전남대 석사학위논문, 1971.

김이협, 『평북방언사전』, 한국정신문화연구원, 1981.

김정남, 「'-답다', '-롭다', '-스럽다'의 분포와 의미」, 『한국어의미학』 18, 한국어의미학회, 2005, 125~148면.

김정은, 『국어 단어형성법 연구』, 박이정, 1995.

김정은, 「남북한의 단어형성법 비교 연구」, 『한말연구』 5, 한말연구학회, 1999, 63~94면.

김종록, 「부사형 접사 '-이'와 '-게'의 통시적 교체」, 『국어교육연구』 21, 국어교육학회, 1989, 115~149면.

金智弘, 「몇 語形成 接尾辭에 대하여」, 『白鹿語文』 1, 白鹿語文學會, 1986, 55~81면.

김창섭, 「'줄넘기'와 '갈림길'형 합성명사에 대하여」, 『국어학』 12, 국어학회, 1983, 73~99면.

김창섭, 「형용사 파생 접미사들의 기능과 의미」, 『진단학보』 58, 진단학회, 1984, 145~161면.

김창섭, 「視覺形容詞의 語彙論」, 『관악어문연구』 10, 서울대학교 국어국문학과, 1985, 149~176면. (김창섭(2008)에 재수록), 341~370면).

김창섭, 『국어의 단어형성과 단어구조 연구』, 태학사, 1996.

김창섭, 『한국어 형태론 연구』, 태학사, 2008.

김태옥, 「북한의 단어형성법 연구-파생법을 중심으로」, 한국교원대 석사학위논문, 2000.

김형규, 「북한의 지역별 방언의 특성」, 『북한』 59, 북한연구소, 1976, 83~91면.

김형배, 「국어 파생 사동사의 역사적인 변화」, 『한글』 제236호, 한글학회, 1997, 103~136면.

남광우, 『補訂 古語辭典』, 일조각, 1975.

남기심·고영근·이익섭, 『현대국어 문법』, 계명대 출판부, 1975.

남기심·고영근, 『표준국어문법론』(개정판), 탑출판사, 1985/1993.

문순덕, 「방언문법론의 현황과 과제」, 『국어학』 54, 국어학회, 2009, 455~485면.

박명순, 「거창어의 비모음화와 n, ŋ 삭제」, 『二靜 정연찬선행회갑기념논총』, 탑출판사, 1989, 116~125면.

박숙희, 「피·사동사 형성의 공시성과 통시성-경북 동해안 방언을 대상으로」, 『한글』 제277호, 한글학회, 2007, 101~132면.

박승빈, 『조선어학』, 통문관, 1935/1972.

박진호, 「통사적 결합 관계와 논항구조」, 서울대 석사학위논문, 1994.

박진호, 「형태론의 제자리 찾기」, 『형태론』 1.2, 형태론, 1999, 319~340면.

박진호, 「『십현담요해』 언해본에 대한 국어학적 고찰」, 『성철대종사 소장 『십현담요해』 언해본의 의미』, 대한불교조계종 백련불교문화재단, 한영문화사, 2009, 39~79면.

배주채, 「어간말 자음과 음절말 자음의 음운론」, 『국어연구』 91, 서울대 석사학위논문, 1989.

배주채, 「유추 변화는 문법 변화인가?」, 『주시경학보』 7, 탑출판사, 1991, 137~139면.

배주채, 「'그러다'류의 활용과 사전적 처리에 대하여」, 『남학이종철선생회갑기념한일어학논총』, 국학자료원, 1995, 125~148면.

배주채, 『국어음운론 개설』, 신구문화사, 1996.

서정수, 『동사 '하-'의 문법』, 형설출판사, 1975.

성광수, 「합성어 구성에 대한 검토」, 『한글』 201 · 202, 한글학회, 1988, 31~56면.(성광수(2001)에 재수록)

성광수, 『국어의 단어형성과 의미해석』, 월인, 2001.

성기철, 「명사의 형태론적 구조」, 『국어교육』 15, 한국어교육학회, 1969, 65~94면.

소강춘, 「움라우트 현상에 의한 충남 서천지역어의 공시성과 통시성」, 『국어학』 21, 국어학회, 1991, 133~161면.

소신애, 「어기 및 접사 변화와 파생어의 재형성」, 『국어학』 50, 국어학회, 2007, 3-27면.

손춘섭, 「국어의 내적 변화 파생에 대한 연구」, 『국어국문학』 제133권, 국어국문학회, 2003, 79~112면.

송상조, 「제주도 방언의 접미 파생어 연구」, 동아대 박사학위논문, 1991.

송원용, 「활용형의 단어 형성 참여 방식에 대한 연구」, 서울대 석사학위논문, 1998.

송원용, 「시정곤(1998)의 단어 개념을 다시 생각함」, 『형태론』 1.1, 형태론, 1999, 143~151면.

송원용, 「현대국어 임시어의 형태론」, 『형태론』 2.1, 형태론, 2000, 1~16면.

송원용, 「형태론과 공시태 · 통시태」, 『국어국문학』 131, 국어국문학회, 2002, 165~190면.

송원용, 『국어의 어휘부와 단어 형성』, 태학사, 2005.

송창선, 「현대국어 피동접미사의 특성」, 『국어교육연구』 제36권, 국어교육학회, 2004, 129~148면.

송철의, 「파생어 형성과 통시성의 문제」, 『국어학』 12, 국어학회, 1983, 47~72면.

송철의, 「파생어 형성에 있어서의 어기의 의미와 파생어의 의미」, 『진단학보』 60, 진단학회, 1985, 193~211.

송철의, 「국어의 영변화파생에 대하여」, 『국어국문학』 99, 국어국문학회, 1988a, 13~20면.

송철의, 「파생어형성에 있어서의 제약현상에 대하여」, 『국어국문학』 99, 국어국문학회, 1988b, 309~333면.

송철의, 『국어의 파생어형성 연구』, 태학사, 1992.

송철의, 「국어형태론의 연구의 성과와 과제」, 『동양학』 27, 단국대학교 동양학 연구원, 1997, 45~46면.

송철의, 「파생어」, 『문법 연구와 자료』, 태학사, 1998, 717~752면.

송철의, 「형태론과 음운론」, 『국어학』 35, 국어학회, 2000, 287~311면.

송철의, 「국어 형태론 연구의 문제점」, 『배달말』 39, 배달말학회, 2006, 117~141면.

송철의, 「국어형태론 연구의 성과와 과제」, 『한국어 형태음운론적 연구』, 태학사, 2008, 535~560면.

시정곤, 『국어의 단어형성 원리』(수정판), 한국문화사, 1994.

시정곤, 「규칙은 과연 필요 없는가?」, 『형태론』 1.1, 형태론, 1999, 133~141면.

시정곤, 『현대국어형태론의 탐구』, 월인, 2006.

신기철・신용철, 『새 우리말 큰사전』, 삼성출판사, 1986.

심재기, 『국어어휘론』, 집문당, 1982/1987.

안병희, 『十五世紀 國語의 活用語幹에 對한 形態論的 研究』, 탑출판사, 1959/1982.

안병희, 『문법론(국어학개설)』, 수도출판사, 1965.

안병희, 「한국어발달사(중)문법사」, 한국문화사대계(고대민족문화연구소), Ⅴ(상), 1967.

안병희・이광호, 『중세국어문법론』, 학연사, 1990.

안상철, 「사역・수동파생과정에 적용되는 몇 가지 음운규칙」, 『二靜 정연찬 선생회갑기념 논총』, 탑출판사, 1989, 163~185면.

안상철, 『형태론』, 민음사, 1998.

연재훈, 「한국어'동사성명사 합성어'의 조어법과 의미연구」, 서울대 석사학위논문, 1986.

오충연, 「사동 파생과 상」, 『한국어의미학』 25, 한국어의미학회, 2008, 99~126면.

유길준, 『大韓文典』, 서울: 大提閣, 1909.

유창돈, 『국어변천사』, 통문관, 1961.

유창돈, 『李朝語辭典』, 연대출판부, 1964.

유창돈, 『어휘사연구』, 二友문화사, 1978.

유필재, 「후기중세국어 부사파생접미사 '-이'의 형태음운론」, 『국어학』 49, 국어학회, 2007, 3~31면.

윤동원, 「형용사파생 접미사 {-스럽-}, {-롭-}, {-답-}의 연구」, 국어국문학논문집(서울대 사범대) 23집, 1986.

이강로, 「파생접사 -지의 형태론적 연구」, 『인천교육대논문집』 2집, 1967, 1~16면.

이경우, 파생어 형성에 있어서의 의미 변화, 『국어교육』 39-40, 국어교육학회, 1981, 215~256면.

이경우, 「파생법」, 『국어연구 어디까지 왔나』, 서울대학교 대학원 국어연구회(편), 동아출판사, 1990, 195~204면.

이기갑, 『국어 방언 문법』, 태학사, 2003.

이기갑, 「전남 방언의 파생접미사(1)」, 『언어학』 제41호, 한국언어학회, 2005, 159~193면.

이기문, 「16세기 국어의 연구」, 『文理論集』 4, 고려대, 탑출판사. 1958.

이기문, 『(신정판)국어사개설』, 태학사, 1998/2003.

이문규, 「비모음화에 대하여-경상도 방언을 중심으로」, 『문학과 언어』 14, 1993, 93-111면.

이병근·정인호, 중국 조선어 방언 조사-원평북방언을 중심으로, 『한반도와 중국 동북 3성의 역사 문화』, 서울대학교출판부, 1999.

이병근·정인호, 「중국 심양 조선어의 특징-문법·음운상의 몇몇 특징을 중심으로-」, 『한반도와 만주의 역사 문화』, 서울대학교출판부, 2003.

이병근, 『어휘사』, 태학사, 2004.

이병기, 「중세 국어 '강세접미사'와 '보조용언'의 상관성」, 『국어학』 53, 국어학회, 2008, 87~ 111면.

이상규, 「동남 방언」, 『방언학 사전』, 방언연구회(편), 태학사, 2001, 84~99면.

이상억, 『국어의 사동·피동 구문 연구』, 집문당, 1970.

이숭녕, 「접미사 -b(p)-계의 연구」, 『진단학보』17, 진단학회, 1955, 31~102면.

이숭녕, 『고등국어문법』, 을유문화사, 1956a.

이숭녕, 「접미사 -k(g)-ŋ에 대하여」, 서울대 논문집 제4집, 1956b.(이숭녕(1961b)에 재수록).

이숭녕, 「국어조어론시고-특히 어간형성에서의 한 접미사의 체계수립에 대하여-」, 『진단학보』 18, 진단학회, 1957a, 47~86면.

이숭녕, 「濟州道方言의 形態論的 硏究」, 『동방학지』 3, 1957b, 39~193면.(이숭녕(1985)에 재수록).

이숭녕, 『중세국어문법』, 乙酉文化社, 1961a.

이숭녕, 『국어조어론고』, 乙酉文化社, 1961b.

이숭녕, 『濟州道方言의 形態論的硏究』, 탑출판사, 1985.

이양혜, 『국어의 파생접사화 연구』, 박이정, 2000.

이양혜, 『한국어 파생명사 사전』, 국학자료원, 2002.

이은섭, 「동작 동사 파생과 동작성」, 『정신문화연구』 27-3(통권 96호), 한국학중앙연구원, 2004, 115~136면.

이익섭, 「국어복합명사의 I.C.분석」, 『국어국문학』 30, 국어국문학회, 1965, 121~129면.

이익섭, 「강릉방언의 경어법연구」, 『논문집(서울대교양과정부) 6』. 1974, 49~67면.

이익섭, 「국어 조어론의 몇 문제」, 『동양학』 5호, 단국대학교 동양학연구원, 1975, 1~10면.

이익섭, 『국어학개설』, 학연사, 1986.

이익섭·임홍빈, 『국어문법론』, 학연사, 1983.

이익섭·채완, 『국어문법론강의』, 학연사, 1999.

이재인, 「명사 파생 절차의 통시적 기술」, 『배달말』 14, 배달말학회, 1989, 75~88면.

이정훈, 「파생접사 '-답-'의 통사적 파생」, 『생성문법연구』 제16권, 한국생성문법학회, 2006, 491~513면.

이진호, 「국어 비모음화(鼻母音化)와 관련된 이론적 문제」, 『국어학』 37, 국어학회, 2001, 61~84면.

이혁화, 「방언사의 현황과 과제」, 『국어학』 54, 국어학회, 2009, 303~324면.

李賢熙, 「'ᄒ다'어사의 성격에 대하여: 누러ᄒ다류와 엇더ᄒ다류를 중심으로」, 『한신논문집』 2, 한신대학교, 1985, 221~248면.

李賢熙, 「중세국어의 용언어간말 '-ᄒ-'의 성격에 대하여」, 『국어학신연구』, 탑출판사, 1986, 367~379면.

李賢熙, 「중세국어 '둗겁-'의 형태론」, 『진단학보』 63, 진단학회, 1987a, 133~150면.

李賢熙, 「국어의 어중·어말 'ㄱ'의 성격에 대한 종합적 고찰」, 『한신논문집』 제4집, 한신대학교, 1987b, 225~282면.

李賢熙, 「중세·근대국어 형태론의 몇 문제」, 『문법과 텍스트』, 2002, 139~155면.

이현희, 「후기 근대국어의 파생법」, 『후기 근대국어 형태의 연구』, 2006, 159~235면.

이현희, 「보조용언의 범주 분화와 접미사로의 이동」, 『국어학』 54, 국어학회, 2009, 165~196면.

이혜현, 「19세기 국어 파생법에 대한 연구: 경판 방각본 고소설을 대상으로」, 안동대학교 교육대학원 석사학위논문, 2002.

이호승, 「단어형성과정의 공시성과 통시성」, 『형태론』 3.1, 형태론, 2001, 113~119면.

이호승, 「단어형성법의 분류기준에 대하여」, 『어문학』 85집, 한국어문학회, 2004, 85~110면.

이희승, 『초급국어문법』, 박문출판사, 1950.

이희승, 『국어학개설』, 민중서관, 1955.

이희승, 『국어대사전』(수정증보판), 민중서림, 1982.

임성규, 「형용사 파생에 관여하는 어근 접미사 연구」, 『한국언어문학』 39, 한국언어문학회, 1997, 151~169면.

임홍빈·장소원, 『국어문법론 1』, 한국방송통신대학교출판부, 1995.

임홍빈 외, 『바른 국어생활과 문법』, 한국방송통신대학교출판부, 2001.

임홍빈, 「용언의 어근분리 현상에 대하여」, 『언어』 4.2, 한국언어학회, 1979, 55~76면.

임홍빈, 『북한의 문법론 연구』, 한국문화사, 1997.

장경준, 「'-어 ᄒ()하)-'통합 현상과 관련된 몇 가지 문제」, 『형태론』 4.2, 형태론, 2002, 215~229면.

전광현, 「17세기 국어의 접미파생어에 대하여」, 『동양학』 18집, 단국대학교 동양학연구소, 1988, 1~25면.

전상범 역, 『생성형태론』, 한신문화사, 1987.

전상범, 『형태론』, 한신문화사, 1995.

전학석, 「중국에서의 우리말 방언의 실태 및 특성」, 『방언학』 2, 한국방언학회, 2005, 249~266면.

정병곤, 「남북한 언어의 파생어 형성에 대한 비교 연구」, 동국대 석사학위논문, 1999.

정승철, 『제주도 방언의 통시음운론』, 태학사, 1995.

정인승, 『표준고등말본』, 신구문화사, 1956.

정인호, 「전남방언 색채어의 형성과정」, 『한국문화』 제24집, 서울대학교 규장각 한국학연구원, 1999, 61~80면.

정인호, 「평북방언에서의 ㅈ, ㅅ의 음변화」, 『한국문화』 제31집, 서울대학교 규장각 한국학연구원, 2003, 23~47면.

정인호, 「원평북방언과 전남방언의 음운론적 대조 연구」, 서울대 박사학위논문, 2004.

정향란, 「중국 연변지역 한국어의 파생접미사 연구」, 인하대 석사학위논문, 2004.

정향란, 「연변지역어의 인칭접미사에 대하여」, 『한민족어문학』 51집, 한민족어문학회, 2007, 259~280면.

조남호, 「현대국어의 파생접미사 연구」, 서울대 석사학위논문, 1988.

조은숙, 「중첩피동의 의미기능과 인지구조」, 『어문논집』 제37집, 중앙어문학회, 2007, 147~167면.

조일규, 「근대국어에 나타난 힘줌 풀이씨 뒷가지의 파생 양상」, 『한글』 267, 한글학회, 1983, 63~88면.

주시경, 『국어문법』, 박문서관, 1910.

주시경, 『말의 소리』, 신문관, 1914.

채옥자, 「중국 연변지역어의 움라우트현상」, 『한국문화』 제26집, 서울대학교 규장각 한국학연구원, 2000, 59~74면.

채 완, 『국어 어순의 연구』, 탑출판사, 1986.

채 완, 「국어 음성상징론의 몇 문제」, 『국어학』 16, 국어학회, 1987, 277~300면.

채현식, 「국어 어휘부의 등재소에 관한 연구」, 『국어연구』 120, 서울대 석사학위논문, 1994.

채현식, 「조어론의 규칙과 표시」, 『형태론』 1.1, 형태론, 1999, 25~42면.

채현식, 「유추에 의한 복합명사 형성 연구」, 서울대 박사학위논문, 2000.

채현식, 「'고기잡이'류 복합명사의 형성 문제에 대하여」, 『형태론』 4.1, 형태론, 2002, 143~152면.

최명옥·곽충구·배주채·전학석, 『함북 북부지역어 연구』, 태학사, 2002.

최명옥, 「현대국어의 의문법: 서남경남방언을 중심으로」, 『학술원논문집(인문·사회)』15, 1976.

최명옥, 『경북동해안방언연구』, 영남대학교출판부, 1980.

최명옥, 『월성지역어의 음운론』, 영남대학교출판부, 1982.

최명옥, 「19세기 후기 서북 방언의 음운 체계-평북 의주지역어를 중심으로-」, 『국어학신연구』, 탑출판사, 1985/1986, 749~763면.

최명옥, 「평북 의주 지역어의 통시 음운론」, 『어학연구』 제23권 제1호, 서울대학교 언어교육원, 1987, 65~90면.

최명옥, 「국어 UMLAUT의 연구사적 검토-공시성과 통시성의 문제를 中心으로」, 『진단학보』 65, 진단학회, 1988, 63-80면.

최명옥, 「방언」, 『국어연구 어디까지 왔나』, 서울대학교 대학원 국어연구회(편), 동아출판사, 1990, 667~675면.

최명옥, 「19世紀 後期國語의 硏究」, 『韓國文化』 15, 서울대학교 규장각 한국학연구원, 1992, 55~90면.

최명옥, 「X ㅣ]Vst 어Y의 음운론」, 『진단학보』 79, 진단학회, 1995, 167~190면.

최명옥, 『한국어 방언연구의 실제』, 태학사, 1998a.

최명옥, 『국어음운론과 자료』, 태학사, 1998b.

최명옥, 「과거시제 어미의 형성과 변화」, 『진단학보』 94, 진단학회, 2002, 135~165면.

최명옥, 『국어음운론』, 태학사, 2004.

최명옥, 「국어의 공시형태론: 어간과 어미의 형태소 설정을 중심으로」, 『이병근선생퇴직기념국어학논총』, 태학사, 2006a, 13~39면.

최명옥, 「활용어간의 공시형태론: 평북 운전지역어를 중심으로」, 『김규철교수 정년기념논총』, 태학사, 2006b, 393~431면.

최명옥, 「경북 상주지역어의 공시음운론」, 『방언학』 4, 방언학회, 2006c, 193~231면.

최명옥, 『현대한국어의 공시형태론: 경주지역어를 실례로』, 서울대학교출판부, 2008.

최전승, 「명사파생접미사 i에 대한 일고찰」, 『국어국문학』 제79·80권, 국어국문학회, 1979, 245~265면.

최전승, 『한국어 方言史 연구』, 태학사. 1985.

최학근, 「평안도방언연구」, 『한국방언학』, 태학사, 1980/1982, 464~481면.

최한조, 「대구 지역어의 비모음화 현상에 대하여」, 『우리말글』 통권 6호, 우리말글학회, 1988, 95~116면.

최현배, 『우리말본(여덟 번째 고침)』, 정음사, 1937/1980.

최형용, 「형식명사·보조사·접미사의 상관관계」, 『국어연구』 148, 서울대 석사학위논문,

1997.

최형용, 『국어 단어의 형태와 통사』, 태학사, 2003.

최형용, 「국어 동의파생어 연구」, 『국어학』 52, 국어학회, 2008, 27~53면.

하치근, 「국어 파생접미사 연구」, 부산대학교 대학원 박사학위논문, 1989.

하치근, 「국어 파생접미사의 유형 분류」, 『한글』 제199호, 한글학회, 1988, 25~46면.

하치근, 「국어 파생접미사의 통합 양상에 관한 연구」, 『언어와 언어교육』 4, 동아대학교 어학연구소, 1989, 5-41면.

하치근, 「국어 통사적 접사의 수용 범위 설정에 관한 연구」, 『한글』 231, 한글학회, 1996, 43~104면.

하치근, 「'-음'접사의 본질을 찾아서」, 『형태론』 1.2, 형태론, 1999, 359~369면.

한성우, 『평안북도 의주방언의 음운론』, 월인, 2006.

한성우, 「방언 음운론의 현황과 과제」, 『국어학』 54, 국어학회, 2009, 353~381면.

허 웅, 「15세기 국어의 사역 피동의 접사」, 『동아문화』 제2호, 서울대 동아문화연구소, 1964, 127~166면.

허 웅, 「서기 15세기 국어를 대상으로 한 조어법 서술 방법과 몇 가지 문제점」, 『동아문화』 6, 서울대 동아문화연구소, 1966, 1-53면.

허 웅, 『우리 옛말본』, 샘문화사, 1975.

허 웅, 『16세기 옛말본』, 샘문화사, 1989.

허 웅, 『20세기 우리말의 형태론』, 샘문화사, 1995.

황화상, 「국어 형태 단위의 의미와 단어 형성」, 고려대 박사학위논문, 2001.

宣德五·趙習·金淳培, 『朝鮮語方言調査報告』, 延邊人民出版社, 1990.

小倉進平, 平安南北道の方言, 『京城帝大法文學部研究調査冊子』 No.1, 1929.

小倉進平, 『朝鮮語方言の研究』, 東京:岩波書店, 1944.

河野六郎, 『朝鮮方言學試考』, 京城 : 東都書籍, 1945.

Aronoff, M., *Word formation in Generative Grammar*, Linguistic inquiry Monograph1, Cambridge: The MIT Press, 1976.

Bybee, J.L., Morphology : *A Study of the Relation between Meaning and Form*, Amsterdam/Philadelphia: John Benjamins, 1985.

Chomsky, N., "Remarks on Nominalization", R.Jacobs and B.Rosenbaum eds., *Readings in English Transfor-mational Grammar*, Waltham, Mass.: Ginn, 1970.

Halle, M., "Prolegomena to a theory of word-formation", *Linguistic Inquiry* 4, 1973.

Nida, E.A., Morphology, Ann Arbor: The University of Michigan Press, 1949.

Roeper, T. & M. E. A. Siegel, "A Lexical Transformation for verbal Compounds",

Linguistic Inquiry 9, 1978.

Ross, John, Corean Primer, 1877. 김민수·고영근 편, 역대문법대계 제2부 제1책(1979/ 2008).

Scalise, S., Generative Morphology, Dordrecht: Foris Publications, 1984.(전상범 역,『생성 형태론』, 한신문화사, 1987).

Siegel, M.E.A., "Topics in English Morphology", Doctoral Dissertation: MIT. (Published New York: Garland, 1979), 1974.

정의향(鄭義香) yixiang@naver.com

중국 요녕성 무순 출생
중국 연변대학교 조선언어문학학과 졸업
중국 연변대학교 조선언어문학학과 문학석사
한국 서울대학교 대학원 국어국문학과 문학박사
현재 중국 양주대학교 외국어대학 한국어학과 부교수

주요논저
「평북 철산지역어 어미의 공시형태론」, 「서북방언의 어미 '-아/어(Y)'교체의 실현양상에 대하여」,
「중국 무순지역 한국어 단모음의 세대 간 차이에 대한 음향음성학적 연구」,
「파생어의 사전처리에 대한 연구」, 「중국조선어와 한국어에서의 '바치-'의 의미 변화 연구」

평북 철산 지역어의 접미파생법 연구

초판 1쇄 인쇄 2018년 12월 24일
초판 1쇄 발행 2018년 12월 31일

지 은 이 정의향(鄭義香)
펴 낸 이 이대현

책임편집 임애정
편   집 이태곤 권분옥 홍혜정 박윤정 문선희 백초혜
디 자 인 안혜진 홍성권
마 케 팅 박태훈 안현진

펴 낸 곳 도서출판 역락 / 서울시 서초구 동광로46길 6-6 문창빌딩 2층(우06589)
전   화 02-3409-2058 FAX 02-3409-2059
이 메 일 youkrack@hanmail.net
홈페이지 www.youkrackbooks.com
블 로 그 blog.naver.com/youkrack3888
등   록 1999년 4월 19일 제303-2002-000014호

ISBN 979-11-6244-313-2 93710

*정가는 뒤표지에 있습니다.